COMBLÉE

Thierry Lumbu

COMBLÉE

L'IDÉAL DE DIEU POUR VOTRE FAMILLE

Éditions Blossom

COMBLÉE, *L'idéal de Dieu pour votre famille,*

Copyright 2021, Thierry Lumbu.

L'emploi du masculin dans ce manuscrit, pour désigner des personnes, n'a d'autres fins que celle d'alléger le texte. Les citations bibliques utilisées dans cet ouvrage sont extraites des versions Segond 1910, Semeur et Segond 21.

Édition et conception : Éditions Blossom

Design de la couverture : Luckensy Odigé

Photo de couverture : IStock

ISBN : 978-2-9817817-2-7

Dépôt légal : Juillet 2021.

Bibliothèque et Archives nationales du Québec

Bibliothèque et Archives nationales du Canada

Tous droits réservés. La reproduction partielle ou totale de cet ouvrage est interdite sous toutes ses formes, sans une permission écrite de l'éditeur.

Au Père éternel, au Dieu de la famille, à Celui qui restaure tout homme et tout l'homme, à l'Auteur du mariage, qui désire que toutes les familles soient sauvées, puissent le servir et vivent heureuses,

À Mon épouse Nathalie Kapumba, en mémoire de nos quatorze années de mariage, au cours desquelles nous avons eu une vie de couple si merveilleuse et une vie de famille comblée, parsemée de tant de riches souvenirs mais aussi des victoires obtenues par la grâce de Dieu,

À toutes les familles brisées, à ceux qui ont une expérience négative de la famille, à tous ceux qui se demandent si c'est possible de former une famille comblée,

À tous ceux qui désirent vivre une vie de famille harmonieuse, avoir des relations familiales en santé et un foyer comblé,

À tous les célibataires qui aspirent à réussir leur vie de couple et fonder un foyer selon le modèle divin,

Je dédie ce livre.

Table des matières

PRÉFACE 11

PRÉFACE 2 13

REMERCIEMENTS 15

INTRODUCTION 17

L'IDÉAL DE DIEU POUR LA FAMILLE 21

COMBATTRE POUR SA FAMILLE 39

LA SANTÉ FINANCIÈRE DE MA FAMILLE 51

SERVIR DIEU AVEC SES BIENS 75

NUL NE PEUT SERVIR DEUX MAÎTRES 83

L'ENNEMI ATTAQUE MA FAMILLE 103

BRISER LES LIENS DE FAMILLE 123

D'UNE FAMILLE BRISÉE À UNE FAMILLE BÉNIE ... 145

SERVIR DIEU AVEC TOUTE SA FAMILLE 157

LE PLAN DE DIEU POUR LA FAMILLE 175

LE RESPONSABILITÉS FAMILIALES 191

COMMENT PRIER POUR SA FAMILLE 209

LES RELATIONS FAMILIALES 219

MARIAGE, DIVORCE & REMARRIAGE 261

LES BÉNÉDICTIONS DE VIVRE EN FAMILLE	299
CONCLUSION	317
PRIÈRE POUR LES FAMILLES	319
PRIÈRE POUR LE SALUT	321

PRÉFACE

J'aimerais tout d'abord souligner le fait que d'avoir ce livre entre vos mains démontre déjà votre volonté à bâtir une famille selon l'idéal de Dieu, c'est-à-dire, comblée.

De nombreux écrits ont été édités sur le sujet mais ce livre est unique par son approche de toutes les dimensions d'une cellule familiale (conjugale et parentale) et de la mise en application des préceptes afin que chaque élément puisse contribuer à l'harmonie du foyer.

Par son ton convaincant, son langage direct et sans équivoque, l'auteur repose les fondements d'une famille qui va s'assurer une stabilité nécessaire à son développement et son épanouissement au sein d'une société où les valeurs morales et spirituelles sont ébranlées, pour ne pas dire en déclin.

Une des particularités de ce livre réside dans son recours constant à la Parole et au caractère de Dieu. L'auteur en a retiré des exemples concrets et les a teintés de son vécu en tant qu'époux, père et pasteur.

Vous y découvrirez des réflexions et des clés qui vous mettront au défi d'apporter des changements et de les mettre en application pour obtenir des résultats durables et ainsi avoir une famille qui porte du fruit.

En conclusion, je ne peux que vous recommander fortement la lecture de ce livre. La combinaison de la Parole de Dieu et de ce livre sera un puits de ressources sans fin.

Dieu, l'Auteur de la famille, a inspiré l'auteur de ce livre, afin que toute famille sur la terre puisse expérimenter Son idéal, qu'elle soit *comblée.*

Ginette Boisclair

PRÉFACE 2

Le révérend Thierry Lumbu n'est pas seulement un bon prédicateur et enseignant de la parole de Dieu. Il est aussi un merveilleux mari et un bon père pour nos enfants. "Comblée, l'idéal de Dieu pour votre famille" est un livre incontournable pour ceux qui désirent vivre une vie de famille heureuse et épanouie.

Conduit par le Saint-Esprit, l'auteur nous amène à réaliser les défis quotidiens de nos familles et nous propose des solutions inspirées des saintes écritures face à ces défis. Son enfance, son parcours ministériel ainsi que notre vie familiale lui ont permis d'expérimenter les vérités partagées dans les pages de ce livre.

"Comblée" n'est pas une simple lettre mais un témoignage de la puissance agissante de Dieu, se manifestant encore aujourd'hui, à notre époque, dans les familles.

Cela fait plus de vingt ans que j'ai rencontré le révérend Thierry Lumbu. Il a toujours été animé de la vision d'une famille comblée. Je peux confirmer après nos quatorze années de mariage que Dieu nous a conduit étape après étape à expérimenter cette vision. Passionné de voir le bonheur autour de lui, l'homme de Dieu nous partage les secrets de son parcours.

Bonne lecture !

Nathalie Kapumba Lumbu

REMERCIEMENTS

Je rends gloire à Dieu, le Père de mon Seigneur et Sauveur Jésus-Christ, lequel m'a donné la vie éternelle. C'est grâce à Lui que j'ai pu avoir une vie de couple et une vie familiale épanouies.

J'aimerais honorer le Saint-Esprit qui m'a restauré des séquelles du divorce de mes parents et du dysfonctionnement de la famille dans laquelle j'ai passé mon enfance, en me redonnant le goût du mariage et en m'enseignant comment réussir cette belle aventure. Je lui dois tout. Il est la source d'inspiration qui m'a conduit à rédiger le contenu de ce livre.

Je remercie mon épouse Nathalie Kapumba et mes enfants Danielle, Samuel, Marie-Joelle et Emmanuelle qui m'ont soutenu, encouragé et inspiré durant toute la période d'écriture pour que ce livre voit le jour.

Toute ma gratitude va à mon comité de lecture: Nathalie Kapumba, Danielle Lumbu, Pasteure Ginette Boisclair, Pasteur Omer Kabuya, Pasteur Nick Vincent, Pasteur Emmanuel Nawej, Étienne Malopa, Sherleen Gabrielle François, Deborah Mavua et Schiffer Mavua, pour leur contribution dans la première lecture, les corrections des chapitres de cet ouvrage, et surtout leur souci de trouver des expressions accessibles à un large public en respectant mon idée de base.

Aux Éditions Blossom, ainsi qu'à Divine Inspiration International, pour votre soutien et votre accompagnement à la publication ainsi que la promotion de cet ouvrage.

Mes remerciements à tous ceux qui ont intercédé pour la publication de ce livre, pour l'impact du message véhiculé par ces lignes et pour les milliers de lecteurs qui liront cet ouvrage.

INTRODUCTION

> « Mais si vous ne trouvez pas bon de servir l'Éternel, choisissez aujourd'hui qui vous voulez servir: soit les dieux que vos ancêtres servaient de l'autre côté de l'Euphrate, soit les dieux des Amoréens dans le pays desquels vous habitez. Quant à ma famille et moi, nous servirons l'Éternel.
>
> **Josué 24 : 15 Segond 21**

Plusieurs ayant entrepris d'écrire des ouvrages traitant de la famille, on pourrait se demander pourquoi en écrire un nouveau. Le divorce de mes parents a eu un grand impact sur ma vie. En effet, je me rappelle comme si c'était hier du jour où ma mère m'a pris à part dans la chambre pour m'annoncer que le voyage qu'elle comptait entreprendre le lendemain était en fait une rupture avec mon père. Je lui ai demandé la raison de leur séparation, et elle m'a répondu que c'était un problème de "grandes personnes". Ainsi après dix ans de mariage, l'union de mes parents, que je croyais être solide, leur relation que j'admirai et prenait comme un idéal, s'effondrait littéralement comme un château de cartes.

Privé de ma mère, je suis très vite tombé dans des réflexions. Je me demandai pourquoi ma mère n'avait-elle pas supporté les difficultés du mariage, est-ce que partir était la seule issue... Il m'arrivait pendant des nuits entières de regarder des photos de ma mère et de pleurer à chaudes larmes, jusqu'au jour où mon père m'a surpris et me les a arrachés, pensant que cela réduirait la douleur. Ma souffrance intérieure était si profonde que j'ai cherché le réconfort auprès des filles, en vivant très jeune dans l'immoralité sexuelle. Une dispute avec une copine avait conduit à notre rupture et fait remonter tous les souvenirs du départ de ma mère; au point où j'avais développé une forte aversion envers les femmes, je refusai même de faire route avec mes petites sœurs, préférant faire une file indienne lors de nos sorties, plutôt que de marcher côte à côte. J'étais dévasté, les efforts de mon père pour me consoler étaient vains. Une fois, il m'a même convoqué pour me demander si je comptais me marier un jour. J'ai réalisé que je ne croyais plus au concept du mariage, jusqu'à ce que je rencontre Christ. Son amour m'a guéri, j'étais comblé de bonheur mais j'avais encore des doutes quant à l'Idéal de Dieu pour la famille.

Étant issu d'une famille de parents divorcés, je me demandais si c'était possible de réussir son mariage dans ce monde en ruine. Avec l'aide de mes encadreurs, j'ai commencé à développer ma confiance dans le Seigneur et dans sa Parole. Un jour, je me suis décidé à étudier la Bible, à suivre des séminaires sur le mariage, ainsi qu'à me renseigner auprès des aînés dans la foi qui avaient comptabilisé plusieurs années de mariage, afin de savoir si Dieu offrait la possibilité aux personnes faillibles comme moi d'espérer vivre une vie de famille comblée.

Je rends grâce à Dieu qui a guéri mon âme, a renouvelé mes pensées et m'a redonné de l'espoir, en me faisant comprendre Son idéal et réaliser que l'échec des hommes dans ce domaine n'annule aucunement Ses principes pour la réussite de toute famille.

Chrétien depuis 1992 et marié en 2006, il m'a semblé bon d'exposer par écrit le contenu de mes découvertes, après avoir fait des recherches dans la Parole de Dieu, et expérimenté des principes divins qui m'ont permis d'avoir une vie de couple merveilleuse et une famille bénie.

Pasteur et conseiller conjugal aux côtés de mon épouse, nous pratiquons souvent la relation d'aide auprès des couples et familles en difficulté. Nous avons rencontré, aidé et contribué à la restauration de plusieurs personnes, soit des enfants de parents divorcés, des couples en difficulté, des familles ayant des relations conflictuelles.

Dans le cadre de nos fonctions, je me souviens d'une dame qui nous a confié comment son mari était généreux avec les gens de l'extérieur, se tuait au travail, était constamment de sortie mais n'avait pas de temps pour elle. Combien y a t'il de couples dont l'un des conjoints se sent perdu dans la relation au fil des années ? Cette dame regardait son mari avec admiration et espérait entretenir ce type de relation, qu'il avait malheureusement uniquement avec les gens au dehors. Nous avons partagé avec eux quelques astuces que je développe dans le chapitre sur les relations familiales, et qui avaient aidé notre couple lorsque l'arrivée des enfants ainsi que les occupations quotidiennes commençaient à nous éloigner l'un de l'autre. Dès lors, cela a eu un impact positif sur leur relation de couple.

Une autre fois encore, une jeune femme m'a ouvert son cœur sur la peine qui la rongeait depuis le divorce de ses parents, son père étant parti juste après sa naissance. Elle culpabilisait, pensant qu'elle était peut-être la cause de leur séparation. Lorsqu'elle s'est confiée à moi, elle avait perdu toute estime de soi; elle se trouvait laide, elle était renfermée sur elle-même. Sa mère, qui s'était déjà remariée, ne soupçonnait pas qu'elle souffrait autant. Par la grâce de Dieu, à l'aide d'un des principes contenus dans ce livre, j'ai pu l'aider à se pardonner, retrouver son estime de soi et rebâtir une relation saine avec son père.

Beaucoup de membres de plusieurs familles souffrent en silence, au point d'être détruits de l'intérieur et de s'empêcher de croire à toute possibilité de restauration. Ils transposent l'échec de leur propre famille sur leur avenir, ce qui les empêche de bâtir une famille solide et comblée. Imaginez-vous une famille où tous les parents sont présents, dans laquelle toutes les relations sont harmonieuses, tous les besoins comblés, avec les enfants au service de Dieu. N'est-ce pas le rêve de toute personne qui désire fonder une famille chrétienne dans ce monde en ruine ? Comment atteindre cet idéal ?

À travers ces lignes, j'aimerai démontrer que vous pouvez, en suivant les principes enfouis dans la Parole de Dieu, avoir une vie de famille comblée, et atteindre ainsi l'idéal de Dieu pour votre famille. Ce livre vous amènera à découvrir les attentes de Dieu pour votre famille, à prendre vos responsabilités familiales, à résoudre les problèmes courants qui touchent aux relations familiales, ainsi qu'à vous équiper face aux différentes attaques du diable contre votre famille. Il vous aidera à goûter à toutes les bénédictions découlant d'un environnement familial sain.

Mon épouse et moi ne voulons en aucun cas être un modèle de perfection. Nous sommes tellement imparfaits et sommes nous-mêmes en constant progrès dans tous les domaines de notre vie de famille. Cependant, ce que nous avons appris, au fil des années, peut s'avérer une piste de solution pour de nombreux couples et familles en détresse.

Mon profond désir est de voir des familles heureuses, épanouies et comblées vivant selon l'idéal de Dieu. Puisse le Saint-Esprit, par la lecture de ce livre, apporter la restauration à votre famille, redorer l'image de la famille chrétienne, et équiper les jeunes gens pour un futur mariage comblé de bonheur !

Thierry Lumbu

1

L'IDÉAL DE DIEU POUR LA FAMILLE

Il y a quelques années, une sœur que j'ai encadré dans la foi racontait ceci: « C'était lors d'une prédication où il avait pris un instant pour nous raconter son témoignage plus précisément le départ de sa mère. Je n'avais jamais vu le Pasteur Thierry mon père, mon mentor, mon coach dans un état de vulnérabilité. C'est à ce moment que j'avais réalisé l'impact de la famille dans la vie de chaque Homme quel que soit leur position dans la société, la famille a un rôle et un impact inévitable. À cœur ouvert, Pasteur Thierry partageait la douleur qu'il avait ressenti lors de cet événement. Il expliquait comment le départ de sa mère avait créé un déséquilibre dans sa vie et que cela avait changé sa perception de voir la femme en général. Par son témoignage, je me suis tout d'un coup retrouvé dans son histoire. Je n'osais pas admettre se déséquilibre dans ma vie, mais le Saint-Esprit l'avait utilisé ce jour-là pour me dire que la restauration était possible. Nous pouvons être blessés, mais pas anéantis. Ce jour-là, j'avais reconnu mon état et j'avais accepté de passer par le processus de guérison avec l'aide du Saint-Esprit, mais aussi avec l'assistance du pasteur Thierry. Peu importe le type de famille d'où nous venons, l'idéal de la famille selon Dieu est possible et c'est un processus. »

Je crois aussi que vous serez édifié, restauré par les pensées développées dans ce chapitre. Dieu étant le fondateur de la famille, le Maître de pensée de cette idée, Il avait un idéal lorsqu'Il l'a créée. La société peut donc essayer de la définir à sa manière et lui donner un portrait conforme à la plupart des familles de sa génération, mais en réalité, c'est seulement en Dieu que nous trouverons le modèle initial et parfait de la famille. Parler de l'idéal de Dieu pour la famille, c'est décrire ce que Dieu souhaiterait voir dans la famille et qui lui donnera une entière satisfaction; c'est parler de son modèle de perfection de la famille.

Selon quatre piliers fondamentaux de ce portrait divin, la famille chrétienne devrait être :

Un modèle de valeurs

La pensée de Dieu était de créer un cadre dans lequel les valeurs de la vie seraient incarnées, à tel point qu'une personne entrant en contact avec elles puisse trouver les réponses à ses questions. Nous voyons souvent dans notre société que ceux n'ayant pas bénéficié d'un cercle familial ont parfois une manière d'être que la société « réprouve ». Par ce fait, nous comprenons que même inconsciemment, l'homme reconnaît que la famille devrait être un modèle de valeurs. C'est dans la famille que les enfants apprennent les règles de politesse, le travail d'équipe, l'amour, et c'est de là que naît le désir de se marier et fonder sa propre famille.

Il est donc très important qu'en tant que famille nous véhiculons un bon message à tous ceux qui la constituent ou qui la côtoient. Nous ne pourrons pas étaler toutes les valeurs de la famille chrétienne décrites dans la Bible, car ce livre serait trop long à lire. Je vais donc m'efforcer d'en ressortir quelques-unes afin de vous donner une idée.

L'importance de recevoir la bénédiction nuptiale

« Dieu créa l'homme à son image, il le créa à l'image de Dieu, il créa l'homme et la femme. Dieu les bénit, et Dieu leur dit : Soyez féconds, multipliez, remplissez la terre, et l'assujettissez; et dominez sur les poissons de la mer, sur les oiseaux du ciel, et sur tout animal qui se meut sur la terre. » (Genèse 1 : 27-28)

Ce texte des Saintes écritures nous révèle le cœur de Dieu sur le mariage et sur la famille bien avant qu'Adam et Ève n'habitent ensemble. Dieu, étant le premier pasteur, les a bénis. Cela démontre à quel point la bénédiction nuptiale est primordiale aux yeux de Dieu lorsque nous désirons fonder une famille.

De nos jours, plusieurs chrétiens ne s'inscrivent plus dans cet idéal. Pourtant, nos enfants remarquent ces choses, même si, pour eux, le mariage aura lieu bien plus tard, ils auront saisi le message que la bénédiction nuptiale est secondaire.

« Je veux donc que les jeunes se marient, qu'elles aient des enfants, qu'elles dirigent leur maison, qu'elles ne donnent à l'adversaire aucune occasion de médire. »

1 Timothée 5 : 14

C'est avec raison que l'apôtre Paul pouvait dire dans ce passage que tous les jeunes gens se mariaient. En d'autres termes, le Seigneur ne veut pas que l'on cohabite ensemble avant d'avoir reçu la bénédiction nuptiale. Il faudrait donc que toute personne qui désire se mettre en couple puisse, au préalable, chercher l'approbation de Dieu avant d'aller plus loin.

C'est donc dans la famille que les parents ont le rôle de véhiculer cette valeur à leurs enfants en leur parlant du mariage, et en étant eux-mêmes un modèle d'application de cette pensée.

La régularisation de son union de fait

Voulant que la famille soit un jardin de bonnes mœurs, le Seigneur avait même créé une solution pour ceux qui prendraient un mauvais départ et qui mettraient la charrue devant les bœufs, en les invitant à régulariser leur relation : « Si un homme séduit une vierge qui n'est point fiancée, et qu'il couche avec elle, il paiera sa dot et la prendra pour femme. Si le père refuse de la lui accorder, il paiera en argent la valeur de la dot des vierges. » (Exode 22 : 16 -17)

Force est de constater dans ce texte que l'homme ayant couché avec la fille, malgré qu'il ne l'ait pas mise enceinte, le Seigneur parle déjà de donner une dote afin de la prendre pour femme. On voit par là qu'avoir des relations sexuelles extraconjugales n'est pas dans le plan de Dieu.

Pour remédier à ce genre de situation, le Seigneur demande à ce que l'homme prenne la femme pour épouse. Celui-ci sera exempté de cette responsabilité seulement dans le cas où le père de la fille ne veuille pas la donner en mariage. L'homme n'aura ainsi qu'à payer une amende. Dans certaines cultures africaines, cette pratique a lieu uniquement lorsque la fille tombe enceinte, mais dans les écritures, la manière dont Dieu a voulu que les enfants d'Israël puissent résoudre cette situation était de régulariser les choses par un mariage formel.

Au fond, la culture des enfants d'Israël reflétait ce que Dieu voulait pour son peuple. On peut en tirer comme leçon que la volonté du Seigneur est que si nous nous trompons ou s'il arrivait que nous soyons impatients et tombons dans le péché, nous puissions non seulement nous repentir, mais également légaliser la relation par la suite afin de remettre les choses en ordre. Les parents devraient ainsi expliquer cette valeur à leurs enfants, leur parler de la sexualité à l'intérieur et en dehors du mariage et être un modèle pour eux.

La chasteté durant les fiançailles

Dans le même ordre d'idée, le cas de Joseph et Marie nous confirme qu'ils ne pouvaient pas habiter ensemble avant la bénédiction, comme le déclarent les Écritures : « Voici de quelle manière arriva la naissance de Jésus-Christ. Marie, sa mère, ayant été fiancée à Joseph, se trouva enceinte, par la vertu du Saint-Esprit, avant qu'ils eussent habité ensemble. » (Matthieu 1:18)

Bien que Joseph fût fiancé à Marie, la Bible dit qu'ils n'avaient pas habité ensemble. Lorsque Marie est tombée enceinte, Joseph était sûr que ce n'était pas de lui parce qu'il ne l'avait pas connue. Durant la période des fiançailles, les gens prenaient le temps de se connaître sans pour autant vivre ou coucher ensemble.

La fidélité conjugale

Une autre valeur que Dieu désire atteindre avec la famille, c'est la fidélité du couple. Le mariage doit être honoré de tous.

> « Que le mariage soit honoré de tous, et le lit conjugal exempt de souillure, car Dieu jugera les impudiques et les adultères. »
>
> Hébreux 13 : 4

Il est capital pour les conjoints de respecter leur engagement mutuel. L'infidélité brise non seulement la confiance, mais ouvre également la porte aux esprits impurs.

Le respect de l'ordre divin

Une autre valeur qui s'éteint encore aujourd'hui est le respect de l'ordre divin. Pour le bon fonctionnement de la famille, Dieu a établi un ordre : le père, la mère puis les enfants. Combien de fois assistons-nous au renversement de cet ordre ? Combien de familles voyons-nous où les enfants sont plus honorés que l'époux, ou l'épouse ne considère pas l'autorité de son mari ? Pour certains c'est la profession ou le ministère qui prend la place d'un des membres de la famille. Ce changement d'ordre n'est jamais bénéfique pour l'équilibre familial.

Lors de la sortie de l'arche, Dieu a clairement dit à Noé : « Sors de l'arche, toi et ta femme, tes fils et les femmes de tes fils avec toi. » Voici un exemple concret de l'ordre divin. Remarquons cependant que Noé n'a pas exécuté cette recommandation : « Et Noé sortit, avec ses fils, sa femme, et les femmes de ses fils. » (Genèse 8 : 15-16, 18)

La Bible ne dit pas comment cela a affecté la femme de Noé, mais nous savons que pour notre Dieu, l'obéissance vaut mieux que les sacrifices.

En tant que conseiller matrimonial, j'ai un jour rencontré un couple en difficulté. L'homme se plaignait du fait que sa femme n'avait pour lui aucune considération. Elle était concentrée sur les enfants, il pouvait rester assis dans son divan pendant des heures, mais son épouse ne trouvait même pas cinq minutes pour lui tenir compagnie. En bref, il n'y avait que les intérêts ou besoins des enfants qui passaient en premier, 7 jours sur 7 et 24 heures par jour. Cette situation amenait l'homme à piquer des crises de colère et de jalousie. Il était angoissé et se demandait constamment pourquoi son épouse le traitait ainsi. La femme trouvait sa réaction normale, elle ne se reprochait rien, mais après lui avoir expliqué que l'amour pour les enfants ne devrait aucunement annuler l'amour que l'on doit à son conjoint, elle a compris cette valeur et que pour la santé de la famille, il faut donner à chaque membre ce qu'on lui doit selon son rang.

> « L'infidélité brise non seulement la confiance, mais ouvre également la porte aux esprits impurs. »

Est-ce que ceci vous parle ? Que comptez-vous faire désormais pour votre famille afin que chaque membre se sente à sa place ? Comme nous le verrons en détail dans les autres chapitres de ce livre, il y a plusieurs valeurs que notre Dieu s'attend à voir dans une famille, et qui lui donneront entière satisfaction. Appliquons-nous à lire, méditer et étudier la Parole de Dieu, le manuel du Fabricant de la famille, afin de recevoir la grâce de Dieu.

Un modèle de crainte de Dieu

« Abraham deviendra certainement une nation grande et puissante, et en lui seront bénies toutes les nations de la terre. Car je l'ai choisi, afin qu'il ordonne à ses fils et à sa maison après lui de garder la voie de l'Éternel, en pratiquant la droiture et la justice, et qu'ainsi l'Éternel accomplisse en faveur d'Abraham les promesses qu'il lui a faites. » (Genèse 18 : 18-19)

Les propos de ce texte m'ont toujours beaucoup marqué. Ici, le Seigneur est littéralement en train de dire qu'il a choisi Abraham. Il en va de même pour vous, il a vraiment fait un choix minutieux, en prenant le temps de magasiner pour s'arrêter sur votre cas. Ceci nous enseigne déjà que chaque parent est un choix de Dieu pour sa famille, pour une mission particulière. Le texte continue en expliquant le but pour lequel Abraham a été choisi. Comme lui, vous devez diriger les personnes de votre maison : que ce soit un oncle, un ami ou encore votre cousin, quelle que soit la personne qui vient vivre sous votre toit, votre responsabilité est de l'encourager à garder la foi et obéir à la voix de Dieu. En d'autres termes, le Seigneur désire que la famille soit un modèle de crainte de Dieu, par la pratique de la droiture et de la justice. En effet, Dieu désire que la famille soit un lieu d'encouragement où tous ceux qui y habitent soient amenés à le craindre, le respecter et faire sa joie.

J'ai encadré beaucoup de jeunes dans ma vie et j'ai constaté avec regret que plusieurs familles chrétiennes emmènent leurs enfants à l'église pour que nous puissions les aider à connaître Dieu. Cependant, leur milieu familial reste le même, c'est-à-dire qu'ils n'encouragent pas ces enfants-là à suivre ce que nous enseignons. Certains jeunes me l'ont même affirmé. Par exemple, certains disaient : « Pourquoi obéir ou suivre ce que tu m'enseignes quand je vois mon père ou ma mère vivre le contraire, en s'adonnant aux plaisirs de ce monde ? »

Plusieurs jeunes ont eu beaucoup de difficultés pour évoluer rapidement dans leur vie spirituelle, parce que la famille n'était pas un modèle de crainte de Dieu, ce qui fait que l'enseignement donné à l'église ne trouvait pas de référence, ou puis-je dire, de cadre idéal pour pousser. Cela me pousse à faire une comparaison avec un semeur qui sort pour semer. Le semeur et la semence sont bons, mais c'est l'environnement dans lequel la semence est tombée qui fait en sorte que l'un a pu produire quelque chose et l'autre non. Les parents ne peuvent pas enseigner aux membres de la famille la crainte de Dieu pendant qu'ils se comportent eux-mêmes en ennemis de la Croix. Il y a des exceptions certes, mais en règle générale, c'est compliqué, difficile et même étouffant pour la foi de l'enfant.

Voilà pourquoi Dieu avait choisi Abraham, afin qu'il apprenne la crainte de Dieu à sa maison. Tout ce qu'Abraham avait à faire, c'était de créer un environnement familial où cette valeur serait communiquée et encouragée.

Vous me demanderez « Mais pasteur, comment y arriver? » Premièrement, en vivant dans la crainte de Dieu soi-même, puis en encourageant les actes ou les comportements qui vont dans cette direction. Ensuite, en réprimandant tout caractère, comportement ou habitude qui n'est pas de Dieu. On ne peut pas être soumis à Dieu, aller à l'église, observer à la lettre tout ce qu'il faut faire et, au sein de son foyer, se laisser aller : regarder toutes sortes d'émissions, parler n'importe comment, entretenir une atmosphère négative ou propre propice aux disputes. Par exemple, il arrive que les enfants aient un certain langage ou comportement, et que les parents ne fassent rien, préférant même rire face à certaines déviations.

À l'église ou à la maison, ayez toujours la même attitude face au péché, pour permettre au cadre familial d'être un milieu qui favorise la crainte de Dieu.

Un modèle d'une saine gestion des problèmes

Dans une famille, de nombreuses situations difficiles peuvent survenir, comme des problèmes, des défis à surmonter voire des incompréhensions entre les membres. C'est tout à fait normal : la famille est constituée de personnes de sexes opposés, d'âges et de tempéraments différents, donc il y aura toujours des conflits et des problèmes. Ces problèmes peuvent être de nature financière, relationnelle, comportementale, émotionnelle, spirituelle… L'important n'est pas la présence des problèmes ou des défis que vous rencontrez, mais bien la manière dont vous les gérez. Dieu aimerait exercer nos mains au combat et nos doigts à la bataille, voilà pourquoi il place un enfant dans une famille, pour que celle-ci serve d'inspiration et de lieu de formation pour qu'il apprenne comment gérer les problèmes au quotidien. Lorsque la famille échoue dans la communication ou la transmission de cette sagesse, l'enfant lorsqu'il devient adulte ou lorsqu'il fait face à des problèmes personnels, ne sait pas comment les gérer. Voilà pourquoi certains enfants se suicident, d'autres se mutilent. Perdus, confrontés à un problème qui les dépasse, ils ne savent pas quoi faire. Pour eux, la fuite est la seule solution. Ils peuvent commencer à fuguer et certains vont même jusqu'à se donner la mort, tomber dans la dépression, la drogue et autres vices de la société.

Regardons l'exemple de la famille de Zacharie et d'Elisabeth, une famille qui ne parvenait pas à avoir des enfants, mais qui, malgré tout, est restée unie, à continuer à s'aimer, à servir Dieu ensemble et à faire face aux situations ensemble. « Ils n'avaient point d'enfants, parce qu'Elisabeth était stérile; et ils étaient l'un et l'autre avancés en âge. » (Luc 1 : 7) Voilà le modèle d'une bonne gestion d'un problème familial.

Dans le milieu d'où je viens, lorsqu'une femme n'a pas d'enfant et que sa stérilité est prouvée, la belle famille s'en prend à elle, le mari devient infidèle, épouse carrément une deuxième femme et parfois même divorce. Or, Dieu n'a jamais dit que le mariage doit s'arrêter s'il n'y a pas d'enfants. La seule chose susceptible de l'arrêter, c'est la mort de l'un ou l'autre conjoint. Zacharie est resté attaché à sa femme et les deux ont trouvé une façon de gérer le problème ensemble, en faisant confiance à Dieu, en le priant et le servant, considérant que le Dieu qui les a mis ensemble fera en sorte de leur trouver une solution. Il n'y a pas de situation impossible ni de problème insoluble pour notre Dieu.

La famille doit donc être le cadre d'une saine gestion des conflits. Il faut rester unis, peu importe la source d'un problème. Ainsi, au lieu de perdre notre temps à nous blâmer mutuellement, nous devons gérer les conflits, trouver une solution, travailler ensemble et ensuite associer Dieu à la résolution de nos problèmes. Lorsque les enfants feront face à des défis personnels, ils auront le courage de venir partager cela avec leurs parents ou avec leurs frères et sœurs afin de trouver, ensemble, des solutions. Ils prennent la peine de prier et de chercher la face de Dieu. Cela me rappelle l'histoire de Saul avec les ânesses perdues de son père. Ce garçon, voulant plaire à son père, est allé à la recherche du patrimoine familial. Après plusieurs journées de marche sans trouver de solution, il s'est résolu à trouver un voyant. Ici, lorsque l'on parle de trouver un voyant, il est question de recourir au Seigneur, le Dieu capable de voir toutes choses, de savoir où se trouvent les ânesses ; ce Dieu qui peut révéler le mystère qui résout toute situation. Tout provient de notre environnement familial.

Ainsi, non seulement cela bénira vos enfants, mais édifiera également vos voisins qui constateront que vous n'avez pas les mêmes réactions face aux défis. Même les païens autour de nous seront poussés à vouloir connaître le Dieu que nous servons. En effet, lorsque nous résolvons les conflits de la mauvaise manière, nous dessinons un système de résolution de problème malsain devant le regard de nos enfants qui ne feront que reproduire ce schéma, ce qui aura assurément une incidence négative sur leur progéniture, leur avenir et leur destinée.

Fort malheureusement, plusieurs familles de notre génération réagissent de façon impulsive ou violente, à se monter les uns contre les autres devant les défis de la vie. Ce fut le cas de Rachel, la femme de Jacob : « Lorsque Rachel vit qu'elle ne donnait point d'enfants à Jacob, elle porta envie à sa sœur, et elle dit à Jacob : Donne-moi des enfants, ou je meurs ! La colère de Jacob s'enflamma contre Rachel, et il dit : Suis-je à la place de Dieu, qui t'empêche d'être féconde ? » (Genèse 30 : 1-2)

Voyant qu'elle ne pouvait enfanter, elle a accusé son mari d'en être responsable. De nombreuses familles ont un problème de stérilité, ou perdent un enfant et les conjoints passent leur temps à se blesser au lieu de s'unir pour chercher une solution. La femme de Job a également réagi de cette manière. L'amertume dans l'âme à la suite du décès de tous ses enfants, ainsi que la perte de leur entreprise familiale, elle incite son mari à maudire Dieu. Au lieu d'être une source d'encouragement pour qu'il continue à servir Dieu, elle devient un élément nuisible à la foi de Job.

Malgré tout, le vœu de Dieu est que nous puissions, en tant que famille, être un modèle d'une saine gestion des problèmes afin d'influencer autrui dans ce sens. L'homme qui sait mieux réagir face aux défis de la vie sera un modèle pour sa femme. De la même manière, la femme qui sait mieux réagir face aux situations difficiles deviendra un modèle pour son mari. Vous ferez ainsi de la famille un cadre idéal dans lequel chaque personne se trouve encouragée à chercher la meilleure voie pour résoudre les problèmes.

La réponse de Job face à la sollicitation de sa femme à maudire Dieu nous enseigne aussi que la bonne gestion des problèmes consiste aussi à aider les membres de la famille à comprendre que la vie a des moments d'obscurité et de moments de lumière. Il y a un temps d'abondance et de disette. Il est important de savoir vivre dans l'abondance comme dans la disette ou dans le manque avec joie et en gardant la foi. Cette leçon est salutaire pour tous les membres de la famille et principalement pour les enfants afin qu'eux aussi à leur tour ne puissent pas perdre courage lorsqu'ils passeront par des moments sombres de leur vie. Ils pourront plutôt s'accrocher à cette foi, à cette espérance, sachant que tant que nous vivons, il y a encore de l'espérance.

Je lève ma main droite pour prier pour chaque famille qui lit ce texte :

Je prie que Dieu vous amène à être rempli de sagesse, rempli de grâce et rempli de force pour résoudre les problèmes que vous rencontrez et les situations auxquelles vous faites face de façon saine et harmonieuse, en vue d'être une source de bénédictions pour les gens autour de vous, pour les amis et les connaissances qui vous observent dans ces situations précises.

Un modèle de consécration à son service

« Or, pendant qu'il s'acquittait de ses fonctions devant Dieu, selon le tour de sa classe, il fut appelé par le sort, d'après la règle du sacerdoce, à entrer dans le temple du Seigneur pour offrir le parfum. Toute la multitude du peuple était dehors en prière, à l'heure du parfum. Alors un ange du Seigneur apparut à Zacharie, et se tint debout à droite de l'autel des parfums. Zacharie fut troublé en le voyant, et la frayeur s'empara de lui. Mais l'ange lui dit : Ne crains point, Zacharie; car ta prière a été exaucée. Ta femme Elisabeth t'enfantera un fils, et tu lui donneras le nom de Jean. Il sera pour toi un sujet de joie et d'allégresse, et plusieurs se réjouiront de sa naissance. » (Luc 1 : 8-14)

Lorsque je pense à la famille comme un modèle de consécration au service de Dieu, ma pensée se tourne constamment vers la famille de Zacharie et d'Élisabeth. Comme pour ce couple, il veut que nous puissions former une famille dans laquelle les enfants voient un modèle de consécration au service du Seigneur, sans faille, sans recul, sans ambages, sans compromis. Consacrés à Dieu sans intérêt parce que nous avons compris que le servir est notre devise : c'est la chose la plus importante qu'un homme puisse faire sur la terre.

Lorsque les enfants grandissent dans un tel environnement, cela leur permet de s'attacher à Dieu, de sorte que lorsqu'eux-mêmes vont s'engager à servir Dieu à leur tour et qu'ils rencontrent des situations compliquées ou des difficultés, ils n'abandonnent pas. Un autre exemple biblique illustre parfaitement mon propos : celui d'un père, Moïse, et de son enfant spirituel, Josué. Josué a vu Moïse travailler et servir pendant des années. Chaque fois que Josué allait dans la présence de Dieu, il venait au bas de la montagne. Nous voyons qu'il était inspiré par la vie de Moïse. Il l'a vu accomplir des miracles, comme séparer la mer Rouge en deux. Plus tard, ce modèle a servi à Josué, lorsque lui-même fut confronté au défi de traverser le Jourdain. Il y a cru et a pu affronter la situation avec courage. Nous voyons la même chose avec Élie et Élisée.

Josué, en tant que chef de famille, avait compris que sa famille devait être un modèle de consécration au service de Yahvé : « Mais si vous ne trouvez pas bon de servir l'Éternel, choisissez aujourd'hui qui vous voulez servir: soit les dieux que vos ancêtres servaient de l'autre côté de l'Euphrate, soit les dieux des Amoréens dans le pays duquel vous habitez. Quant à ma famille et moi, nous servirons l'Éternel. » (Josué 24: 15, S21)

L'idéal de Dieu pour la famille reste que celle-ci joue un rôle de catalyseur pour chaque enfant, et que toute autre personne qui la côtoie comprenne l'importance de servir Dieu pendant son pèlerinage sur terre. Il y a certes beaucoup de choses à faire, mais l'une des choses les plus importantes est d'accomplir votre mandat avant de quitter ce monde. Nous ne sommes pas venus remplir un espace : chaque être vivant a été injecté dans ce monde pour un but précis, soit pour influencer sa génération, résoudre un problème ou être la réponse à une situation.

> « La parole de l'Éternel me fut adressée, en ces mots : Avant que je t'eusse formé dans le ventre de ta mère, je te connaissais, et avant que tu fusses sorti de son sein, je t'avais consacré, je t'avais établi Prophète des nations. »
>
> Jérémie 1 : 4 -5

Dès le sein de votre mère, avant même que vos parents ne vous choisissent un prénom et avant même qu'ils connaissent votre sexe, il y avait un mandat sur votre vie : Dieu vous a établi. Il vous a choisi pour influencer votre génération. Il est donc capital qu'un enfant, dès sa naissance, soit dans un environnement qui lui permettra d'exploiter ou de mettre à profit les talents, les dons ou le ministère qui reposent sur sa vie. Lorsqu'on parle d'établir une personne, cela veut dire qu'elle a été qualifiée, qu'on a confiance en elle, qu'on croit en son potentiel et que le poste qu'elle occupera a été taillé à sa mesure. Nous devons être un canal par lequel ce don enfoui ou caché se révèle. Comme nous le savons, chaque personne vit en fonction d'un modèle ou d'un idéal. De la même manière, l'enfant, bien que possédant certains talents et capacités que Dieu lui a communiqués, a besoin d'une référence et de repères pour pouvoir s'impliquer dans son ministère. Les enfants qui sont dans notre maison, que Dieu a mis à notre charge, ont un appel, un mandat ou un ministère, et c'est la famille qui doit permettre que cet appel soit propulsé et puisse atteindre un niveau supérieur.

Lorsque la famille est consacrée à Dieu, les enfants auront tendance à suivre le même chemin. Voilà pourquoi il est primordial que les parents soient des modèles vivants d'une vie consacrée au Seigneur.

Je me souviens que si j'ai commencé à servir Dieu avec passion, c'est parce que ma mère était une femme de prière, une femme consacrée. Lorsque j'étais très jeune, mon père était catholique et ma mère était une pentecôtiste qui priait dans les églises dites de réveil. Je me souviens comme si c'était hier de comment elle nous amenait chaque dimanche à l'église. Elle nous a appris à prier et nous a fait comprendre que le plus beau cadeau qu'elle pouvait nous offrir, le meilleur héritage qu'elle pouvait nous léguer était de connaître le Dieu qu'elle cherchait. Bien que j'aie eu des moments d'égarement dans ma vie, j'avais toujours conscience que la meilleure chose à faire de ma vie était de prendre le temps de mettre mon énergie, mes talents, mes capacités et tout ce que je suis au service du Seigneur. Ce qui fait que lorsque j'ai reçu Christ, je me suis décidé à suivre les traces de mes parents et même faire même plus qu'eux.

> « Vous servirez l'Éternel, votre Dieu, et il bénira votre pain et vos eaux, et j'éloignerai la maladie du milieu de toi. Il n'y aura dans ton pays ni femme qui avorte, ni femme stérile. Je remplirai le nombre de tes jours. »
>
> **Exode 23 : 25-26**

Il y a une bénédiction à servir Dieu. Le texte qui précède nous enseigne que lorsqu'on sert Dieu il bénit nos entreprises, il éloigne la maladie de nous, il annule la malédiction contre la maternité, il nous donne une longue vie. Nous devons présenter ce style de vie à nos enfants afin de leur laisser un modèle à suivre. « Comme de bons dispensateurs des diverses grâces de Dieu, que chacun de vous mette au service des autres le don qu'il a reçu. » (1 Pierre 4 : 10)

Nous avons tous reçu quelque chose de la part de Dieu, que ce soient des dons spirituels ou des talents naturels tels que la pratique d'un sport, l'hospitalité, et bien d'autres. Il incombe à la famille d'encourager les enfants à utiliser les dons qu'ils ont reçus, spirituels ou naturels, au profit de la société, de l'entourage et de l'église.

Ma prière et mon vœu sont que chaque famille chrétienne soit ce cadre béni qui permettra à chaque enfant qui s'y trouve ou à chaque visiteur qui vient pour un temps, de tirer des leçons ou de s'inspirer du modèle de consécration au service du Seigneur.

2

COMBATTRE POUR SA FAMILLE

« Or les Juifs qui habitaient près d'eux vinrent dix fois nous avertir, de tous les lieux d'où ils se rendaient vers nous. C'est pourquoi je plaçais, dans les enfoncements derrière la muraille et sur des terrains secs, <u>le peuple par familles</u>, tous avec leurs épées, leurs lances et leurs arcs. Je regardai, et m'étant levé, je dis aux grands, aux magistrats, et au reste du peuple : Ne les craignez pas! Souvenez-vous du Seigneur, grand et redoutable, et <u>combattez pour vos frères, pour vos fils et vos filles, pour vos femmes et pour vos maisons</u> ! »
Néhémie 4 : 12-14

La vie est un combat. La réussite d'une famille n'est pas un fait de hasard. Nous ne pouvons pas simplement espérer que notre famille ira bien, nous devons tous combattre pour que les choses fonctionnent pour notre famille. Pour que l'unité familiale soit préservée, que l'harmonie du couple et la joie de vivre en famille soient maintenues, pour que vivre en famille soit une expérience merveilleuse et inoubliable : il faut se battre pour cela, ça n'arrive pas par pur hasard. Nous sommes tous occupés, soumis aux mêmes stress de la vie, aux mêmes difficultés, nous avons tous 24 heures dans une journée, tous ceux qui ont réussi dans ce domaine peuvent témoigner qu'ils ont donc dû se battre pour que cela arrive.

Réalisons qu'il y a un ennemi, qui se nomme le diable, qui travaille jour et nuit contre la cellule familiale. Il vient pour dérober, égorger et détruire tout ce qui touche à la famille car il est l'ennemi de Dieu.

Il se plaît à faire du mal à Dieu en perturbant tout ce qu'il a créé. Comme dirait un proverbe: "lorsque les éléphants se battent, c'est l'herbe qui en pâtit".

La Bible nous exhorte face à cette réalité : premièrement en nous disant « NE CRAINS PAS », car la peur est l'ennemi de la foi, c'est l'arme que le diable utilise pour nous déstabiliser, nous empêcher de réaliser qui nous sommes et l'autorité spirituelle que Christ nous a donné. Peu importe ce que le diable fait comme menace à notre famille, peu importe son rugissement, nous devons rester sereins, fermes, imperturbables afin de pouvoir l'affronter. Dès le moment où nous cédons à la peur, nous sommes désarmés.

> « Moïse répondit au peuple : Ne craignez rien, restez en place, et regardez la délivrance que l'Éternel va vous accorder en ce jour; car les Égyptiens que vous voyez aujourd'hui, vous ne les verrez plus jamais. »
>
> Exode 14 : 13

Le Seigneur nous recommande dans le passage précédent de ne pas sombrer dans la peur, car les ennemis que nous voyons, nous ne les verrons plus jamais. C'est possible que la situation de ta famille change, possible que l'adversité cesse ses ravages, possible d'atteindre une zone sans turbulences. On retrouve 365 fois l'expression « NE CRAINS PAS » ou son dérivé dans la Bible, et cela démontre l'importance que Dieu accorde à cela, on pourrait se dire une expression pour chaque journée de notre vie. Le Seigneur sait que se laisser vaincre par la peur c'est avouer déjà son échec, c'est déclarer forfait avant même que le combat ne soit engagé. Ton attitude est très capitale dans cette affaire. Aie l'attitude de vainqueur avant même d'amorcer le combat. Arme-toi de la confiance en Dieu face à la situation financière, au caractère difficile de tes enfants, aux conflits avec ton conjoint, etc. Continue de croire que l'issue du combat t'appartient, selon ce qu'il est écrit : « Voici, Dieu est ma délivrance, Je serai plein de confiance, et je ne craindrai rien; Car l'Éternel, l'Éternel est ma force et le sujet de mes louanges; C'est lui qui m'a sauvé. » (Ésaïe 12:2)

La deuxième recommandation est la suivante : « SOUVIENS-TOI DU SEIGNEUR, GRAND ET REDOUTABLE ». En effet, nous ne sommes pas seuls, nous marchons et vivons avec le Seigneur de gloire, l'Éternel des armées. Celui qui a l'expérience des combats., Celui qui ne connaît pas le mot *échec* dans son vocabulaire., Celui qui a déjà vaincu et chassé notre ennemi du Ciel, l'Auteur de la famille. Il connaît votre ennemi ainsi que toutes les astuces pour une famille heureuse et victorieuse. Peu importe ce qui attaque ta famille, sachez que ton Dieu est plus puissant que votre adversaire. Peu importe la durée de l'attaque ou la renommée des ennemis du bonheur de votre famille, sachez que votre partenariat avec Dieu est une alliance très utile dans cette lutte. **Psaumes 60:14** déclare : « Avec Dieu, nous ferons des exploits; Il écrasera nos ennemis. » Ce verset nous apprend que les exploits, nous les faisons ensemble avec Dieu, tandis que le sort de nos ennemis, Dieu s'en occupe pour nous.

Troisièmement, après avoir réfuté la peur et réalisé la grandeur ainsi que la puissance de votre Dieu, vous pouvez maintenant «

COMBATTRE POUR VOTRE FAMILLE ». La Parole de Dieu nous démontre que nous avons aussi un rôle à jouer dans la recherche du bonheur de notre famille, dans la réussite de l'éducation de nos enfants, dans l'harmonie de notre mariage. Plusieurs personnes sont démissionnaires de cette tâche, fatiguées de se battre, elles sont prêtes à livrer à Satan leur famille pourvu qu'elles aient un moment de répit. Plusieurs hommes fuient leur domicile, plusieurs femmes abandonnent leurs enfants, plusieurs enfants fuguent, plusieurs couples choisissent la voie du divorce, car c'est la solution facile plutôt que de rester se battre pour l'homme ou la femme qu'ils ont autrefois aimé. Mon Dieu m'a envoyé te dire NE LÂCHEZ PAS VOTRE FAMILLE. Votre famille est le meilleur cadeau que Dieu vous ait donné. Personne ne choisit sa famille, c'est Dieu qui nous l'offre, c'est lui qui sait combien c'est le bon environnement pour nous. Reconnaissant que votre famille soit un don de Dieu, que c'est une grâce que vous obtenez de l'Éternel, vous ne devez pas la céder au diable sans vous battre.

Naboth a refusé de vendre son héritage au roi Achab puisqu'il avait la pensée de ne pas vendre l'héritage familial (**1 Rois 21:3**). Je ne sais pas quelle réalité votre famille traverse et qui vous pousse à être fatigué, stressé… Peut-être que c'est l'ingérence de votre famille élargie, ou que vos enfants n'écoutent plus, que votre fille a eu une grossesse hors mariage, qu'elle est aux prises avec certains liens démoniaques, alors que vous êtes vous-même pasteur. Peut-être pensez-vous que votre femme est un monstre, votre mari un infidèle, votre mari ou votre femme se bat contre une dépendance sévère. Peut-être me direz-vous que vous êtes rempli de dettes, que vous vivez une pauvreté extrême, et plus encore. La Bible nous encourage à réagir, à combattre, peu importe l'angle d'attaque de l'ennemi.

Si nous combattons pour nos familles, Dieu combattra pour nous ! « Au son de la trompette, rassemblez-vous auprès de nous, vers le lieu d'où vous l'entendrez; notre Dieu combattra pour nous. » (Néhémie 4 : 20) À nous de faire le premier pas dans cette direction.

Battons-nous afin que le Seigneur ramène notre réalité à l'idéal de Dieu pour la famille! Dieu est disposé à être partenaire avec nous dans le succès de notre famille. Il est prêt à s'engager pour amener notre famille à vivre le plan merveilleux qu'il a planifié pour nous et aussi à s'occuper de nos ennemis.

Levons-nous donc pour le salut de nos familles, de notre conjoint, de nos enfants, de nos parents, car c'est un combat qui en vaut la peine. Votre famille est la meilleure famille au monde. Il y a du bon dans votre famille, c'est juste le diable qui altère l'éclat de celle-ci. Vous êtes dans cette famille parce que c'est le meilleur environnement pour votre épanouissement.

J'ai constaté que les gens ont tendance à envier la famille du voisin, alors que d'autres envient la leur. Ce fait m'amène à dire qu'il a du bon dans toute famille. La réalité est que nous avons tendance à regarder le verre à moitié vide, au lieu de le voir à moitié plein. Tout est une question de perception, tout n'est pas tout noir ou blanc. Les familles qui ont réussi à ressortir leur éclat ont pour la plupart utilisé l'une ou l'autre des clés, pour ne pas dire toutes ces clés.

Trois clés pour combattre pour votre famille

Clé 1 : AIMEZ VOTRE FAMILLE

Il y a certes des choses qui peuvent vous pousser à haïr votre famille, comme le fait que votre père ait abusé de vous, que vous ayez été traité comme un moins que rien par les autres membres de votre famille, que l'ambiance familiale ait toujours été conflictuelle, que votre famille ait eu une mauvaise réputation etc.…des raisons valables pour que vous ne ressentiez aucune obligation de les aimer. Mais rappelons-nous qu'aimer n'est pas un sentiment mais un commandement. Décidons d'aimer notre famille si nous voulons la sauver et vaincre celui qui travaille à sa destruction. L'amour couvre une multitude de péchés ou de fautes, ce qui veut dire que lorsqu'on aime, on est prêt à passer l'éponge sur plusieurs choses. (**Proverbes 10:12, Proverbes 17:9**).

Je me souviens d'une histoire que mon grand-père me racontait souvent et que je veux vous partager. Il y avait dans un village un garçon, très athlétique, qui semait la terreur parmi ses camarades. Un jour, ce dernier eut une vive dispute avec son père et leva la main sur lui. Une fois à terre, tout le village est venu et a commencé à s'indigner sur le comportement du fils. Mais curieusement, le père se leva et dit à la foule : *"Laissez mon enfant tranquille, il a frappé son père, rentrez chez vous."* Tout le monde était stupéfait. Puis appelant son fils dans sa case, il lui dit : *"Ce que tu as fait n'était pas bon du tout mais j'ai accepté l'humiliation afin de ne pas donner l'accès aux mauvaises personnes pour te faire du mal.* ».

À travers cette histoire, mon grand-père me disait qu'un homme devrait être prêt à tout pour sa famille, même perdre sa dignité. Seul un père qui aime tant son fils serait prêt à essuyer une telle humiliation devant tout le monde.

Aimez-vous votre famille au point de tout perdre pour elle ? Aimez-vous votre femme au point de mourir pour elle ? Aimez-vous votre mari jusqu'à refuser que Satan vous le prenne pour une autre femme ? Aimez-vous vos enfants au point de vous sacrifier, de passer des heures en prière pour eux ? Aimez-vous vos parents jusqu'à t'engager dans les jeûnes et prières en vue de leur conversion ?

La Bible nous parle de l'amour d'une mère pour sa fille : « Jésus, étant parti de là, se retira dans le territoire de Tyr et de Sidon. Et voici, une femme cananéenne, qui venait de ces contrées, lui cria : Aie pitié de moi, Seigneur, Fils de David ! Ma fille est cruellement tourmentée par le démon. » (Matthieu 15 : 21- 22)

Cette femme a refusé de laisser Satan continuer à malmener sa fille, elle a décidé de se battre, elle a fait des kilomètres pour aller vers Jésus, elle a bravé l'opposition des apôtres et même de Jésus face à sa requête, tout cela à cause de l'amour qu'elle avait pour sa fille. L'amour est une puissance incroyable. Elle a refusé de bouger jusqu'à ce qu'elle ait obtenu la délivrance de sa fille.

Matthieu 15 : 28 déclare : « Alors Jésus lui dit : Femme, <u>ta foi est grande</u>; qu'il te soit fait comme tu veux. Et, à l'heure même, sa fille fut guérie. » Ce qui se traduit par une réponse favorable à sa quête. Quand on aime sa famille, on est prêt à se battre pour sa restauration peu importe les fautes qu'elle a commises.

Ô Dieu aide-nous à aimer nos familles comme Tu nous as tant aimé au point de sacrifier ce que tu avais de plus cher !

L'amour est prêt à pardonner, à supporter, à relever, à donner. Voilà pourquoi l'apôtre Pierre nous exhorte à rechercher et à posséder cet amour : « <u>Avant tout</u>, aimez-vous ardemment les uns les autres, car l'amour pardonne <u>un grand nombre de péchés</u>. » (1 Pierre 4 : 8, Semeur)

Toute personne mérite d'être aimée, et aucun cœur n'est capable de résister à la puissance de l'amour. Aimer une personne qui est haïssable, amène cette dernière à la restauration et anéantit la force de son assaillant. Curieusement, il est plus facile de pardonner aux étrangers qu'aux membres de nos familles, alors que ça devrait être le contraire. Le diable connaît la valeur et l'influence de la famille sur nos vies, voilà pourquoi il travaille pour détruire nos rapports ainsi que la vie des membres de notre famille, et nous pousser à considérer uniquement ceux du dehors. Ô Dieu aide-nous à aimer nos familles comme Tu nous as tant aimé au point de sacrifier ce que Tu avais de plus cher !

Clé 2 : AYEZ LA FOI POUR UN CHANGEMENT

« Et, comme nous avons le même esprit de foi qui est exprimé dans cette parole de l'Écriture : J'ai cru, c'est pourquoi j'ai parlé ! nous aussi nous croyons, et c'est pour cela que nous parlons. »

Corinthiens 4 : 13

Par moments, la gravité de notre situation nous pousse à abandonner le combat. Cependant, ne baissez pas les bras à cause de ce que vous voyez, mais CROYEZ : « Jésus lui dit : Si tu peux ! Tout est possible à celui qui croit. » (Marc 9:23)

Croyez que votre famille, votre femme, votre fils et votre situation changeront. Croyez que Dieu ramènera votre enfant à la maison. Refusez de croire à ce que Satan vous dit, refusez de croire que c'est fini tant que Dieu n'a pas dit son dernier mot. Croyez Dieu pour un miracle, une restauration. Croyez Dieu pour un changement dans votre situation familiale.

Faites attention à ce que vous dites de votre famille, sur votre famille, sur les membres de votre maison : « La mort et la vie sont au pouvoir de la langue : vous aurez à vous rassasier des fruits que votre langue aura produits. » (Proverbes 18:21)

Déclarez ce que vous croyez qu'ils seront, appelez à l'existence les choses qui manquent à votre mari, votre femme, vos enfants, car la mort et la vie sont au pouvoir de la langue. En effet, si vous cessez de croire au changement de votre famille, vous la livrez inconsciemment au gré de l'ennemi. Ce que vous dites s'accomplira ! Alors déclarez que Satan a échoué.

Souvent nous avons la foi dans l'échec et non dans la réussite. Nous sommes très sûrs d'échouer même quand nous ne possédons pas toutes les données. Tout changement commence lorsque nous y croyons. Ce que vous voyez aujourd'hui est susceptible de changer. Il vous suffit d'y croire. Tous ceux qui ont témoigné de la puissance du changement ont commencé par croire que cela était possible. Les problèmes, les situations, parfois les personnes autour de nous, nous lancent un cri de défaite, nous exposant l'impossibilité d'entrevoir un changement quelconque. C'est à nous de refuser de croire à ce mensonge, de décider de croire au changement car notre situation est un cas différent, étant donné que nous sommes partenaires avec un grand Dieu.

Clé 3 : PASSEZ DU TEMPS EN PRIÈRE

« Or, lorsque Moïse élevait la main pour prier, Israël avait l'avantage dans la bataille, et lorsqu'il la laissait retomber, Amalek l'emportait. »

Exode 17 : 11 BDS

On ne se moque pas d'une personne qui prie car son Dieu se lèvera, oui, il se lèvera certainement, même quand on ne s'y attend plus. Acceptez d'être la sentinelle de votre foyer, de votre couple. Quand vous êtes fatigué, priez ! Quand vous ne voyez pas encore de changement, priez ! Si la situation empire, priez !

Refusez la condition que vous imposent Satan et son royaume. Imposez le règne de Dieu dans votre famille. Dites à Satan qu'il n'a pas le droit de retenir vos enfants car votre famille et vous avez été créés pour servir Dieu. Par la prière, changez les choses et impactez positivement.

Il y a quelques années, le Seigneur m'a fait une remarque sur le fait que j'étais prêt à prier pour tout le monde sauf pour les membres de ma famille. En fait, j'avais l'habitude de dire simplement que ça ira pour eux, sans pour autant vraiment prendre un temps de prière. Alors le Saint-Esprit m'a interpellé et m'a fait comprendre que cela ne marchait pas comme ça. En effet, ma famille avait aussi besoin de moi. Un simple souhait ne peut pas déloger le diable, il me fallait décider de combattre en prière pour ceux que j'aime. Nous pouvons réprimander les membres de notre famille, jour après jour, se fâcher contre eux, bouder, refuser de leur parler pour manifester notre mécontentement face à leur comportement, mais cela ne changera pas les choses. Malgré leur bonne volonté de changer, il y a un combat spirituel qui les en empêche, et nous devons rester à la brèche comme Moïse afin qu'ils aient l'avantage sur le champ de bataille, devant les défis qu'ils rencontrent et face à la tentation.

> « Si mon peuple sur qui est invoqué mon nom s'humilie, prie, et cherche ma face, et s'il se détourne de ses mauvaises voies, je l'exaucerai des cieux, je lui pardonnerai son péché, et je guérirai son pays (sa FAMILLE). »
>
> 2 Chroniques 7 : 14

La prière restaure la famille, guérit les blessures intérieures de ses membres. Elle ouvre le ciel sur notre famille, elle repousse les lignes ennemies. Je me souviens d'une mère monoparentale qui était constamment tourmentée par ses voisins au point que ces derniers ont alerté la DPJ (Direction de la Protection de la Jeunesse) disant qu'elle ne nourrissait pas bien son enfant. Ce qui lui a valu de se voir arracher l'enfant jusqu'à ce qu'un jugement soit prononcé. Cette maman a décidé de prendre un temps de jeûne et prière pour la situation avant la date de l'audience. Le Ciel lui a été favorable et le jugement a statué sans audience de lui rendre son enfant. Quel témoignage ! Dieu répond encore à la prière. Ne te décourage pas face à ce qui t'arrive, un miracle est encore possible. Prie pour ton mari, ton épouse, tes enfants, tes parents, car ce sont les personnes les plus importantes de ta vie sur terre.

Vu que le diable est un ennemi infatigable, nous devons faire de la vie de prière une culture dans notre quotidien. Celui-ci reviendra toujours à la charge, alors même si tout va bien aujourd'hui, continuons à prier pour notre famille. Après tout, Jésus n'a-t-il pas dit dans **Luc 22 : 40** : « *Priez, afin que vous ne tombiez pas en tentation.* »

Je vous encourage à prendre vos responsabilités envers votre famille, à vous battre pour ce qui compte vraiment, selon qu'il est écrit : « Fais donc monter une prière pour le reste qui subsiste encore. » (Esaïe 37:4).

3

LA SANTÉ FINANCIÈRE DE MA FAMILLE

Depuis le commencement, nous constatons que Dieu a établi un plan financier pour la première famille. Il a créé tout ce dont l'homme aurait besoin avant même de le créer lui, et de lui demander de fonder une famille. Le Seigneur s'est rassuré que la famille ne manquerait de rien, non seulement pour chaque jour, mais en développant également un système de ravitaillement pour eux. De plus, il a donné à l'homme un travail afin que ce dernier ne soit pas au chômage, qu'il soit productif et proactif. La première famille était donc à l'aise financièrement et matériellement. Le portrait de la genèse de l'humanité nous dévoile la pensée de Dieu sur la santé financière de la famille.

Dieu veut que nous soyons prospères, que nous ne manquons de rien, que les enfants naissent et grandissent dans un environnement où leurs besoins seront comblés. Cette même pensée se véhicule dans toute la Bible, voilà pourquoi Christ s'est fait pauvre pour que nous soyons enrichis (**2 Corinthiens 8:9**). Ainsi, le bien-être financier de la famille fait partie du plan de la rédemption.

« L'homme de bien laisse un héritage aux enfants de ses enfants, tandis que les richesses du pécheur sont en réserve pour le juste. »
Proverbes 13 : 22, S21

Cette portion de l'écriture nous pousse à réfléchir sur l'état des finances de notre famille, et je nous invite au travers de ce chapitre à faire une réflexion poussée sur la santé financière de notre famille, sur les moyens que nous avons à notre disposition pour pouvoir l'améliorer, ou pour la maintenir à un niveau acceptable.

L'écriture dit que l'homme de bien laisse un héritage qui va bénéficier à ses enfants et à ses petits-enfants. Que comptez-vous léguer comme héritage à votre famille ? Est-ce que vos petits-enfants pourront se dire heureux d'avoir eu un ancêtre comme vous sur le plan financier ? Qu'allez-vous laisser à la génération future ? Il faut penser de façon générationnelle. Que lèguerez-vous à votre conjoint, vos enfants, votre famille, si la mort venait à vous prendre maintenant ? C'est une malédiction de n'avoir rien pour démarrer sa vie, et surtout de n'avoir rien à laisser à sa famille. Dieu veut vous bénir ainsi que vos enfants et les enfants de vos enfants.

C'est bien de s'intéresser au bonheur de la famille du voisin, mais c'est encore mieux de s'impliquer profondément dans la recherche du bonheur dans son propre mariage. Votre famille doit être votre priorité. Actuellement, le taux de divorce est élevé à cause des problèmes de finances.

En effet, selon le site de Pierre Roy & Associés, "l'argent peut nuire à votre relation future ; en effet, un couple marié ou en union libre sur quatre (27 %) reconnaît que le stress financier affecte leur relation. Le chiffre est encore plus élevé (41 %) pour les jeunes couples[1]. En fait, des études récentes menées aux États-Unis indiquent que les

---

[1] *Argent et couple : lorsque les dettes tuent la flamme*, Pierre Roy & Associés, 2018.

désaccords financiers sont des indicateurs importants de divorce; les couples qui se disputent au sujet de l'argent plusieurs fois par semaine sont 30 % plus susceptibles de divorcer que ceux qui le font moins d'une fois par mois."

Au début de mon mariage, je piquais des colères pour un rien, j'étais souvent de mauvaise humeur. Cela rendait l'atmosphère familiale très désagréable. Un jour mon épouse m'a fait remarquer que j'étais souvent dans cet état à cause des factures. Après m'être repenti, je me suis décidé à ne plus diriger la frustration liée à mon incapacité financière sur ma famille. Je me suis résolu à chercher auprès de Dieu des solutions pour avoir une santé financière acceptable, en appliquant les principes que je développe plus loin dans ce chapitre.

La Bible nous montre le portrait financier de deux familles diamétralement opposées : la première est celle de la femme d'un prophète qui vivait dans la misère, bien que leur couple craignît et servait Dieu, son mari avait contracté des dettes pour subvenir aux besoins de sa famille. Il est mort sans avoir pu les rembourser, laissant ainsi ces dettes comme héritage à sa famille (**2 Rois 4 : 1**). Les dettes font plus mal que la carie dentaire, car le créancier a amené des enfants innocents dans l'affaire à vivre comme esclaves pour payer les engagements de leur père. Il faut chercher à s'en dégager rapidement afin que cela ne devienne pas un fardeau excessif pour notre famille ainsi que nos descendants.

Une deuxième famille, celle de la Sunamite, était à l'aise financièrement au point d'être en mesure de faire preuve de libéralités à Élisée le prophète (**2 Rois 4 : 8-11**). De nos jours, plusieurs familles vivent à crédit et projettent ainsi une apparence qui ne reflète pas toujours la santé financière de la famille. Rappelons-nous que cette situation peut affecter la vie familiale tôt ou tard, voire devenir l'héritage que nous laisserons à nos enfants.

En réalité, la Bible parle plus d'argent que d'amour, et ce n'est pas un hasard, car Dieu sait que vous en avez besoin pour vivre. Le sujet des finances est plus présent dans la Bible que l'on ne pourrait l'imaginer.

« On fait des repas pour se divertir, le vin rend la vie joyeuse, et l'argent répond à tout. » (Ecclésiaste 10 : 19)

L'argent vous donne plusieurs options dans la vie. Le manque d'argent peut, au contraire, vous conduire à vous éloigner de la voix de Dieu. La mauvaise santé financière peut avoir une incidence sur notre vie familiale : le stress, l'inquiétude ou encore la peur de manquer. Nous assistons à des divorces, des violences conjugales, à des accès de colère lorsque l'argent fait défaut dans la maison. L'intervention de Dieu est capitale pour avoir des finances convenables.

On comprend donc que la vie financière de votre famille est un élément important pour Dieu, car il désire se servir de cela pour mener plusieurs vies à Lui et pour apprendre aussi à nos enfants qu'il y a un Dieu qui prend soin de son peuple. Lorsque les enfants évoluent dans une famille pauvre et réalisent combien leurs parents ont de la difficulté à répondre à leurs besoins, ils se questionnent sur Dieu. C'est ce qui s'est passé avec Gédéon. La précarité de la situation financière de sa famille l'a poussé à des questionnements, tel que nous le lisons dans Juges 6 : 13 : « Gédéon lui dit : Ah ! Mon seigneur, si l'Éternel est avec nous, pourquoi toutes ces choses nous sont-elles arrivées ? Et où sont tous ces prodiges que nos pères nous racontent, quand ils disent : L'Éternel ne nous a-t-il pas fait monter hors d'Égypte ? Maintenant l'Éternel nous abandonne, et il nous livre entre les mains de Madian ! »

Nous aurons beaucoup de peine à convaincre nos enfants que Dieu est un Dieu d'amour si ce dernier ne peut pas mettre un pain sur leurs assiettes, et ce fut le cri que poussa le prophète Esaïe en disant « À la loi et au témoignage ! Si l'on ne parle pas ainsi, il n'y aura point d'aurore pour le peuple. Il sera errant dans le pays, accablé et affamé; Et, quand il aura faim, il s'irritera, Maudira son roi et son Dieu, Et tournera les yeux en haut; » (Esaïe 8 : 20-21)

Le but n'est pas de montrer nos incapacités à prendre soin de notre famille convenablement, mais de nous amener à réaliser que peu importe l'état actuel des finances de notre famille, Dieu a un plan de secours et de restauration.

Le témoignage du roi David dans **Psaumes 37 : 25** nous invite à croire à la restauration de notre situation financière : « J'ai été jeune, j'ai vieilli, et je n'ai pas vu le juste être abandonné ni ses descendants mendier leur pain. » David décrit ici le plan parfait de Dieu pour la santé financière d'une famille, voilà à quoi nous devons aspirer. Beaucoup de familles chrétiennes connaissent l'échec lorsqu'il s'agit d'exercer leur foi dans le domaine des finances que dans tout autre domaine, alors qu'il est écrit « Et mon juste vivra par la foi; mais, s'il se retire, mon âme ne prend pas plaisir en lui. » (Hébreux 10 : 38)

Ainsi, Dieu désire que la famille prospère financièrement pour les raisons suivantes:

- Pour protéger le cœur des membres de la famille (**Proverbes 30: 8-9**)

- Pour que la famille jouisse d'une bonne vie (**Psaumes 37:25**)

- Pour faire de notre famille une source de bénédiction pour autrui (**Genèse 12:2**)

LES CLÉS DE LA RESTAURATION FINANCIÈRE

Comment sortir de la pauvreté familiale et expérimenter la vie abondante en Jésus-Christ en matière de finances ?

Dans cette section, je vais exposer neufs principes tirés de la Parole de Dieu, que j'ai expérimenté dans ma vie et que plusieurs des personnes qui ont suivi mes conférences sur le sujet ont mis en pratique. Ces principes ne sont pas exposés selon leur ordre d'importance, car il y a, selon votre situation, une clé qui vous ouvrira la porte de la bénédiction financière dans votre famille.

Clé 1 : PRIER POUR VOS FINANCES

La prière répond à tout. Que vos finances soient bonnes aujourd'hui ou non, il faut les remettre à Dieu dans la prière. Job avait une très situation financière dans sa famille, cela n'a pas empêché le diable de détruire ce bonheur et amener un déséquilibre au sein de la famille[2]. Soyons sincères devant Dieu face à nos finances. Tout est spirituel avant d'être physique. Tout commence dans l'invisible avant de venir à l'existence dans notre monde. Il nous faut d'abord gagner spirituellement avant de connaître une percée financière. Ne nous appuyons pas uniquement sur le travail comme le feraient ceux qui ne

---

[2] Job 1 : 9-21 et Job 2 : 9.

connaissent pas Dieu. Nous sommes des êtres spirituels, il nous faut agir dans la sphère spirituelle avant tout.

Tel que mentionné plus tôt, la Bible nous parle dans **2 Rois 4** d'une veuve dont le mari est mort en lui laissant plein de dettes. N'étant pas en mesure de les rembourser, son créancier a décidé de faire de ses enfants des esclaves afin de récupérer son dû. Combien d'entre nous avons des cartes de crédit explosées et savons que si nous mourons aujourd'hui, non seulement nous ne laisserions rien à nos familles, mais bien plus encore, nous leur lèguerions nos multiples dettes ? La réaction de cette femme m'a fait beaucoup de bien, car elle a décidé de ne pas pleurer éternellement mais de remonter les finances de sa maison en utilisant cette clé, aller vers l'homme de Dieu, donc aller chercher Dieu. « Une femme d'entre les femmes des fils des prophètes cria à Élisée, en disant : Ton serviteur mon mari est mort, et tu sais que ton serviteur craignait l'Éternel; or le créancier est venu pour prendre mes deux enfants et en faire ses esclaves. » (2 Rois 4 : 8)

Criez pour vos finances auprès du Seigneur. Ne stressez pas mais priez. Ne passez pas votre temps à raconter vos malheurs aux gens; ils vont vous entendre certes, mais si vous le rapportez à Dieu, il interviendra en votre faveur.

La prière va vous ouvrir les yeux sur vos talents, les éléments que vous avez en votre possession et qui peuvent être des sources potentielles de prospérité. Élisée a demandé à la veuve de regarder en elle-même, dans sa maison : « *Qu'avez-vous à la maison ?* ». Dans sa présence, Il nous éclaire et ouvre notre intelligence pour savoir quoi faire. Ainsi, votre miracle est dans votre maison ! Dieu bénit votre vie avec ce que vous avez déjà de disponible (diplôme, intelligence, talent, enfants et conjoint...) La prière restaure notre espoir, nous donne le courage d'entrevoir un avenir meilleur. C'est par la prière que la veuve en question a réalisé le moyen de s'en sortir. Élisée demande d'aller emprunter des vases alors qu'elle avait déjà plein de dettes. Il lui fallait une dose de foi pour croire que cette démarche fonctionnerait, que ses voisins lui feraient confiance pour prêter des vases à une personne qui n'arrive pas à payer les dettes qu'elle a déjà. Elle a obéi malgré le regard des gens sur sa situation.

> « Invoque-moi, et je te répondrai; Je t'annoncerai de grandes choses, des choses cachées, Que tu ne connais pas. »
>
> Jérémie 33 : 3

Quand nous prions pour nos finances, Dieu nous donne une simple idée pour nous rendre riche, nous sortir de la dette, bénir notre revenu. La prière nous donne accès à la direction divine.

Qu'avez-vous en votre possession ? Matériellement ou financièrement, comme talent ou comme aptitudes, que possédez-vous que Dieu peut utiliser et multiplier pour amener votre famille hors du trou ? Jésus a posé cette question aux disciples, face à une insuffisance financière, et ceux-ci lui ont répondu : « …. *Nous n'avons ici que cinq pains et deux poissons. Et il dit : Apportez-les-moi.* » (Matthieu 14:17-18) Par la foi, apportez donc ce que vous possédez déjà à Jésus, Il le multipliera.

Tel que mentionné plus haut, la prière est aussi un moyen pour stopper les actions des ténèbres que le diable nous impose pour détruire le fruit de nos efforts et nous maintenir dans la misère. Lorsque j'étais jeune, ma famille et moi vivions à Kolwezi, en République Démocratique du Congo, où mon père était gérant d'une banque. Nous avions une très bonne situation financière. Puis du jour au lendemain, nous avons remarqué que notre père avait des problèmes au travail. Il a été rétrogradé sur bases de fausses accusations, le temps que les inspecteurs éclaircissent la situation. Nous sommes retournés à Lubumbashi, une autre ville non loin de là. Nous n'avions plus de véhicule. Moi qui allais à l'école avec un chauffeur, je me retrouvais à y aller assis derrière le vélo de mon oncle. Tout se brisait à la maison, jusqu'à ce que mon père prenne conscience qu'il fallait que la famille se lève en prière pour arrêter cette vague destructrice. Par la prière, Dieu nous a accordé la victoire et nous a restauré complètement. Nous avons repris le train de vie quotidien que nous avions auparavant, et même mieux. La prière a la capacité de nous introduire dans la présence de Dieu afin qu'il nous communique des idées, et nous donne l'avantage contre les attaques de l'ennemi.

<u>Clé 2</u> : **ENTREPRENDRE**

Cependant, la prière à elle seule ne suffit pas. Il faut se lever et agir. En d'autres termes, nous devons entreprendre. Une fois que le Seigneur nous a donné une idée, nous devons la mettre en pratique et éviter de perdre du temps dans des longues réflexions inutiles.

« Et il dit: Va demander au dehors des vases chez tous tes voisins, des vases vides, et n'en demande pas un petit nombre. Quand tu seras rentrée, tu fermeras la porte sur toi et sur tes enfants; tu verseras dans tous ces vases, et tu mettras de côté ceux qui seront pleins. Alors elle le quitta. Elle ferma la porte sur elle et sur ses enfants; ils lui présentaient les vases, et elle versait. Lorsque les vases furent pleins, elle dit à son fils: ``Présente-moi encore un vase. Mais il lui répondit: Il n'y a plus de vase. Et l'huile s'arrêta. » (2 Rois 4 : 3-6)

Vous pouvez commencer à entreprendre sans argent ou sans capital d'investissement. Dieu désire que nous ne mangions pas le pain de paresse, et il est disposé à bénir l'œuvre de nos mains. Cette femme avait reçu une idée, mais elle devait travailler pour voir les résultats. Elle devait prendre son courage à deux mains et aller frapper à la porte de tous ses voisins pour demander, et cela requiert de l'humilité, du courage et de l'audace. Elle devait aussi verser de l'huile dans chaque vase. Elle a dû entreprendre quelque chose.

Faisons quelque chose ! Nous pouvons avoir reçu une promesse de Dieu et demeurer pauvres. L'Éternel a dit à Isaac de rester à Guérar car c'est là qu'il le bénirait. Si Isaac avait croisé les bras en attendant cette bénédiction, il serait mort de faim et aurait plongé sa famille dans une véritable misère. Mais la Parole témoigne que « Isaac sema dans ce pays, et il recueillit cette année le centuple; car l'Éternel le bénit. Cet homme devint riche, et il alla s'enrichissant de plus en plus, jusqu'à ce qu'il devînt fort riche. » (Genèse 26 :12-13)

Vous devez entreprendre pour réussir. Il faut travailler, développer ou avoir plusieurs sources de revenus. Le but n'est pas de travailler jusqu'à se saigner, mais plutôt de travailler intelligemment. Isaac a semé, il a creusé des puits, il a donc diversifié ses sources de revenu afin d'être en mesure de prendre soin de sa famille.

« Fortifie-toi seulement et aie bon courage, en agissant fidèlement selon toute la loi que Moïse, mon serviteur, t'a prescrite; ne t'en détourne ni à droite ni à gauche, afin de réussir dans tout ce que **tu entreprendras**. Que ce livre de la loi ne s'éloigne point de ta bouche; médite-le jour et nuit, pour agir fidèlement selon tout ce qui y est écrit; car c'est alors que tu auras du succès dans **tes entreprises**, c'est alors que tu réussiras. Ne t'ai-je pas donné cet ordre : fortifie-toi et prends courage ? Ne t'effraie point et ne t'épouvante point, car l'Éternel, ton Dieu, est avec toi dans tout ce que **tu entreprendras**. » (Josué 1: 7-9) Ce passage nous révèle que le succès ou la réussite sont liés à l'entreprenariat.

C'est ce que vous faites qui peut connaître une réussite. Si vous ne faites rien, vous n'aurez rien. Pour être autonome financièrement, les spécialistes conseillent d'avoir un minimum de quatre sources de revenus. Attelez-vous à les développer, un à la fois, et tu verras la main de Dieu dans ce domaine.

Ayant compris ce principe, mon épouse et moi entreprenons dans la vente de vêtements et de chaussures pour augmenter nos sources de revenu. Cela nous a permis de remonter notre pouvoir d'achat et de répondre ainsi à certaines préoccupations familiales. Une de mes filles spirituelles à Montréal, qui avait suivi une de mes conférences sur l'entrepreneuriat (j'y démontre l'importance d'entreprendre et d'avoir minimum quatre sources de revenu), m'a témoigné dernièrement qu'elle a appliqué ce principe et Dieu l'a vraiment visité financièrement. En effet, aujourd'hui elle a un bon travail, elle a acheté un triplex dans lequel elle occupe une partie et fait louer le reste, elle a monté sa propre compagnie pour les soins des cheveux, et elle fabrique et vend des produits capillaires pour aider à la santé et la croissance des cheveux. Dieu a fait prospérer ses entreprises!

En conclusion, pour le bien-être financier de votre famille, je vous invite à entreprendre, à avoir des bonnes relations pour propulser vos affaires, à avoir la foi que vos entreprises réussiront car Dieu est avec vous, à écouter le Saint-Esprit pour avoir les bonnes idées d'entreprises, et enfin, à obéir au Saint-Esprit pour savoir où investir, ainsi que poser votre pas de FOI dans la direction qu'il nous aura communiqué, même si cela vous paraît irréalisable.

Ne négligez pas la petite voix intérieure qui vous interpelle à entreprendre tel projet pour le bien de votre famille ! Les besoins des autres sont des idées d'affaires inestimables, car en répondant à leurs besoins vous ouvrez une entreprise qui vous propulsera au sommet dans vos finances. Cela ne pourra que fonctionner car la demande est déjà là.

<u>Clé 3</u> : AVOIR DES BONNES RELATIONS

Les relations sont des ingrédients majeurs en affaires. Nous en avons besoin pour comprendre un secteur d'activité donné, pour trouver des solutions aux défis auxquels nous pourrions faire face, pour écouler notre marchandise. « Et il dit: Va demander au dehors des vases chez tous tes voisins, des vases vides, et n'en demande pas un petit nombre. » (2 Rois 4 : 3) L'histoire de cette veuve nous démontre que ça ne pouvait être facile de mettre en application l'idée reçue de Dieu que si nous avons des bonnes relations avec notre voisinage. En effet, Dieu utilise les relations pour vous bénir !

Il est capital pour notre famille d'entretenir des bonnes relations avec les habitants du quartier, car c'est un bassin de clientèle pour nos futures affaires. C'est une des raisons pour lesquelles l'apôtre Paul nous exhorte dans 2 Timothée 2 : 24 : « Or, il n'est pas convenable pour un serviteur du Seigneur d'avoir des querelles. Qu'il se montre au contraire aimable envers tout le monde, capable d'enseigner, et de supporter les difficultés. » Les relations sont un grand capital

> **« Les relations sont un grand capital de départ lorsque l'on veut entreprendre quoique ce soit. Elles vous serviront de tremplin dans vos affaires et votre percée financière. »**

de départ lorsque l'on veut entreprendre quoique ce soit. Elles vous serviront de tremplin dans vos affaires et votre percée financière. Par les relations de qualité, vous aurez accès à des informations que l'on ne retrouve pas sur la place publique.

Avez-vous de bonnes relations avec les gens ? Voyez-vous comment cela pourrait enrichir votre vie ? Que décidez-vous de faire désormais avec vos relations ?

<u>Clé 4</u> : DÉVELOPPER LA CULTURE DE DONNER

> « Donnez, et il vous sera donné: on versera dans votre sein une bonne mesure, serrée, secouée et qui déborde; car on vous mesurera avec la mesure dont vous vous serez servis. »
>
> Luc 6 : 38

Le Seigneur nous demande d'oser donner, de le mettre à l'épreuve, comme pour nous dire : "Essayez et voyez si vous ne verrez pas de résultats." Jésus veut nous faire réaliser que la bénédiction est là mais le déclencheur pour l'amener vers nous se cache dans la générosité. Apprenons à faire des dons aux gens.

Donner est un acte qui se conjugue au présent mais dont la récolte est future. Jésus veut ainsi dire que donner nous assure un lendemain meilleur. Il ne nous dit pas qui va nous donner, ni quand on va nous donner en retour, mais ce qui est sûr et certain, c'est qu'on nous donnera. Même si cela tarde, cela s'accomplira car celui qui arrose sera lui-même arroser.

> « Donner est un acte qui se conjugue au présent mais dont la récolte est future. »

Cette leçon je l'ai apprise de mon épouse. Moi j'étais du genre à trop calculer, à chercher à épargner à l'excès. À l'opposé ma femme donne beaucoup à sa famille, à ma famille, aux amis, aux nécessiteux, etc. Au fil des années dans notre mariage, j'ai pu réaliser combien sa libéralité nous a besoin financièrement. Nous avons vu des personnes être envoyées par Dieu soit pour nous donner de l'argent ou nous apporter la provision pour tout un mois de nourriture, ce qui nous permettrait d'utiliser l'argent que nous avions prévu pour cela ailleurs. Un jour, je fus vraiment surpris lorsque je fus invité dans une église pour tenir un séminaire. À la fin de mon intervention le pasteur hôte demande à l'église de me bénir pour le travail que Dieu a fait par mon ministère, mon épouse n'était venue avec moi. Tous les biens en nature que j'avais reçus ce jour-là étaient pour mon épouse. Le Saint-Esprit m'avait bien enseigné de façon pratique que qui sème peu récolte peu également.

La Bible nous exhorte à exceller dans notre façon de donner comme nous excellons dans notre foi chrétienne. Regardons ce que déclare ce passage biblique : « Celui qui fournit de la semence au semeur, Et du pain pour sa nourriture, vous fournira et vous multipliera la semence, et il augmentera les fruits de votre justice. Vous serez de la sorte enrichis à tous égards pour toute espèce de libéralités qui, par notre moyen, feront offrir à Dieu des actions de grâces. » (2 Corinthiens 9 : 10-11)

Ce texte nous apprend que dans tout ce que Dieu nous donne il y a deux parties à prendre en compte : la semence et le pain. La semence n'est pas à nous, elle appartient à la terre et doit être semée, tandis que le pain doit nous servir de nourriture. Ne mangez pas votre semence, vous deviendrez pauvre demain.

La main qui donne est celle qui est bénie. Apprenons à donner à Dieu et aux hommes, il y a beaucoup à en tirer. Ma femme et moi nous faisons souvent un inventaire de nos affaires (habits, chaussures, jouets, meubles, etc…) et de ceux de nos enfants que nous utilisons moins et qui sont encore en état d'être réutiliser par d'autres personnes, puis nous les redistribuons à notre entourage puis le reste nous le déposons dans les bacs à collecte posés un peu partout dans notre ville afin que cela soit donné aux personnes dans le besoin que nous ne connaissons pas. Et une fois que nous faisons cela, nous constatons souvent que la main de Dieu nous bénit dans un domaine comme dans un autre de façon significative. Donner ça vaut vraiment l'investissement. En tant que famille, nous pouvons aussi éduquer nos enfants à donner l'argent comme offrande à l'église, à offrir des cadeaux à leurs amis lors des anniversaires, cette culture de donner les aidera non seulement à être bénis aujourd'hui mais bien plus à avoir une santé financière bénie lorsqu'ils auront leurs propres foyers.

> « Tel, qui donne libéralement, devient plus riche; Et tel, qui épargne à l'excès, ne fait que s'appauvrir. L'âme bienfaisante sera rassasiée, Et celui qui arrose sera lui-même arrosé. »
>
> **Proverbes 11 : 24-25**

Clé 5 : ÊTRE FIDÈLE DANS LES DÎMES

Plusieurs familles sombrent dans une pauvreté incompréhensible tout simplement parce qu'elles ont négligé ce principe. Si nous aimons notre famille et que nous voulons voir sa santé financière aller à un autre niveau, nous devons considérer cela dans notre vie de tous les jours.

Dans **Malachie 3 : 10-12,** Seigneur promet d'ouvrir les cieux sur notre famille, de répandre la bénédiction sans mesure, de s'occuper de tous les ennemis de nos finances, de donner de la productivité à nos entreprises, de faire de nous un témoignage d'une famille heureuse parmi les nations.

Ne pas donner sa dîme fidèlement bloque notre propre récolte financière. Nous devons honorer Dieu avec nos dîmes. La dîme n'est pas une loi, ni un commandement mais un geste d'amour, un acte de foi et d'obéissance envers le Seigneur qui permet aujourd'hui de faire fonctionner le royaume de Dieu.

J'ai rencontré un homme de Dieu qui a compris ce principe et qui a voulu l'inculquer à ses enfants. Il a tout d'abord appris à ces enfants l'importance des finances en leur faisant réaliser que c'est par le travail que l'on amène ses finances à un autre niveau. Alors ses enfants ont commencé à entreprendre dans la maison. Lorsqu'ils avaient le désir de se procurer un jouet et que leur père n'était pas en mesure de le faire, ils venaient le voir avec un projet bien défini. Un jour, son garçon lui a dit "Je vais tondre le gazon tout l'été et en contrepartie, tu me paieras autant afin que j'économise pour m'acheter mon jouet préféré." Le père voulant inculquer ce principe à son fils a décidé d'encourager l'entreprise et lui a donné juste une condition de donner sa dîme à chaque paie, le deal était conclu. Cette famille a vu la grâce de Dieu dans ses finances familiales de manière significative.

Depuis lors, je m'efforce de faire comprendre à nos enfants ce principe en étant un modèle pour eux et en les encourageant à le faire également. Ma prière est que toute la famille observe le principe de la dîme. Je sais que ce n'est pas toujours spontané pour nos enfants de s'y conformer, mais nous devons prier pour eux et les encourager avec cet enseignement puisque c'est une façon de les mettre sur la bonne voie pour leurs finances. Observant ce principe, mon épouse et moi nous avons vu littéralement nos dettes être payées en grande partie, et nous croyons que nous pouvons atteindre l'idéal de vivre sans dette. Nous recevons parfois, quelques temps après avoir payé notre dîme, des dons financiers inattendus nous permettant ainsi de résoudre certaines charges et payer nos dettes par la grâce de Dieu.

Lorsque Dieu est honoré dans nos finances familiales, il remplit nos revenus d'abondance.

« Honore l'Éternel avec tes biens, Et avec les prémices de tout ton revenu : Alors tes greniers seront remplis d'abondance, Et tes cuves regorgeront de moût. »

Proverbes 3 : 9-10

Clé 6 : VIVRE DANS L'UNITÉ

> « Si une famille est divisée, cette famille ne peut pas subsister. »
> Marc 3 : 25, Semeur

La femme veuve dont nous avons parlé plus haut a dû entreprendre en complicité avec ses enfants. Ces derniers ont aidé à rebâtir l'entreprise familiale. Lorsque nous ne sommes pas unis dans la gestion financière du couple ou de la famille, nous pouvons avoir une grande source de revenus voire plusieurs sources de revenu, mais souffrir quand même.

J'ai rencontré dans mon parcours plusieurs familles où les uns travaillent fort pour réaliser tel projet et se privent de certains plaisirs éphémères, tandis que d'autres dépensent sans réfléchir. Nous devons être unis pour arriver au progrès de nos finances familiales. « Et l'Éternel dit: Voici, ils forment un seul peuple et ont tous une même langue, et c'est là ce qu'ils ont entrepris; maintenant rien ne les empêcherait de faire tout ce qu'ils auraient projeté. » (Genèse 11 : 6)

Même Dieu reconnaît que lorsque nous sommes unis, rien ne pourrait empêcher la réussite de nos projets. Nous devons avoir un même langage dans la famille, en couple, avec nos enfants, dans tous les domaines, mais également dans le secteur des finances. « Je vous exhorte, frères, par le nom de notre Seigneur Jésus Christ, à tenir tous un même langage, et à ne point avoir de divisions parmi vous, mais à être parfaitement unis dans un même esprit et dans un même sentiment. » (1 Corinthiens 1 : 10)

Il est vrai que nous ne devons pas accabler nos enfants par nos soucis financiers, mais nous pouvons les impliquer dans la gestion de ce que nous avons déjà, éviter le gaspillage, demander leur aide dans les entreprises familiales en tenant compte de leur âge. Tout le monde doit travailler pour le bonheur de la famille, pour une meilleure santé financière, si nous voulons que cela réussisse. En équipe, on réussit mieux !

La femme vertueuse décrite dans **Proverbes 31 : 13-16** ne laisse pas son mari seul dans cette démarche, elle entreprend, elle travaille d'une main joyeuse, elle s'investit. Quelle femme travaillante ! C'est une affaire familiale. Chacun selon ses capacités peut s'unir pour la gestion et la multiplication des finances de la famille. Travaillons donc à la création de la richesse familiale, ne soyons pas uniquement dans le mode consommation, car après les années d'abondance il y a toujours les années de sécheresse, c'est la loi de la vie. Mieux vaut donc se préparer en tout temps à faire face à n'importe quel type de saison.

Nous rencontrons plusieurs couples dans la relation d'aide, ou l'un des conjoints se plaint du fait qu'ils sont en train de vivre un perpétuel recommencement. Les membres de famille ne prennent pas soin de ce qu'ils ont, cela finit soit par être brisé ou soit détérioré trop tôt, et on est encore obligé de refaire la même dépense. Ce qui crée des tensions d'ordre financier dans la famille.

Clé 7 : PAYER VOS DETTES

Parfois nous négligeons cet aspect qui s'avère pourtant très important pour la santé financière de notre famille. Nous vivons et mangeons alors qu'il y a des gens qui pleurent parce que nous avons emprunté leur argent sans les rembourser. Les pleurs de ces gens ne nous béniront pas. Nous devons nous efforcer de vivre sans dette, sinon travailler à les réduire le plus rapidement possible, dès que le Seigneur nous accorde une grâce.

« Elle alla le rapporter à l'homme de Dieu, et il dit: Va vendre l'huile, et paie ta dette; et tu vivras, toi et tes fils, de ce qui restera. » (2 Rois 4 : 7) Telle est la recommandation du Seigneur en ce qui concerne nos finances. Vivre en contemplant son compte en banque bien garni alors que nous avons des créanciers qui attendent après nous, c'est vivre dans une illusion.

À nous donc d'amener notre famille à vivre sans dettes, car cette façon de faire inculquera une bonne éducation financière à nos enfants et leur donnera une bonne base lorsqu'ils fonderont leur propre famille. Les dettes sont comme une carie dans les os. La Bible nous recommande de les diminuer sensiblement, voire de les éliminer.

« Ne sera-t-il pas pour tous un sujet de sarcasme, De railleries et d'énigmes? On dira: Malheur à celui qui accumule ce qui n'est pas à lui! Jusques à quand?... Malheur à celui qui augmente le fardeau de ses dettes! » (Habacuc 2 : 6)

Ceci veut dire que lorsqu'on diminue ses dettes on est une famille bénie !

<u>Clé 8</u> : ADAPTER VOTRE STYLE DE VIE

« Elle alla le rapporter à l'homme de Dieu, et il dit: Va vendre l'huile, et paie ta dette; et tu vivras, toi et tes fils, **de ce qui restera**. » (2 Rois 4 : 7) "Vivre de ce qui restera" veut dire tout simplement adapter son style de vie par rapport à son revenu, en d'autres termes ne pas vivre au-dessus de ses moyens.

Dieu bénit mais il n'aime pas le gaspillage. Il veut que nous puissions utiliser correctement les bénédictions qu'il nous donne. Voilà pourquoi Jésus, après la multiplication miraculeuse des pains, demande à ses disciples : « *Ramassez les morceaux qui restent, pour que rien ne soit gaspillé.* » Jean 6 : 12 (Semeur). Il est donc important de faire preuve de maîtrise de soi dans la gestion de nos avoirs.

> « Ce n'est pas en vue de mes besoins que je dis cela, car j'ai appris à être content de l'état où je me trouve. »
>
> Philippiens 4 : 11

L'apôtre ne veut pas dire qu'il ne faut pas chercher à augmenter son revenu, mais il nous invite à être content de ce que Dieu a placé dans nos mains à chaque jour, tout en aspirant à une situation meilleure demain.

Plusieurs familles sombrent dans la misère parce qu'après avoir reçu une bénédiction financière de la part de Dieu, tombent dans des excès, des exagérations, des abus de tout genre. Adapter son style de vie traduit aussi que nous devons développer la culture de l'épargne, car si nous devons laisser un héritage à nos enfants et à nos petits-enfants, nous ne devons pas tout manger. Épargner veut dire mettre une portion de son revenu de côté pour prévenir les mauvais jours ou pour réunir la somme voulue afin de réaliser certains projets.

Jésus après avoir fait la multiplication des pains, il a recommandé aux disciples de ramasser le reste parce qu'il voulait leur enseigner l'importance de l'épargne et d'éviter le gaspillage. (Jean 6:12) Prenons le temps de faire un examen de conscience sur nos comportements : y-a-t-il des choses que nous faisons qui nous déséquilibrent financièrement ?

<u>Clé 9</u> : AGIR SELON L'INSTRUCTION DIVINE

Par moment, le Saint-Esprit peut nous donner un rhema, une parole prophétique personnelle, que l'on ne peut pas généraliser, mais à faire un geste ou une action qui pourrait débloquer votre situation financière.

Étudions le récit de la veuve de Sarepta qui vivait une crise financière terrible, la famine battait son plein en Israël à cause de la sécheresse. Dieu voulant lui venir en aide, Il lui ordonne de nourrir un homme de Dieu. Lorsque le prophète Élie se présente et lui demande un gâteau, elle lui fait état de sa situation en toute sincérité. Mais Élie lui dit de la part de Dieu ces mots : « Ne crains point, rentre, fais comme tu as dit. Seulement, prépare-moi d'abord avec cela un petit gâteau, et tu me l'apporteras; tu en feras ensuite pour toi et pour ton fils. Car ainsi parle l'Éternel, le Dieu d'Israël : La farine qui est dans le pot ne manquera point et l'huile qui est dans la cruche ne diminuera point, jusqu'au jour où l'Éternel fera tomber de la pluie sur la face du sol. » (1 Rois 17 :13-14). Elle connaissait Élie et pourtant, elle ne lui a pas donné son gâteau directement; c'est lorsqu'elle a reçu le rhema que son action arrêtera la sécheresse dans sa maison, elle agit selon l'instruction divine. Elle a cru dans cette révélation particulière qui lui fut adressée et elle a agi pour rétablir sa condition financière. La bible témoigne qu'elle a eu pendant longtemps de quoi manger, elle et sa famille, aussi bien qu'Elie.

La santé financière de ta famille préoccupe Dieu, voilà pourquoi le Saint-Esprit peut te donner une instruction particulière pour sortir du gouffre de la pauvreté, tel que soutenir les pauvres, ou aider dans une œuvre caritative, aux nécessiteux, etc....Soyons juste sensible à la direction du Saint-Esprit.

Ma prière pour toute famille qui lit ces lignes, est que Dieu vous introduise dans une saison de stabilité financière. Que tout ce qui dévore votre revenu connaisse l'échec au nom de Jésus. Je déclare au nom puissant de Jésus que le bonheur et la grâce accompagneront votre famille tous les jours de votre vie.

4
SERVIR DIEU AVEC SES BIENS

Nous avons compris dans le chapitre précédent combien les finances sont importantes pour l'équilibre familial. Toutefois, cela n'est pas seulement pour notre bien-être personnel, mais pour que nos biens et nos finances soient au service de Dieu.

Quand nous pensons à nos finances et à nos biens, qu'est-ce qui nous vient directement en tête ? Le fait que nous n'en avons pas assez, que nous devons remplacer, acheter telle ou telle chose, que nous devons chercher un autre emploi pour augmenter notre revenu etc... Mais rares sont les fois où nous nous demandons si nous servons vraiment ou correctement Dieu avec nos biens ou nos finances, rares sont les fois où nous nous interrogeons sur la façon dont Dieu évalue notre gestion financière ou notre manière de le servir avec nos biens, ainsi que notre attitude face aux biens ou aux finances. Examinons au travers des Écritures ce que Dieu pense de tout cela.

Comment une famille peut servir Dieu avec ses biens

Il y a deux manières dont une famille peut servir Dieu avec ses biens :

1. Par sa bonne santé financière

2. Par les actes de générosité

Par la bonne santé financière de la famille

« J'ai été jeune, j'ai vieilli; Et je n'ai point vu le juste abandonné, ni sa postérité mendiant son pain. Toujours il est compatissant, et il prête; Et sa postérité est bénie. » (Psaumes 37:25-26)

Nous apprenons par cette déclaration que la pensée de Dieu est que la famille du juste puisse avoir une bonne santé financière. Dieu s'engage à ne jamais l'abandonner, ni la voir tomber dans une misère noire au point de vivre dans la mendicité, mais bien au contraire le Seigneur s'attend à ce qu'elle soit bénie et soit en mesure de prêter et non d'emprunter. En d'autres termes qu'elle soit une source de bénédictions pour les autres familles de la terre, qu'elle soit une référence de la capacité de Dieu de prendre soin de ses enfants vis-à-vis de l'humanité.

Comme le déclare Ecclésiaste 9 : 16, « Et j'ai dit : La sagesse vaut mieux que la force. Cependant **la sagesse du pauvre est méprisée, et ses paroles ne sont pas écoutées.** » Il est très difficile que nous emmenions nos voisins ou notre entourage à Christ lorsque notre famille croupie dans la misère financière. La bonne santé financière de notre famille contribuera au processus du salut des personnes autour de nous. « Ainsi parle l'Éternel des armées : En ces jours-là, dix hommes de toutes les langues des nations saisiront un Juif par le pan de son vêtement et diront : Nous irons avec vous, **car nous avons appris que Dieu est avec vous.** » (Zacharie 8:23) Ce texte confirme le fait que les gens ne décident pas de suivre le Dieu de notre famille juste parce que nous l'annonçons mais surtout parce qu'ils verront que Dieu est avec nous, et cela notamment dans le secteur des finances ou de nos biens.

Par les actes de générosité de la famille

La deuxième façon dont nos biens peuvent servir Dieu est décrite dans le même texte de Psaumes 37: 25-26 : « J'étais un enfant et me voilà vieux, jamais je n'ai vu celui qui est juste être abandonné, ni ses descendants mendier leur pain. Tout au long des jours, il a compassion et il prête aux autres. Ses enfants seront en bénédiction. »

On peut voir que la volonté de Dieu est que nous soyons une bénédiction pour les autres, en leur venant en aide soit par un don ou par un prêt. Dans tout ce que Dieu nous donne comme richesses, comme biens, il y a toujours deux grandes parties, selon 2 Corinthiens 9: 10 : « Celui qui fournit de la semence au semeur, Et du pain pour sa nourriture, vous fournira et vous multipliera la semence, et il augmentera les fruits de votre justice. »

Ø La première partie est le pain pour ta nourriture : c'est la partie que nous devons manger ou attribuer à nos besoins.

Ø La deuxième partie est la semence pour remettre en terre, donc elle doit servir à d'autres, assister les orphelins, donner sa dîme et ses offrandes, soutenir l'œuvre de Dieu, donc aux libéralités.

> « Et le roi leur répondra: Je vous le dis en vérité, toutes les fois que vous avez fait ces choses à l'un de ces plus petits de mes frères, c'est à moi que vous les avez faites. »
>
> **Matthieu 25 : 40**

Encourageons nos enfants, notre famille, à avoir le cœur à venir en aide aux nécessiteux car le Ciel s'attend à cela de notre part.

Voici quelques voies que proposent les Écritures pour qu'une famille serve le Seigneur Dieu avec ses biens :

La libéralité : nous devons être disposés à donner généreusement à sa famille, amis et frères/sœurs en Christ selon ce qu'il est dit dans Hébreux 13:16 : « Et n'oubliez pas la bienfaisance et la libéralité, car c'est à de tels sacrifices que Dieu prend plaisir. »

L'aumône : cela veut dire donner continuellement à ceux dans le besoin, aux pauvres, aux personnes défavorisées de notre société, faire de cela une culture de vie. Mon épouse fait souvent du recyclage dans les affaires de la maison (habits, chaussures, appareils, etc…) que nous n'utilisons plus mais qui sont encore en état de servir à quelqu'un d'autre, elle invite tous les enfants et moi-même à faire de même dans nos garde-robes, puis elle trouve des gens à qui les donner dans notre famille élargie, notre entourage ou elle les dépose dans les conteneurs de recyclage pour personnes dans le besoin ou elle les apporte à l'armée du Salut ou au village des valeurs du quartier. La pensée ici est de partager continuellement avec les plus démunis, tel que nous encourage la parole de Dieu dans Proverbes 28: 27 : « Celui qui donne au pauvre n'éprouve pas la disette, Mais celui qui ferme les yeux est chargé de malédictions. » et dans Proverbes 19 :17 : « Celui qui accorde une faveur au pauvre prête à l'Éternel, qui lui rendra son bienfait. »

L'offrande : apporter son offrande de tout son cœur dans la maison de Dieu est une façon d'honorer son Créateur. Ce n'est pas l'affaire seulement des parents, mais nous devons mettre dans la main de nos enfants de quoi donner au Seigneur chaque fois qu'ils vont dans la maison de Dieu car c'est une manière pour la famille de servir Dieu avec les biens qu'il nous a donné. Apprenons dès leur bas âge que cela n'est pas institué par les hommes mais du Seigneur lui-même tel que le mentionne Exode 25: 1-2 : « L'Éternel parla à Moïse, et dit : Parle aux enfants d'Israël. Qu'ils m'apportent une offrande; vous la recevrez pour moi de tout homme qui la fera de bon cœur. »

Nous l'avons appris à nos enfants dès leur jeune âge, et maintenant ce sont eux qui viennent nous demander le dimanche matin, papa est-ce que je peux avoir l'argent pour l'offrande, cela me ravit à chaque fois puisque je vois l'empressement qu'ils ont de le faire comme le désir de vouloir honorer Dieu avec ce qu'il a mis dans nos vies. Faisons comprendre cette vérité à notre famille car c'est pour notre bien, selon ce qu'il est dit dans Proverbes 3: 9 : « Honore l'Éternel avec tes biens, Et avec les prémices de tout ton revenu : Alors tes greniers seront remplis d'abondance, Et tes cuves regorgeront de moût. »

La dîme est le dixième de notre revenu. C'est la taxe de Dieu. C'est la part de Dieu dans notre partenariat avec lui. Lévitique 27:30 nous enseigne que « Toute dîme de la terre, soit des récoltes de la terre, soit du fruit des arbres, appartient à l'Éternel; c'est une chose consacrée à l'Éternel. ». Rendons donc à Dieu ce qui lui appartient. Rendre à Dieu son dû est une autre façon de le servir.

Les actions de grâces : Dieu est tellement bon envers notre famille qu'il mérite notre reconnaissance pour tous ses bienfaits. 1 Thessaloniciens 5 : 18 nous fait comprendre que c'est la volonté de Dieu que toute famille chrétienne abonde en actions de grâce envers notre Roi. Dieu est attiré par les actions de grâce ! Il y a des bénédictions qui viennent vers nous lorsque nous abondons en actions de grâce ! L'action de grâce provoque la manifestation de la puissance de Dieu. À chaque fois que ma femme m'annonçait qu'elle était enceinte, nous nous mettions à genoux et rendions grâce à Dieu pour cela et nous donnions immédiatement une offrande d'actions de grâce afin de manifester notre appréciation au Seigneur. C'est une façon de servir Dieu avec nos biens. Nous avons été témoins de la faveur de Dieu envers chacun de nos enfants, par rapport à leur santé, les victoires face aux combats lors des accouchements.

Les dons à l'œuvre de Dieu : soutenir ce que Dieu fait dans ce monde avec ses biens est une façon de servir Dieu. Dans l'église primitive on voit un homme du nom de Barnabas utiliser une de ses propriétés pour soutenir l'œuvre missionnaire des apôtres. Actes 4: 36 dit : « Joseph, surnommé par les apôtres Barnabas, ce qui signifie fils d'exhortation, Lévite, originaire de Chypre, vendit **un champ qu'il possédait**, apporta l'argent, et le déposa aux pieds des apôtres. ». Il avait compris que nos biens ne sont pas juste pour notre bien-être familial mais aussi pour servir le Très-Haut.

L'hospitalité : Cela consiste à recevoir ou à héberger chez soi gracieusement quelqu'un sans se plaindre. L'hospitalité est un acte d'accueil pour les étrangers et les visiteurs. Ces derniers pourront à cette occasion partager avec nous ce que nous avons reçu comme bénédictions de Dieu. La famille de la femme Sunamite avait compris cela car d'un commun accord avec son mari, ils ont mis une partie de leur maison à la disposition d'autrui, comme le décrit si bien 2 Rois 4: 10-11 : « Faisons une petite chambre haute avec des murs, et mettons-y pour lui un lit, une table, un siège et un chandelier, afin qu'il s'y retire quand il viendra chez nous. Élisée, étant revenu à Sunem, se retira dans la chambre haute et y coucha. ». Servir Dieu avec leur bien a attiré la bénédiction sur la maternité dans leur foyer car la femme était stérile. (**2 Rois 4 : 16-17**)

Soutenir un homme de Dieu : C'est un devoir pour une famille chrétienne de s'engager à soutenir les hommes de Dieu avec leurs biens, c'est ce que nous enseigne l'apôtre Paul dans sa lettre aux églises dans Galates 6: 6 : « Que celui à qui l'on enseigne la Parole donne **une part de tous ses biens** à celui qui l'enseigne. ». Servir Dieu avec ses biens en tant que famille chrétienne passe également par cette voie, c'est une façon de faire participer notre famille à l'œuvre missionnaire qu'accomplit cet homme de Dieu comme le témoigne 3 Jean 1: 5-8 : « Cher ami, tu agis avec fidélité dans ce que tu accomplis pour les frères qui, de plus, sont des étrangers pour toi. Ils ont rendu témoignage à ton amour devant l'Église. Tu agiras bien si tu pourvois à la suite de leur voyage d'une façon qui plaît à Dieu. En effet, c'est pour proclamer le Christ qu'ils sont partis sans rien accepter de la part des non-croyants. C'est donc notre devoir d'aider de tels hommes. Ainsi nous collaborerons à ce qu'ils font pour la vérité. » Amenons toute notre famille, papa, maman et les enfants à tous collaborer à la diffusion de l'Évangile dans ce monde à la gloire de

Dieu le Père. Pour y parvenir aisément nous devons nous résoudre à :

- **Refuser tout compromis avec Satan face à ses biens,**
- **Consacrer ses biens et ses finances au service de Dieu**

Comme le fit Moïse, sa famille et tout Israël devant Pharaon qui lui demandait de laisser ses biens : « Pharaon appela Moïse, et dit : Allez, servez l'Éternel. Il n'y aura que vos brebis et vos bœufs qui resteront, et vos enfants pourront aller avec vous. Moïse répondit : Tu mettras toi-même entre nos mains de quoi faire les sacrifices et les holocaustes que nous offrirons à l'Éternel, notre Dieu. **Nos troupeaux iront avec nous**, et il ne restera pas un ongle; **car c'est là que nous prendrons pour servir l'Éternel**, notre Dieu; et jusqu'à ce que nous soyons arrivés, nous ne savons pas **ce que nous choisirons pour offrir à l'Éternel.** »

Déclarons ensemble : « Mes biens serviront le Seigneur ! »

5

NUL NE PEUT SERVIR DEUX MAÎTRES

Dans ce chapitre, je nous invite à l'équilibre. En effet, j'ai vu plusieurs personnes, en cherchant à prendre soin de leur famille ou à avoir une vie financière stable, se livrer corps et âme à l'argent au point de négliger Dieu et son service. Certaines familles se consolent en se disant "Nous servons Dieu avec notre argent, c'est suffisant". Elles ne sont plus disponibles ni disposées lorsque le Maître a besoin d'elles. Attention à ne pas tomber dans ce piège, car si nous sommes au service de Dieu, c'est à lui de nous dire quoi faire. Servir Dieu n'est pas comme un buffet à volonté ou nous décidons de prendre ce qui nous enchante. Nous devons au contraire dire comme Marie : "Je suis la servante du Seigneur, qu'il me soit fait selon sa volonté".

Il y a quelques années, j'ai rencontré un jeune homme très zélé pour Dieu, qui venait à peine de se marier. J'ai commencé à l'encadrer, le préparer à conduire les cultes et à prêcher. Il était si sérieux dans ce qu'il faisait, au point qu'il s'investissait dans des prières et des jeûnes pour préparer ses interventions; jusqu'à ce que son épouse se sente menacée par son dévouement au ministère. Elle nous a fait savoir qu'elle ne voulait pas que son mari serve à ce niveau-là, puisque selon elle, il ne lui accordait plus beaucoup de temps ni d'attention. Nous l'avons exhortée à nous permettre de parler à son mari à ce sujet, mais elle est demeurée catégorique, voulant qu'il abandonne carrément le ministère. Afin d'éviter que le service à l'église ne soit l'objet de querelles de couple ou même de divorce, nous avons donc libéré cet homme de ses responsabilités. Cette famille a continué à servir Dieu avec ses biens, mais je crois que Dieu attendait beaucoup plus de cet homme. Malheureusement, quelques temps après, celui-ci a commencé à faiblir dans la foi jusqu'à retourner dans sa faiblesse du passé. Sa relation de couple ne s'est pas améliorée pour autant, elle est allée de mal en pire, jusqu'à divorcer quelques années plus tard.

On ne peut servir deux maîtres.

Dieu désire que nous le servions Lui seul, et non en s'appuyant tantôt sur Lui, tantôt sur nos efforts, ou parfois même sur le diable. Dans **Josué 24 : 15**, Josué se retrouve devant les enfants d'Israël et se rend compte que malgré le fait qu'ils ont marché de nombreuses années avec Dieu et vu ses exploits dans le désert, le peuple a toujours le cœur tourné vers d'autres dieux.

Josué leur dit : "Mais si vous ne trouvez pas bon de servir l'Éternel..." Il avait compris que ces gens doutaient et cherchaient des excuses pour ne pas servir Dieu : manque de temps, distractions, idolâtrie, etc. Josué leur fit comprendre que cela ne se faisait pas et leur demanda de choisir aujourd'hui qui ils voulaient servir : "soit le Dieu de leurs ancêtres de l'autre côté de l'Euphrate, soit le Dieu qu'observent les Amoréens, dans le pays où vous habitez, mais quant à moi et ma maison, nous servirons l'Éternel".

On peut remarquer qu'ils étaient tentés de servir le dieu des ancêtres ou le dieu des Amoréens. À ce stade, ils ne pouvaient continuer d'avancer en tâtonnant, il fallait faire un choix. Il en va de même pour vous aujourd'hui : vous devez faire un choix.

Durant ma vie, j'ai vu des couples, des familles être à l'église mais servir des idoles. Une idole est tout ce qui prend la place de Dieu dans nos vies. Ces familles donnent de l'argent, contribuent pour les constructions, et bien d'autres choses encore. Parfois, nous découvrons des gens qui possèdent des amulettes pour se protéger ou garder leur mari à la maison, ou d'autres qui cherchent des fétiches pour la guérison de leurs enfants (ou se tournent vers d'autres formes d'idolâtrie). D'autres honorent leurs familles plus que Dieu, comme le fit Élie le sacrificateur, qui a subi la sentence de Dieu pour cette attitude : « Pourquoi foulez-vous aux pieds mes sacrifices et mes offrandes, que j'ai ordonné de faire dans ma demeure ? Et d'où vient que tu honores tes fils plus que moi, afin de vous engraisser des prémices de toutes les offrandes d'Israël, mon peuple ? C'est pourquoi voici ce que dit l'Éternel, le Dieu d'Israël : J'avais déclaré que ta maison et la maison de ton père marcheraient devant moi à perpétuité. Et maintenant, dit l'Éternel, loin de moi ! Car j'honorerai celui qui m'honore, mais ceux qui me méprisent seront méprisés. » (1 Samuel 2 : 29-30)

> « Une idole est tout ce qui prend la place de Dieu dans nos vies. »

J'avais un ami avec qui j'ai commencé à marcher dans le Seigneur et qui était si épris de la musique séculière, jusqu'au niveau où il s'était auto-déclaré mélomane. Il aimait Dieu mais aimait également la musique séculière. Il voulait bien venir à l'église, tout en insistant qu'il fallait le laisser écouter sa musique. Dieu et la musique séculière étaient en concurrence dans sa vie.

À travers ces quelques lignes, Dieu veut vous amener à faire un choix. Que ce soit en tant que chef de famille, individu ou couple, vous devez faire le choix que peu importe les situations qui se présenteront, vous vous tournerez toujours vers l'Éternel. Peu importe les bénéfices que l'on peut vous faire miroiter, même si les gens vous encouragent et vous félicitent pour aller dans le sens contraire, que vous puissiez toujours dire "Moi et ma maison, nous servirons l'Éternel". Engagez-vous ! Servir Dieu n'est pas comparable à un menu à volonté, ni au libertinage, il faut s'engager corps, âme et esprit, avec sa pensée, avec tout son être et être totalement au service du grand Roi. On ne peut s'engager à servir Dieu et servir un autre maître. Nous devons prendre le service de Dieu au sérieux, être engagés, déterminés et le faire de tout notre cœur.

« Nul ne peut servir deux maîtres. Car, ou il haïra l'un, et aimera l'autre; ou il s'attachera à l'un, et méprisera l'autre. Vous ne pouvez servir Dieu et Mammon. »

Matthieu 6 : 24

Le Seigneur nous ramène à la même conclusion que Josué : impossible de servir en même temps le dieu des Amoréens, le dieu de nos pères et l'Éternel. Impossible de servir la coutume et Dieu en même temps. En effet, il est impossible d'obéir parfaitement aux lois et principes de votre coutume tout en étant sûr que vous ferez plaisir au Seigneur.

En tant que famille, nous devons nous engager à ne pas avoir de béquilles ou de penchants pour d'autres dieux. Cela est dangereux. Notre cœur est appelé à aimer une personne à la fois. Bien sûr, lorsqu'il est question d'aimer nos enfants par exemple, nous les aimons tous. En revanche, lorsqu'il s'agit de relation homme-femme, le cœur est appelé à n'aimer qu'une personne à la fois. C'est pourquoi Dieu voit le croyant, l'Église, comme étant son épouse. Il s'agit là d'un amour unique et non pas d'un amour à plusieurs. Dieu et moi sommes dans une alliance de mariage. Lorsqu'une troisième personne s'y inclut, on parle alors d'adultère.

Lorsqu'on s'engage à servir Dieu, Il s'attend à ce que nous le servions Lui seul. C'est pour cela que Dieu dit clairement que nous haïrons l'un ou l'autre. Notre priorité doit être d'amener toute notre famille à servir Dieu seul. Sinon, même vos enfants commenceront à haïr Dieu et s'ils commencent à mépriser Dieu, cela ne sera pas bon pour vous. Servir Dieu est une affaire de famille, cela implique tous les membres. Agir de la sorte conduira votre famille à être épanouie, comblée de grâce et de bénédictions.

> « **En tant que famille, nous devons nous engager à ne pas avoir de béquilles ou de penchants pour d'autres dieux.** »

C'est lorsque ma famille sert Dieu, le Véritable, qu'elle rejoint réellement l'idéal de Dieu pour elle en lien avec les principes du service divin. « Jésus lui dit: Retire-toi, Satan! Car il est écrit: Tu adoreras le Seigneur, ton Dieu, et tu le serviras lui seul. » (Matthieu 4: 10) Voici ce que Jésus répond à Satan lorsque celui-ci essaie de le tenter.

La Bible nous parle d'une personne qui a failli à cela et nous en voyons les conséquences dans **2 Rois 1:3**. Le roi étant malade, il dit à ses sujets : "J'aimerais que vous cherchiez un remède." Il commence à douter quant à savoir s'il guérira de cette maladie. Il a besoin de consulter une personne capable de connaître l'avenir au lieu de consulter un prophète de l'Éternel. Il envoie donc des émissaires à la rencontre de prêtres devins pour leur demander si selon leurs prévisions, ils pensent qu'il peut survivre, afin que, dans le cas où il ne survivrait pas, il puisse prendre le temps de voir ses amis et sa famille. Au verset 3, Dieu intervient. Dieu dit au roi d'Israël : "Pourquoi envoies-tu des messagers au roi de Samarie ?" Nous voyons par ce texte que le roi Achazia cherchait des réponses auprès de Baal-Zebub. Il faut préciser qu'à cette époque-là, Samarie et Israël étaient divisés en deux : une partie Samarie et l'autre partie qui comprenait la capitale, Jérusalem. Dieu dit : "Va demander aux messagers du roi, n'y a-t-il pas de Dieu en Israël pour que vous alliez consulter le dieu d'Ekron ?" Cette tentative de poser des questions à un autre dérangeait donc le Seigneur. C'était un manque flagrant de foi en Dieu. Ainsi, si vos enfants viennent à l'église puis vont consulter des médiums ou des devins; ou si votre femme, parce qu'elle ne parvient pas à enfanter, consulte un diseur de bonne aventure ou se dirige vers les sciences occultes, le Seigneur ne peut agréer cela.

Dans le cas du roi malade, c'est Dieu lui-même qui s'est interposé. Dieu n'aime pas les mélanges. En ce qui concerne la sentence du roi, elle fut assez sévère. Nous pouvons amener la mort ou le désastre sur notre famille lorsque nous servons les traditions et le Seigneur, ou lorsque nous donnons plus de place dans nos cœurs à nos biens, ou à un membre de famille. « Celui qui aime son père ou sa mère plus que moi n'est pas digne de moi, et celui qui aime son fils ou sa fille plus que moi n'est pas digne de moi. » (Matthieu 10 : 37)

Un enfant est malade et hop ! Après avoir prié, nous allons consulter un marabout ou un féticheur afin de trouver une solution rapide mais

> « La vie est une succession de choix. Si vous ne choisissez pas comme il faut, cela pourra vous être fatal. »

éphémère à notre problème. Cela introduit notre famille à une succession de malheurs. Cela peut même nous coûter la vie. En réalité, certains malheurs surgissent dans nos vies simplement parce que nous n'avons pas résolu de servir Dieu seul. J'aimerais vous encourager à faire les bons choix. Le bon choix est de servir Dieu. Lorsque vous servez Dieu vous ne serez jamais déçu. Il ne vous abandonnera pas et s'élèvera pour combattre pour vous. Lorsque vous servez Dieu, Il fera de grandes choses en votre faveur.

Je prie qu'Il libère sa grâce et son soutien à votre égard. Même si vous voyez la force de la tempête, ne vous laissez pas gagner par la tentation d'aller chercher une solution ailleurs qu'en Dieu. Restez ferme dans votre position. Habacuc a dit : *"J'étais à mon poste et j'attendais"*. Même si vous voyez que les choses tardent : restez à votre poste (c'est-à-dire, au service de Dieu) et attendez. Dieu vous trouvera en ce lieu-là et vous rencontrera avec une solution.

La vie est une succession de choix. Si vous ne choisissez pas comme il faut, cela pourra vous être fatal. Josué a dit "choisissez qui vous voulez servir" parce que les choix que vous faites aujourd'hui auront des conséquences sur votre vie demain, ainsi que celle de vos enfants et votre famille. Choisissez Dieu ! Je vous garantis que vous ne serez jamais déçu.

Vous devez vous discipliner et dire : "Je refuse de faire ces choix-là, mon choix est fait et mon choix c'est l'Éternel des armées." C'est très important. Comprenez que nous sommes le produit de nos choix passés. Si nous décidons de servir Dieu en tant que famille, nous nous garantissons une faveur, une bénédiction, une protection de la part de ce Dieu que nous avons choisi. Si nous ne le choisissons pas, Dieu ne s'imposera pas dans notre vie.

Quelques idées fondamentales à analyser

1. Choisir Dieu

Josué a dit : "Choisissez aujourd'hui qui vous voulez servir". Il y a donc un choix à faire car il y aura toujours des sollicitations. Il y aura toujours des situations vous amenant à faire un choix. Le Seigneur veut que vous le choisissiez tous les jours de votre vie, pas seulement au début, ni par intermittence, mais chaque jour. Malgré les moments difficiles : choisissez Dieu.

Un des couples que j'aime beaucoup dans la Bible est celui de Zacharie et Élisabeth, dans **Luc 1 : 5-7**. Nous voyons dans ce passage qu'ils servaient et aimaient Dieu, qu'ils étaient observés de Dieu tous les deux. Toute la famille s'était engagée, mais s'est heurtée à une difficulté, celle d'avoir un enfant. Malgré cela, ils n'ont pas cherché une solution ailleurs. Souvent c'est parce que nous rencontrons des complications et difficultés que nous sommes portés à chercher ailleurs. Mais la Bible dit que cet homme et cette femme sont restés attachés à Dieu jusqu'à leur âge avancé. Cela leur a valu la faveur de Dieu. Ils n'ont jamais abandonné. L'ange est venu les visiter parce que Zacharie et Elizabeth ont décidé de rester fermes dans leur choix.

Est-ce que vous choisissez Dieu tous les jours de votre vie ?

Est-ce que vous choisissez Dieu lorsque les moments difficiles sont là ?

Est-ce que vous choisissez Dieu quand Pharaon est là ?

Est-ce que vous choisissez Dieu malgré tout ce qui vous arrive ?

Est-ce que vous choisissez Dieu constamment ?

Nous devons choisir Dieu TOUS LES JOURS et non pas seulement lorsque tout va bien. Nous devons également le choisir lorsque nous traversons des moments difficiles. Choisir Dieu doit être un élément important, voire notre prédilection.

Dieu vous a choisi le premier, mais il veut que vous le choisissiez à votre tour. Tout comme dans un mariage, où l'homme choisit sa femme et s'attend à ce que l'intéressée réponde à ce choix, Dieu s'attend à ce que nous le choisissions. C'est une décision personnelle et essentielle. Christ a choisi les douze apôtres, mais Juda n'a pas accepté de le choisir en retour. Il a préféré choisir trente pièces d'argent au lieu de choisir Jésus. Cela lui a valu de mourir et d'intégrer ce qu'on appelle le champ du sang.

> **« Dieu vous a choisi le premier, mais il veut que vous le choisissiez à votre tour. »**

Plusieurs personnes sont dans la maison de Dieu et sont prêts à choisir l'argent ou tout autre chose à la place du Seigneur. Ne livrons pas Dieu par un baiser comme Judas l'a fait. Le monde nous sollicite avec certains choix, notre chair nous propose aussi des choix, le diable nous propose des choix et les collègues nous incitent à faire des choix. Nous devons donc décider de choisir Dieu tous les jours de notre vie. Je prie que cela soit votre prière à vous et votre famille. Nous devons choisir de plaire à Dieu, de suivre Dieu, de servir Dieu, de marcher avec lui.

La question fondamentale à se poser est de savoir quel choix vous faites lorsque tout va mal, lorsque rien ne marche et qu'il y a un dossier qui tarde.

Moïse a posé cette question aux enfants d'Israël durant leur marche. Ils avaient quitté l'Égypte et décidé de suivre Moïse, afin de suivre le Dieu que Moïse leur avait présenté. Ils ont marché, ont traversé la Mer Rouge, marché dans le désert et à un moment donné (**Exode 32:26**), Moïse se place à la porte du camp et dit : "À moi ceux qui sont pour l'Éternel" ! À cet appel d'offre de Moïse, n'ont répondu que les enfants de Lévi. Lorsqu'il a dit "À moi ceux qui sont pour l'Éternel", c'était une façon de demander aux enfants d'Israël de faire un choix : suivre le veau d'or fabriqué dans le désert, suivre l'ennemi ou demeurer avec lui et suivre Dieu.

Vous me direz, mais que signifie choisir Dieu tous les jours ? Voici quelques pistes pour vous éclairer.

1. Chercher sa volonté en TOUTES choses

Dès le matin, que ce soit dans votre caractère, votre comportement ou votre marche chrétienne, cherchez sa volonté en toutes choses. Refusez de vous soumettre à d'autres principes que ceux de Dieu. Dans **Luc 1 : 38**, nous lisons l'histoire de Marie qui avait déjà choisi Joseph, était déjà fiancée à lui, avait déjà fait des plans pour son mariage. Mais voilà que Dieu arrive avec son plan à Lui : avant de porter un enfant de Joseph, Marie devra porter le sien.

En lisant ce passage, on se rend compte que curieusement, Marie n'a jamais demandé au Seigneur ce que deviendra Joseph dans cette histoire. Elle lui demande seulement "Comment serais-je enceinte ?" Elle était déjà prête à recevoir l'enfant Jésus. Bien qu'elle sût que Joseph était là, qu'on lapidait les femmes dans sa situation et que cela pourrait lui apporter la honte, elle était quand même prête à choisir le plan de Dieu plutôt que son plan à elle.

Joseph a voulu se séparer de Marie secrètement. Il n'est mentionné nulle part que Marie est retournée se plaindre auprès du Seigneur en disant "Seigneur regarde, à cause de ta grossesse, Joseph me quitte !" Lorsqu'on lui a expliqué qu'elle serait enceinte par la vertu du Saint-Esprit, elle répondit : "Je suis la servante du Seigneur, qu'il me soit fait selon Ta Parole". C'est alors que l'ange la quitta, car il vu qu'elle avait choisi Dieu. Dieu était plus important pour Marie que son futur mari. Servir Dieu était plus important pour Marie que faire la volonté de n'importe quel autre principe moral. Il est important de comprendre que nous serons confrontés chaque jour à des défis au travail ou à la maison et que chaque fois, nous serons amenés à faire des choix; ces choix vont déterminer si vous servez Dieu ou d'autres choses, comme vos ambitions, votre chair, ou le diable.

2. Nous devons faire de Dieu notre récompense ultime

Avec lui vous avez TOUT. Au-delà de lui vous n'avez RIEN. Dieu est votre récompense ultime, votre héritage.

Dieu parle de Lévi comme une image de ce que nous sommes aujourd'hui parce que la Bible dit que nous sommes un royaume de sacrificateurs. Dieu nous a donc choisis pour être à son service avec toute notre famille. En ce sens, Dieu veut que nous le choisissions tous les jours comme notre héritage et notre bénéfice. En faisant cela, nous sommes en train de nous tailler une place de choix dans son cœur, là où nous ne servons pas deux maîtres.

3. Faire de Dieu sa raison de vivre

Si vous voulez savoir comment choisir et servir Dieu tous les jours, décidez de faire de Dieu votre raison de vivre. Seriez-vous prêt à mourir si l'on vous demandait de servir autre chose que Dieu ? Seriez-vous prêt à livrer votre vie si l'on vous demandait de servir Dieu plutôt qu'autre chose ? « Car Christ est ma vie, et la mort m'est un gain. » (Philippiens 1: 21)

Vous devez arriver à un point où vous n'êtes pas prêt à abandonner ce Dieu-là pour faire plaisir à votre chair. Vous devez être prêt à servir Dieu de tout votre cœur parce qu'il est toute votre vie. C'est votre raison de vivre donc si vous ne le servez pas, c'est comme si vous ne viviez pas. Lorsque nous arrivons à ce point, nous allons choisir Dieu le matin, le midi et le soir, dans les bons moments comme dans les moments difficiles : nous le servirons quand même car c'est notre raison de vivre. Christ doit devenir votre raison de vivre.

Voici donc la définition de choisir Dieu tous les jours de sa vie. C'est très important. Si vous ne le faites pas, laissez-moi vous dire que vous risquez de vivre certaines conséquences néfastes. Nous verrons quelques-unes de ces conséquences un peu plus loin.

4. S'attacher à Dieu.

Dans **Matthieu 6 : 24**, la Bible nous dit que nul ne peut servir deux maîtres car ou il haïra l'un et aimera l'autre ou il s'attachera et méprisera l'autre. On parle ici d'attachement.

La chose qui peut nous aider à choisir Dieu, c'est d'être attaché à Dieu : un attachement sans recul, sans réserve, mais complet au Seigneur. Si vous êtes déjà attaché à Dieu il sera difficile de vous attacher à autre chose.

Que signifie s'attacher ?

Lorsqu'on parle de s'attacher, cela veut dire être dévoué, engagé, consacré à cette personne, se lier d'amitié avec elle, s'y intéresser. C'est en faisant ces choses qu'on démontre qu'on est attaché à Dieu. Il est capital pour vous de prendre la décision de non seulement choisir Dieu, mais aussi de rester attaché à lui, consacré à lui, et de lui être totalement dévoué. Cela est une garantie que vous ne servirez pas l'ennemi.

Lorsqu'on vient à l'église ou vers Dieu sans attachement, il est très facile de dévier et d'aller servir autrui. Il est aussi très facile de mépriser une personne pour qui on n'avait pas d'attachement. Mais lorsqu'on est vraiment attaché à une personne, même si quelqu'un ou les circonstances nous sollicitent, nous aurons du mal à y donner suite. Même lorsqu'on tenterait de changer notre idéologie, ce sera difficile parce que nous sommes déjà ancrés dans cette idéologie.

Lorsqu'on devient attaché au Seigneur, cela devient compliqué voire quasi impossible de satisfaire les désirs de la chair au lieu des désirs de notre maître. C'est pourquoi Josué dit que nous devons nous consacrer à Dieu seul. Dieu ne partage pas sa gloire avec un autre. Si vous et votre maison servez Dieu et autre chose en même temps, vous n'aurez pas la faveur de Dieu à tous égards. Pourquoi ? Parce que Dieu est un Dieu jaloux. Nous devons porter notre attention quant à savoir à qui va notre attachement ou vers qui ou vers quoi se tourne notre attachement. Par exemple, sommes-nous plus engagés envers le football qu'envers Dieu ? Sommes-nous engagés dans une activité ou un événement plus que Dieu ?

Il est crucial d'arriver à une dimension où nous sommes totalement attachés à Dieu. Dans ce chapitre je suis en train de m'adresser à une famille, à un homme qui vient à l'église mais qui ne se donne pas totalement, qui lit la Bible, cherche Dieu mais sans s'engager : le Seigneur aimerait vous dire qu'être dans cette position vous mets sur une balance qui peut vous faire basculer de l'autre côté très facilement. Il est trop facile de se retrouver du côté de l'ennemi. Il vous faut être solidement engagé. La Bible parle d'ailleurs de deux femmes qui sont les prototypes des chrétiens que nous sommes aujourd'hui. Il s'agit de Orpa et Ruth : « Ruth répondit: Ne me presse pas de te laisser, de retourner loin de toi! Où tu iras j'irai, où tu demeureras je demeurerai; ton peuple sera mon peuple, et ton Dieu sera mon Dieu; où tu mourras je mourrai, et j'y serai enterrée. Que l'Éternel me traite dans toute sa rigueur, si autre chose que la mort vient à me séparer de toi ! » (Ruth 1: 16-17)

Ces deux femmes étaient attachées à une famille. Ruth était Moabite qui par la voie de l'alliance (du mariage) va s'attacher à une famille d'Israélites. Tout comme nous chrétiens, sommes venus du monde, ne connaissions pas Dieu et étions même étrangers à ses promesses; par la voie de l'alliance avec Christ, par le sang de Jésus nous entrons en communion avec le Fils du royaume de la lumière et nous sommes désormais appelés enfants de Dieu. Nous lui appartenons.

La famille de Ruth connaît des tragédies : le beau-père est mort, les maris sont morts. Les deux belles-filles se retrouvent maintenant avec leur belle-mère et font face à un choix : celui de rester engagées dans cette famille à laquelle elles sont liées par le sang du mariage, ou celui de se défaire complètement de cette famille, en s'appuyant sur le fait que leurs maris sont morts et qu'elles n'ont pas eu d'enfants. Parfois, lorsque nous vivons des situations difficiles, nous sommes prêts à lâcher, à prendre une autre direction, à vouloir chercher des solutions ailleurs. Très souvent, cela est dû aux pressions de la vie, aux soucis et aux insécurités. J'ai vu des gens pour qui la vie de couple était tellement compliquée. Le mari avait la tête dure et sa femme est allée chercher des fétiches afin de le maîtriser. J'ai aussi vu des hommes avec des femmes considérées comme têtues avoir recours à d'autres idéologies afin de calmer leurs femmes et pouvoir exercer leur autorité d'homme dans la maison.

Réalisons que Dieu est digne de confiance. Quand on s'appuie sur lui, Il finit toujours par réaliser ses promesses et manifester sa fidélité. Ruth connaissait le Dieu de sa belle-mère. Elle avait déjà pris l'engagement de s'engager à Dieu. Elle n'a pas voulu être seulement la femme qui va à l'église et qui prie le Dieu de son mari ou de sa belle-mère par politesse, mais elle était engagée. C'est pourquoi lorsque sa belle-mère lui a dit de partir, elle a exprimé ces paroles : "Ne me presse pas de te laisser". Elle commence par lui faire comprendre qu'il est impossible pour elle de partir.

On voit par-là que son engagement est plus profond que l'engagement d'une belle fille envers sa belle-mère. Aujourd'hui, nous avons aussi des chrétiens *Orpa* et des chrétiens *Ruth*. La race de Orpa est une race qui reste là quand tout va bien, quand Dieu bénit, mais qui est prête à aller chercher refuge ailleurs lorsqu'elle ne voit plus clair. Lorsque Orpa s'est rendu compte qu'il n'y avait pas d'autre mari qui pouvait l'épouser, elle a préféré en rester là. Ruth au contraire, même si elle ne voyait pas d'avenir, a dit : "Je reste attachée à ton Dieu". C'est ce principe que Dieu veut que nous comprenions : nos familles doivent rester attachées à Dieu peu importe les moments difficiles. Soyons sérieusement collés à Dieu, ne servons pas un autre maître simplement parce que la promesse tarde à venir, parce que la situation est compliquée ou parce qu'on n'arrive pas à saisir les choses. Restons attachés à Dieu et nous verrons sa gloire.

Jean 6 nous indique qu'un jour, Jésus a donné un discours extrêmement fort. Après avoir parlé, soixante-dix de ses disciples l'ont abandonné ! Jésus s'est tourné alors vers les douze disciples restants et leur a dit : « Et vous, ne voulez-vous pas aussi vous en aller ? Simon Pierre lui répondit : Seigneur, à qui irions-nous ? Tu as les paroles de la vie éternelle. Et nous avons cru et nous avons connu que tu es le Christ, le Saint de Dieu. » (Jean 6 : 67-69) Avant que les problèmes ne surviennent, Simon Pierre était déjà attaché à Christ. Souvent, c'est lorsque le problème arrive et que nous ne sommes pas enracinés en Dieu que nous sommes ballottés dans tous les sens. Dieu s'attend à ce que vous vous attachiez à lui et demeuriez en lui.

Quelques conseils pour rester attaché à Dieu

Préférer Dieu à tout

Quand on est attaché à Dieu, on le préfère à tout. En tant qu'hommes, on s'attache à une femme qu'on aime, parce qu'on l'aime et que cela nous fait plaisir. On la préfère à l'argent, aux femmes, au péché, à TOUT. Nous devons donc, chaque jour, chaque matin, préférer Dieu à toutes choses. C'est la seule façon de manifester notre attachement à Dieu et de ne pas servir l'ennemi. Votre niveau d'amour et d'attachement pour Dieu doit être plus élevé que l'amour que vous portez à votre père, votre mère, votre femme ou vos enfants.

> « Si quelqu'un vient à moi, et s'il ne hait pas son père, sa mère, sa femme, ses enfants, ses frères, et ses sœurs, et même à sa propre vie, il ne peut être mon disciple. »
>
> Luc 14 : 26

Il est important d'arriver à ce niveau car une bénédiction y est rattachée : « Pierre se mit à lui dire; Voici, nous avons tout quitté, et nous t'avons suivi. Jésus répondit: Je vous le dis en vérité, il n'est personne qui, ayant quitté, à cause de moi et à cause de la bonne nouvelle, sa maison, ou ses frères, ou ses sœurs, ou sa mère, ou son père, ou ses enfants, ou ses terres, ne reçoive au centuple, présentement dans ce siècle-ci, des maisons, des frères, des sœurs, des mères, des enfants, et des terres, avec des persécutions, et, dans le siècle à venir, la vie éternelle. » (Marc 10:28-30)

Souvent, les gens veulent avoir le centuple sans comprendre qu'il y a une condition d'attachement. Il faut d'abord quitter et s'attacher à Dieu pour que Dieu puisse vous donner ce centuple. Sinon vous n'aurez rien. Pour Ruth, c'était Dieu ou rien.

Renoncer à soi-même

Ruth a refusé le mariage pour suivre Dieu. Elle a renoncé à ses plans pour se soumettre aux plans de Dieu, un plan qu'elle ne connaissait pas et dont elle n'avait pas les détails. « Alors Jésus dit à ses disciples: Si quelqu'un veut venir après moi, qu'il renonce à lui-même, qu'il se charge de sa croix, et qu'il me suive. » (Matthieu 16 :24)

Quelquefois, votre idole peut être vous-même. Orpa représente le type de chrétien à la recherche d'un Dieu à son service au lieu d'être au service de Dieu. Lorsque nous sommes au service de Dieu, nous le suivons. Il est sûr que nous voyons des bénédictions, mais ce n'est qu'après avoir renoncé à nos propres intérêts et fait le choix de servir les intérêts du Royaume. S'attacher à Dieu, c'est être prêt à se sacrifier pour lui. Ruth a accepté la faim, la nudité, et tout ce qui venait avec. Lorsqu'elle est partie avec Naomi, ce n'était pas facile au début. Elle a voulu suivre Naomi, non pour ce que Naomie pouvait lui donner, mais pour ce qu'elle représentait à ses yeux. Orpa, elle, a choisi la sécurité; elle a eu peur de souffrir, de ne pas pouvoir subvenir à ses propres besoins. Dieu veut que vous et moi puissions nous armer de la pensée de souffrir. Il s'attend à ce que nous nous attachions à Lui.

Quelles sont les conséquences de ne pas choisir Dieu ?

- **Vous perdez la conscience de sa présence**

Vous commencez à choisir autre chose que Dieu, comme Ève dans le jardin d'Éden qui écouta le serpent. Adam et Ève ont oublié que

Dieu était avec eux en tout temps, en toutes circonstances.

- **Vous serez plus préoccupé par votre propre personne que par Dieu.**

On peut clairement le voir lorsqu'à l'apparition de Dieu, Adam et Ève s'empressent de couvrir leur nudité, au lieu de penser à ce que Dieu ressentirait face à leur désobéissance. Quand votre famille ne sert plus Dieu, vous commencez à vous préoccuper de votre personne et les intérêts de Dieu ne vous disent plus rien. C'est déjà en soi un signe que vous êtes en train de dévier.

- **Vous fuyez la voix de Dieu (Genèse 3 : 8)**

Adam et Ève se sont cachés loin de la face de l'Éternel lorsque celui-ci les a appelés. Ils l'ont fui. Lorsque Dieu vous parle, vous fuyez. Il vous donne un message à travers la télévision, vous l'éteignez. Il vous parle à l'église, vous n'écoutez plus. Vous absenter devient facile. Lorsque vous constatez que vos enfants ou votre conjoint ne sont plus dans la joie lorsque vous dites "allons dans la maison du Seigneur", soyez attentif : cette maison a commencé à servir un autre maître.

- **Vous changez de mode de fonctionnement (Genèse 3: 9-10)**

Lorsqu'on observe un changement au niveau de votre fonctionnement, votre façon d'être, votre comportement; ou encore, que vous commencez à agir de façon sournoise, la famille n'est plus celle qu'elle était vis-à-vis de Dieu. Cela vous amènera à mépriser Dieu sans même le vouloir, car tel que mentionné un peu plus haut : nul ne peut servir deux maîtres. Vous étiez zélé, mais vous ne l'êtes plus. On vous connaissait comme une personne qui pouvait supporter beaucoup, mais vous supportez maintenant difficilement les choses.

Dans **1 Samuel 2 : 12-22**, nous voyons clairement que les fils d'Élie n'avaient pas choisi Dieu et ils en ont subi les conséquences. Ils forniquaient avec les femmes qui se présentaient au temple. Ils servaient Dieu et leur ventre en même temps. Dieu a dû envoyer un serviteur leur parler et cela est venu avec une sentence. Ne pas choisir Dieu et ne pas lui être attaché ouvre définitivement la porte au malheur.

À travers ce chapitre, je vous exhorte donc vous et votre famille, à prendre vos responsabilités en choisissant Dieu et en vous attachant à Lui.

6

L'ENNEMI ATTAQUE MA FAMILLE

En 1985, nous vivions avec mes parents dans la ville de Kolwezi dans le Sud de la République Démocratique du Congo. Mon père était gérant dans une banque de la place. Nous vivions dans l'harmonie et à l'abri du besoin quand soudainement les problèmes ont commencé à surgir de toutes parts. Mon père a été victime de fausses accusations au travail qui lui ont valu d'être rétrogradé jusqu'à ce que l'inspection finisse ses vérifications. La voiture que mon père avait achetée a été saisie durant toute cette période. Nous sommes donc retournés dans la ville de Lubumbashi pour qu'il occupe un nouveau poste.

Nous qui allions à l'école en voiture, nous étions réduits à marcher pour y aller, ou mon oncle me conduisait sur son vélo. À la maison les portes se brisaient, les appareils tombaient en panne les uns après les autres, on aurait dit qu'un ouragan avait traversé notre vie. Je me rappelle un soir ou nous regardions un film à la télévision avec mes parents, quand tout à coup ma mère poussa un cri vers mon père disant qu'il fallait tout fermer et prier pour la vie de mon jeune frère Christian, qui avait à peine un an et demi. Au même instant, mon frère suffoquait, il commença à perdre connaissance, ses yeux étaient devenus tout blanc et il tremblait.

J'avais pris mes sœurs pour aller dans la chambre, tandis que mon père et ma mère priaient avec ferveur. Ils ont prié jusqu'à ce que mon frère reprenne ses esprits puis ils l'ont amené chez un médecin du quartier pour l'examiner rapidement. Le lendemain, j'ai demandé à Maman comment elle avait su qu'il fallait prier. Elle me répondit que pendant que l'on regardait la télévision, elle avait une vision de la part de Dieu. Au lieu de voir le déroulement du film, elle voyait une moto venir à grande vitesse entrer dans notre salon, prendre mon frère et s'en aller, puis la vision s'arrêta. Immédiatement, elle avait compris que l'ennemi réclamait l'âme de mon frère. Et quand elle avait jeté un coup d'œil sur lui, les manifestations d'une personne sur le point de mourir avait débuté dans la vie de mon frère. C'est ainsi que je réalisais à ce moment-là que l'ennemi attaque bel et bien les familles.

Depuis la genèse, le diable n'aime pas ce que Dieu a créé. Il travaille toujours à pervertir la création, l'ordre établi par Dieu, et tout ce que le Seigneur a prévu de faire. Le plan de Dieu pour l'homme se dessine parfaitement dans le livre de Genèse. En effet, après avoir créé l'homme, Il le place dans le jardin des délices, amène vers lui une femme, et les bénit afin qu'ils forment une famille harmonieuse.

Quelque temps après, le serpent ancien a visité Eve. L'ennemi a dès lors commencé à attaquer ce que Dieu avait fait. Il a voulu emmener la désintégration de la famille. Il utilise encore cette stratégie aujourd'hui. La démolition de la famille et sa décomposition font partie de la mission du diable. Il se plait à détruire l'harmonie du couple, amener la révolte des enfants, conduire le couple au divorce. Il prend plaisir à amener le désastre dans la famille pour atteindre et faire mal au cœur de Dieu. Il veut que le Seigneur soit mécontent de sa création. Sachant que Dieu est l'instigateur de la famille, il travaille pour détruire tout ce que Dieu a créé.

> « Le serpent était le plus rusé de tous les animaux des champs, que l'Éternel Dieu avait faits. Il dit à la femme: Dieu a-t-il réellement dit: Vous ne mangerez pas de tous les arbres du jardin ? »
>
> Genèse 3 : 1

Étudions comment il a procédé avec la première famille. Dieu était content et Il a trouvé qu'il n'est pas bon que l'homme soit seul. Lorsqu'il a créé la femme, c'est là qu'il a dit : "cela est très bon". En créant la première famille, Dieu l'a bénie et lui a ordonné de vivre dans le règne et la domination, dans la multiplication. Dès lors, Satan a commencé à travailler pour la destruction de la famille.

L'ennemi commence en semant un doute chez la femme. Il la met à part et lui injecte des pensées de rébellion. Son mari lui avait pourtant partagé les instructions reçues du Seigneur. Dieu n'avait parlé qu'à l'homme pour aviser de ne pas manger le fruit défendu. La Bible ne le dit pas, mais il est clair que l'homme avait parlé à sa femme de cette instruction et qu'elle était au courant de l'interdit.

Le diable a voulu semer la zizanie dans ce couple en attirant la femme et en tentant de la convaincre du contraire : « La femme répondit au serpent: Nous mangeons du fruit des arbres du jardin. Mais quant au fruit de l'arbre qui est au milieu du jardin, Dieu a dit: Vous n'en mangerez point et vous n'y toucherez point, de peur que vous ne mouriez. » (Genèse 3 : 2-3)

Telles sont les ruses et techniques que le diable utilise depuis la nuit des temps. Il ne réinvente pas la roue : il fait cela constamment. Tout ce qu'il veut c'est emmener la famille à se désintégrer car il comprend que la famille est le joyau de Dieu.

Ainsi, l'ennemi attaquera votre famille, que vous lui cherchiez des problèmes ou pas, que vous agissiez ou restiez sans rien faire, que vous fassiez des prières d'autorité ou pas.

Adam et Eve n'avaient rien fait. Ils n'avaient pas chassé de serpents. Ils vivaient leur vie en harmonie, mais cela n'a pas empêché l'ennemi de les attaquer, de semer la division, la zizanie, les ennuis ainsi qu'un raisonnement et une perception différents de ce que Dieu leur avait partagé. Ils regardaient tous deux dans la même direction jusqu'à ce que l'ennemi sème une autre semence et emmène la femme à influencer son mari pour se révolter contre Dieu.

Aujourd'hui, combien de familles sont brisées par la révolte ? Un homme prend une femme en mariage et l'emmène chez lui. Tout se passe bien et tout à coup, on voit ce même homme commencer à la tromper, à battre son amour de jeunesse ou à maltraiter celle qui a gagné son cœur il n'y a pas si longtemps. Mais pourquoi avoir pris cette femme en premier lieu ? Pourquoi avoir pris la peine de dépenser beaucoup d'argent, de réunir deux familles et de déplacer tous les amis, collègues et connaissances pour ce mariage, s'il ne voulait pas rester fidèle envers cette femme, si c'était pour vivre malheureux et aller de conflit en conflit ? On peut aisément conclure qu'une personne ayant du bon sens n'agit pas de la sorte.

Depuis 1992, je travaille en relation d'aide et j'ai rencontré plusieurs femmes qui se sont confiées en me disant : "Pasteur, je pleure tous les jours dans mon cœur à cause de mon mari, je me demande pourquoi il me traite ainsi." D'autre part, je rencontre aussi des hommes qui me disent : "Ma femme n'a aucune considération pour moi, elle ne me respecte pas. Je me pose la question : pourquoi est-ce qu'elle me traite ainsi alors que je pourvoie à ses besoins, alors que je l'aime et fais autant de choses pour elle ? La manière dont ma femme me considère me dépasse, je ne comprends pas ce que j'ai fait pour mériter un tel traitement."

Parfois, ce sont des parents qui sont dépassés par les événements, me relatant : "Que n'avons-nous pas fait pour nos enfants ? Nous les avons gâtés, nous avons tout acheté, mais ils se révoltent. Ils se dressent en rebelles contre nous". Certains parents regrettent même d'être venus en Occident avec leurs enfants, tout simplement parce que les enfants se sont déroutés de la vision familiale. Face à tous ces constats, j'ai compris que l'ennemi attaque bel et bien l'institution qu'est la famille.

Durant mon enfance, ma famille n'a pas été épargnée par ces attaques. Alors que j'étais jeune, je pouvais réaliser l'amour et la complicité qui régnaient entre mon père et ma mère. Je n'aurais jamais imaginé que mes parents pourraient divorcer un jour. Tout à coup, les problèmes et les difficultés ont commencé. Le sucre dans une tasse devenait une raison pour que les échanges de paroles fusent. C'était vraiment bizarre ! Nous avions droit à des conflits sans fin, parfois pour des histoires sans fondement, jusqu'à ce que mes parents décident de divorcer. Lorsque l'ennemi se met à attaquer votre famille, son seul but est d'égorger, de voler et de détruire. Son but est d'amener la famille à ne plus avoir l'image que Dieu avait d'elle dans son plan initial.

Un jour, j'ai rencontré une femme mariée à un médecin. En se mariant avec lui, elle se disait que sa famille serait contente et que ses parents diraient : "Ah ! Notre fille a trouvé le bon numéro, un bon monsieur avec de bons moyens." Ils s'aimaient, tout était beau et les familles étaient contentes. Cependant, dans les années qui ont suivi, pas d'enfants. Ils ont passé huit ans à essayer de trouver des solutions : ils ont vu des gynécologues, des médecins, ils sont allés en Afrique… même les médecins spécialistes du Canada n'ont pas réussi à aider ce couple à enfanter. Le diable combattait sa maternité. Mais ce couple avait tenu bon malgré tous les propos de découragement venant de leurs familles respectives. Alors que cette femme était considérée aimée et bénie le jour de son mariage, l'ennemi avait attaqué ce bonheur, cette joie de vivre par cette situation. Elle avait l'intention d'avoir des enfants, son mari en voulait également, mais ce qui était au départ un sujet de joie était devenu un sujet de tristesse. Cette situation apportait beaucoup de tristesse à ce couple. La jouissance et les bénéfices de leur mariage étaient désormais placés au second rang.

« La reine Esther répondit: Si j'ai trouvé grâce à tes yeux, ô roi, et si le roi le trouve bon, accorde-moi la vie, voilà ma demande, et sauve mon peuple, voilà mon désir ! »

Esther 7 : 3

Cette portion des écritures nous relate qu'on rapporta à la reine Esther que Haman avait fait signer au roi un édit contre le peuple d'Israël. Esther vivait paisiblement quand tout à coup, l'ennemi attaqua sa famille dans le but de la détruire. La prière d'Esther au verset 3 est prophétique et remplie de révélations pour nous.

Premièrement, nous voyons qu'Esther a saisi que sa famille était sous attaque. Esther était reine et tout allait bien pour elle. Elle a vu ses frères et sa famille potentiellement en danger. Par moments, vous pouvez être très bien mais votre femme est attaquée par la stérilité ou votre mari est attaqué par une maladie incurable. Par moments, les finances de votre père et votre mère sont attaquées. Quelque part, l'ennemi cherche toujours une brèche par laquelle il veut attaquer votre famille. L'ennemi a attaqué la famille d'Esther à travers la bouche de Haman, dans le but de l'amener à être sous son autorité, son contrôle.

Le Seigneur souhaite éveiller la pensée d'une personne qui trouve normale certaines situations de sa vie. Dieu aimerait que vous preniez conscience que votre famille est attaquée. Il existe des hommes méchants qui font des conseils le soir pour que vous et votre famille ne puissiez être heureux. Il s'agit parfois d'êtres humains, de personnes de votre entourage, mais souvent, ce sont des esprits démoniaques qui veulent vous empêcher de vivre le bonheur.

Comme dans le cas d'Esther, nous devons comprendre que lorsque nous traversons des situations incompréhensibles, il se pourrait qu'il y ait aussi des décrets dans le monde des ténèbres contre notre vie et notre maison. Par moment, ces décrets peuvent être prononcés et même exécutés à votre insu.

Esther ignorait le décret de Haman : c'est Mardochée qui l'en avait informé. Votre ignorance ne vous épargnera pas des œuvres du diable. Vous devez détecter ce que l'ennemi est en train de faire contre votre maison actuellement et vous demander s'il n'est pas derrière ce qui vous arrive.

« Le voleur ne vient que pour dérober, égorger et détruire; moi, je suis venu afin que les brebis aient la vie, et qu'elles soient dans l'abondance. »

Jean 10 : 10

Le diable est spécialiste dans le vol des choses que Dieu vous a données. Soyez donc conscient des ruses de votre adversaire, de même que Jésus l'a été lorsque le diable est passé par Pierre pour le décourager dans sa mission. Il a répliqué "Éloigne-toi de moi, Satan !" Il ne s'est pas attardé sur la personne que l'ennemi a utilisée mais sur la source.

Mardochée a voulu faire comprendre à Esther que malgré son ignorance, le secours de Dieu pouvait venir d'une autre façon. Si vous refusez de prendre conscience que l'ennemi attaque votre famille, le malheur vous atteindra. D'autres chercheront des solutions et Dieu pourrait leur faire grâce. Mais parce que vous ignorez que l'ennemi a un projet de malheur contre vous, sachez une chose : il peut accomplir son but dans votre vie.

« Car, si tu te tais maintenant, le secours et la délivrance surgiront d'autre part pour les Juifs, et toi et la maison de ton père vous périrez. Et qui sait si ce n'est pas pour un temps comme celui-ci que tu es parvenue à la royauté ? »

Esther 4:14

L'ennemi a pour but de nous exterminer, nous massacrer, il veut supprimer notre bonheur et détruire tout ce que nous avons bâti. Votre succès l'énerve, votre progrès l'irrite. L'ennemi ne veut pas vous voir réussir. Il désire vous ralentir, stopper tout progrès dans votre vie et vous empêcher d'être ce que Dieu veut que vous soyez.

Parfois, les gens me disent : "Ma famille est plus attaquée que la famille des autres". En fait non, chaque famille sur cette terre est attaquée. Que vous soyez issu d'une famille de sorciers ou d'une famille chrétienne, votre famille sera attaquée. Ce n'est pas parce que nous avons péché que l'ennemi nous attaque. L'attaque ne dépend pas de vos œuvres, mais simplement des plans malsains du diable.

Revenons à l'histoire d'Esther. « Lorsque les paroles d'Esther eurent été rapportées à Mardochée, Mardochée fit répondre à Esther: Ne t'imagine pas que tu échapperas seule d'entre tous les Juifs, parce que tu es dans la maison du roi; car, si tu te tais maintenant, le secours et la délivrance surgiront d'autre part pour les Juifs, et toi et la maison de ton père vous périrez. Et qui sait si ce n'est pas pour un temps comme celui-ci que tu es parvenue à la royauté? Esther envoya dire à Mardochée: Va, rassemble tous les Juifs qui se trouvent à Suse, et jeûnez pour moi, sans manger ni boire pendant trois jours, ni la nuit ni le jour. Moi aussi, je jeûnerai de même avec mes servantes, puis j'entrerai chez le roi, malgré la loi; et si je dois périr, je périrai. Mardochée s'en alla, et fit tout ce qu'Esther lui avait ordonné. » (Esther 4: 12-17)

Que faire après avoir pris conscience de l'attaque qui pèse sur votre famille ? Ce que Esther a indiqué : le jeûne. Esther s'est mise dans une position d'intercesseur. Elle a pris conscience qu'elle ne pouvait pas rester inerte et regarder sa famille être décimée. Elle devait se tenir à la brèche. Certes le diable a six mille ans d'expérience, mais cela ne vous empêchera pas de vous placer en sentinelle pour votre famille.

Je vous invite à travers ce chapitre, à vous tenir comme la sentinelle, l'intercesseur de votre famille. Engagez-vous pour le bien de votre famille pour qu'à travers vous, Dieu fasse quelque chose. Esther a dit : "je vais chercher la face de Dieu et ensuite aller dans la maison du roi, afin qu'au travers de mon intervention, Dieu fasse quelque chose pour ma famille (mon peuple, ma lignée)."

Ne vous taisez pas. Vous avez une famille, à vous de vous lever pour elle. Ne restez pas les bras croisés. Le rôle de la sentinelle est d'abord de voir si l'épée vient de la gauche ou de la droite. Elle doit détecter la menace. Une fois qu'elle l'a détectée, elle se place en intercesseur, dont le but est de demander à Dieu d'intervenir. La pensée de Dieu est que vous soyez la sentinelle de votre maison, votre couple, votre famille, vos parents.

J'aimerais que vous vous engagiez à être une sentinelle, et que vous fassiez la déclaration suivante de tout votre cœur :

Je suis une sentinelle,

Je suis une sentinelle pour ma maison,
je suis une sentinelle pour mon foyer,

Je suis une sentinelle pour ma famille,
je suis une sentinelle pour mon couple,

Je suis une sentinelle pour la vie de mon mari, de ma femme, de mes enfants,
pour la vie de mes parents.

Au nom de Jésus ! Amen.

Nous constatons dans les Écritures que les petits renards attaquent les vignes au moment où elles sont en fleur. « Prenez-nous les renards, Les petits renards qui ravagent les vignes; Car nos vignes sont en fleur. » (Cantique des Cantiques 2 : 15) Une vie en fleurs signifie que nous sommes à la veille de produire des fruits. Ce n'est qu'à ce moment-là que l'ennemi attaque. Lorsque nous sommes à la fin de la moisson, prêts à donner du fruit; lorsque votre mariage va vers la gloire et que vous sentez que vous commencez à être épanoui. Combien de personnes ont souffert et se sont dit "Waouh, lorsque je me marierai, cela sera un temps de gloire", et lorsqu'elles se marient et s'apprêtent à savourer la plénitude de leur mariage, soudainement un problème surgit. Ce qu'elles fuyaient au dehors, elles le retrouvent dans la maison parce que "les petits renards sont passés". Ma question pour vous est : Quels sont les renards qui sont en train de ravager votre vigne ? Quels sont ces renards qui attaquent votre moisson ? Y a-t-il quelque chose que vous attendiez dans votre famille, dans la vie de vos enfants, dont vous récoltez actuellement l'opposé ? Avez-vous réellement le désir de voir votre famille sauvée, délivrée, dans une autre position, avec des finances restaurées ?

Le roi avait proposé à Esther de lui donner la moitié de son royaume, mais Esther a compris que sa famille était plus importante que toutes les richesses et tous les honneurs que le roi pouvait lui offrir. Votre famille est votre meilleur investissement. Prenez-là en considération. La souffrance des membres de votre famille vous atteindra d'une manière ou d'une autre. Vous avez donc besoin de prier pour eux. Par exemple, si vous voyez dans votre famille que les gens ne se marient pas, qu'ils commencent des études mais ne les finissent jamais, ou encore que les problèmes mentaux se multiplient, sachez que la prière a une puissance : celle d'arrêter les lois qui ont été votées contre vous, d'arrêter les décrets que l'ennemi a prononcé contre vous.

Être une sentinelle

Comment être une sentinelle ? Ce texte répond à cette question. « Car ainsi m'a parlé le Seigneur: Va, place la sentinelle; Qu'elle annonce ce qu'elle verra. - Elle vit de la cavalerie, des cavaliers deux à deux, Des cavaliers sur des ânes, des cavaliers sur des chameaux; Et elle était attentive, très attentive. Puis elle s'écria, comme un lion : Seigneur, je me tiens sur la tour toute la journée, Et je suis à mon poste toutes les nuits; Et voici, il vient de la cavalerie, des cavaliers deux à deux! Elle prit encore la parole, et dit: Elle est tombée, elle est tombée, Babylone, Et toutes les images de ses dieux sont brisées par terre! O mon peuple, qui a été battu comme du grain dans mon aire! Ce que j'ai appris de l'Éternel des armées, Dieu d'Israël, Je vous l'ai annoncé. Oracle sur Duma. On me crie de Séir: Sentinelle, que dis-tu de la nuit? Sentinelle, que dis-tu de la nuit? La sentinelle répond: Le matin vient, et la nuit aussi. Si vous voulez interroger, interrogez; Convertissez-vous, et revenez." (Esaïe 21:6-12)

1. Être à son poste jour et nuit

Esaïe 21: 8

Si vous voulez être une véritable sentinelle pour votre famille, votre couple et votre maison, et savoir quand l'ennemi essayera d'attaquer, vous devez être à votre poste jour et nuit : aucun moment de distraction. Le jour symbolise les moments où tout va bien et la nuit symbolise les moments où tout est obscur et qu'on ne comprend pas ce qui nous arrive. Dans ces deux phases de notre vie, nous devons toujours être à la brèche, éveillés.

Beaucoup de familles chrétiennes sont en alerte seulement lorsqu'elles vivent dans la zone sombre, lorsque les choses n'avancent pas ou ne sont pas claires. C'est à ce moment-là que nous commençons à prier et jeûner, dormir par terre, multiplier les sacrifices, etc. Cependant, le vœu de Dieu c'est que nous soyons alertes même pendant la journée. Lorsque la lumière frappe nos vies, quand la gloire de Dieu est sur notre maison, nous ne devons pas baisser les bras tout simplement parce que nous avons eu un bon travail, que l'aîné de nos enfants a fini ses études ou qu'il s'est marié.

Ma femme et moi connaissons quelqu'un dont la fille a mis au monde un enfant le premier janvier de cette année et qui, quelques jours plus tard est décédé. L'ennemi peut aussi frapper notre famille alors que nous sommes dans le jour de notre vie, donc en pleine réjouissance. Voilà pourquoi nous devons être à notre poste, quel que soit la saison que nous traversons : nous devons toujours demeurer en alerte car l'ennemi frappera à la porte de notre maison d'une manière ou d'une autre.

« J'étais à mon poste, Et je me tenais sur la tour; Je veillais, pour voir ce que l'Éternel me dirait, Et ce que je répliquerais après ma plainte. »

Habacuc 2 : 1

Soyez là où Dieu vous attend, au moment où Il vous attend. Ne vous improvisez pas ailleurs, vous avez été appelé pour être à votre poste en tant que sentinelle. Priez pour votre famille. Observez : y a-t-il une situation quelconque, un échec ou un blocage qui vous semble anormal ? Est-ce que des disputes éclatent plus fréquemment dans le couple ? Lorsque vous remarquez des irrégularités qui commencent à se manifester de gauche à droite, arrête-les immédiatement en prenant autorité. Ceci est capital. Lorsque vous remarquez que votre enfant ne vous écoute plus, ou qu'il s'endort au moment du culte, qu'il n'aime plus aller à l'église… Intervenez rapidement par la prière pour briser les plans du diable dans sa vie.

Dès que vous constatez qu'une personne dans votre foyer commence à avoir des habitudes contraires à la volonté de Dieu, c'est le moment de vous lever et prier.

2. Être attentif aux instructions.

Esaïe 21: 6-7

Dieu ne nous laisse pas seul, Il nous conduit, nous dirige. Dieu nous parle toujours, mais si nous ne sommes pas attentifs à l'écho du Seigneur, afin d'avertir la famille des prévisions de l'adversaire pour ensuite prendre les dispositions nécessaires, nous risquons de nous lever trop tard et le mal sera déjà fait.

Certaines personnes sont attachées à Dieu, prient et le cherchent mais demeurent aveugles par rapport à ce qui se passe autour d'elles. Cela arrive lorsque nous ne sommes pas capables de voir dans la sphère de l'esprit ce que l'ennemi est en train de faire dans nos maisons. Incapable de discerner, certains croient fermement que ce que le diable leur chuchote à l'oreille est le fruit de leurs propres pensées. Ils deviennent ainsi des victimes.

Je prie pour que le Seigneur vous ouvre les yeux en ce moment-même. Que votre esprit soit apte à voir l'épée qui veut venir sur votre maison, que votre esprit soit capable d'entendre les oracles de Dieu. Que vous soyez en mesure de saisir la pensée de Dieu pour votre famille et votre vie, mais aussi de reconnaître les ruses de l'ennemi. Reconnaissez le chemin que Dieu a tracé pour vous afin que vous puissiez vous en sortir. Dieu a des chemins de grâce : Il a déjà placé des voies pour s'en sortir et il importe que nous puissions les reconnaître.

Lorsque l'ennemi attaque, David demande à Dieu la stratégie de combat à mettre en place. En effet, il est bien de savoir quand l'ennemi attaque, mais aussi quelles actions poser par la suite. C'est en étant une sentinelle à l'œil et à l'oreille bien ouverts que Dieu peut nous donner des instructions pour sortir notre famille du désastre. C'est ce qu'Esther est allée chercher dans la présence de Dieu : savoir comment elle pouvait se présenter devant le roi et la stratégie à utiliser afin que le roi accepte de la recevoir.

Elle a utilisé une stratégie incroyable : elle a invité Haman et le roi chez elle, deux fois, pendant deux jours de suite. Elle a nourri ses ennemis alors que normalement et humainement parlant, lorsque l'on sait qu'une personne veut nous nuire ou faire du mal à notre famille, nous n'aurons pas envie de l'inviter à manger. Esther aurait pu simplement inviter le roi et lui parler en aparté mais elle avait reçu une sagesse de la part de Dieu. Lorsque vous faites du bien à une personne qui vous veut du mal, c'est comme des charbons ardents que vous mettez sur sa tête.

Ma prière est que Dieu vous fasse grâce et que vos yeux s'ouvrent. Qu'il vous accorde la capacité de voir et d'entendre ces choses qui viennent du Royaume. Qu'il vous guide et vous oriente. Ne vous laissez surtout pas aveugler par la beauté des choses, par la grandeur des bâtiments ou des biens matériels. Saisissez les choses comme Dieu les voit, soyez attentif au langage et aux signes de Dieu afin de ne pas induire votre famille en erreur.

Certaines personnes ont déménagé leur famille entière dans une autre ville, ou encore traîné leur famille dans des sectes. Un aveugle ne peut conduire un autre aveugle. Si vous faites partie de votre famille, c'est que Dieu attend de vous que vous soyez une sentinelle aux yeux et aux oreilles bien ouverts.

Lorsque vous invoquez Dieu (**Jérémie 33 : 3**), Il vous répond. Voilà pourquoi Esther est allée prier. Lorsque vous devenez une sentinelle qui prie, beau temps mauvais temps; quand vous vous tenez à la brèche pour votre famille, le Seigneur promet d'exaucer vos demandes et de vous informer des choses qui se passent. Il vous annoncera ses projets ainsi que ceux de l'ennemi, et tout cela vous permettra de prendre de meilleures dispositions.

Lorsque Jésus est né, Hérode avait des projets meurtriers contre lui. Par un rêve, Dieu a averti Joseph d'aller se cacher : « Ils entrèrent dans la maison, virent le petit enfant avec Marie, sa mère, se prosternèrent et l'adorèrent; ils ouvrirent ensuite leurs trésors, et lui offrirent en présent de l'or, de l'encens et de la myrrhe. Puis, divinement avertis en songe de ne pas retourner vers Hérode, ils regagnèrent leur pays par un autre chemin. Lorsqu'ils furent partis, voici, un ange du Seigneur apparut en songe à Joseph, et dit : Lève-toi, prends le petit enfant et sa mère, fuis en Égypte, et restes-y jusqu'à ce que je te parle; car Hérode cherchera le petit enfant pour le faire périr. Joseph se leva, prit de nuit le petit enfant et sa mère, et se retira en Égypte. Il y resta jusqu'à la mort d'Hérode, afin que s'accomplît ce que le Seigneur avait annoncé par le prophète : J'ai appelé mon fils hors d'Égypte. » (Matthieu 2: 11-15)

Parce que Joseph, Marie et les trois mages étaient des sentinelles à l'œil bien ouvert, ils ont pu recevoir les instructions et la sagesse afin d'éviter de tomber dans ces pièges.

3. Avertir le peuple de la part de Dieu.

Esaïe 21: 6; 10

Après avoir écouté la voix de Dieu, ne gardez pas les choses pour vous. Prenez la peine d'expliquer à votre famille ce qui se passe, et priez ensemble. C'est ainsi que Rahab, lorsqu'elle a appris que la ville de Jéricho devait être détruite, s'est positionnée pour protéger sa famille. Elle était une véritable sentinelle. Elle a reçu la stratégie pour que le danger ne puisse atteindre les siens. Cela démontre combien cette femme ne s'est pas contentée d'attendre, elle a été la porte par laquelle le salut est entré dans sa maison. Nous devons réellement nous préoccuper du bien-être, de la délivrance et du salut de nos familles. Grossesse limitées, études constamment inachevées, espérance de vie de seulement 40 ans… Ce sont des choses que Dieu peut vous révéler sur votre famille. Demeurez alerte !

4. Émettre un son clair

Votre message se doit d'être clair, afin d'être compris par tous. Ne tergiversez pas, annoncez fidèlement la pensée de Dieu. Parfois, nous avons tendance à voiler des choses, mais certaines personnes ne pourront pas se lever et appliquer les instructions reçues si elles ne les ont pas saisies. Malgré toute la bonne volonté de la sentinelle, elle se doit de travailler sur la façon de communiquer le message, sur la technique de transmission : comment livrer le message pour que les gens réagissent de la bonne façon?

Esther a dit "je vais jeûner, jeûnez aussi". Lorsqu'elle a communiqué ce message de façon aussi claire, la Bible dit que Mardochée partit et fit selon ce qu'Esther avait dit.

5. Être la bouche de Dieu

Lorsqu'on demandera : "Qu'est-ce que Dieu dit ?", que répondrez-vous ? Les membres de votre famille vous poseront la question à savoir ce qu'ils doivent faire. C'est à ce moment-là, en tant que gardien de la connaissance de Dieu, que vous devrez leur parler de la part du Seigneur.

La connaissance des choses de Dieu nous donnera la capacité d'être la bouche et le conseil de Dieu auprès de notre famille. Il arrive des moments où le ciel est fermé et où la révélation manque. Il faut donc utiliser la Bible, la Parole de Dieu, pour réorienter notre famille afin d'avoir la victoire sur l'adversaire. On vous posera la question : "Qu'est-ce que Dieu dit ? Afin que nous puissions nous y conformer, afin de nous en sortir." Vous avez besoin, pour vaincre l'ennemi, que la parole de Dieu remplisse votre bouche et votre cœur. Vous devez être en mesure de connaître les profondeurs de cette parole : "Que la parole de Christ habite parmi vous abondamment; instruisez-vous et exhortez-vous les uns les autres en toute sagesse, par des psaumes, par des hymnes, par des cantiques spirituels, chantant à Dieu dans vos cœurs sous l'inspiration de la grâce. » (Colossiens 3: 16)

Une sentinelle doit connaître la Parole de Dieu. Certaines orientations y sont cachées et en prenant le temps de la lire et la méditer, vous deviendrez une sentinelle aguerrie, qui guide les gens dans la bonne direction. L'ennemi commencera toujours par la parole. Si votre famille est chrétienne, il essaiera tout de même, en défiant la parole, comme il l'a fait dans la Genèse en disant : "Dieu a-t-il réellement dit ?" L'ennemi est passé maître dans l'art d'attaquer et de fragiliser le couple en minimisant ce que Dieu a dit. Et pourtant, l'homme ne vivra pas de pain seulement, mais de toute parole que Dieu dit (**Matthieu 4:4).** Christ s'est servi de la Parole pour repousser les attaques du diable. Elle est une arme puissante. Sentinelle, par la parole de Dieu, vous pouvez renverser les forteresses et les raisonnements afin d'amener votre famille à obéir à la pensée du Seigneur.

J'aimerais terminer ce chapitre en vous rappelant ce que Dieu veut : que vous soyez une véritable sentinelle. Devenez un intercesseur pour votre famille afin de recevoir les instructions divines, d'avoir la victoire et de prendre le chemin qui mène au succès. Je prie que Dieu fasse de vous une sentinelle et que votre famille puisse avoir la victoire face à toute attaque de l'ennemi.

7
BRISER LES LIENS DE FAMILLE

Comme nous venons de le voir dans le chapitre précédent, l'ennemi attaque votre famille. Chaque fois que nous bâtissons une famille, l'ennemi travaille toujours d'arrache-pied à sa destruction. Il travaille pour emmener cette famille à vivre le contraire des projets de Dieu à son égard en y apportant le déshonneur, la division et la destruction. Il génère des choses qui vont perturber le bon fonctionnement de la famille. Il le fait notamment en instaurant ce que nous appelons des "liens de famille", et dont l'origine provient du fait que vous êtes né dans la même famille. C'est de cette manière que nous avons des liens qui commencent d'un père, d'une mère et qui vont toucher les enfants, les enfants de leurs enfants et ainsi de suite jusqu'à la quatrième génération.

De ce fait, certains combats débutent avant même que votre destinée ne s'enclenche, avant même votre naissance : ils vous attendent. Certaines personnes sont nées dans des familles où l'on avait déjà prédit que tous les enfants n'allaient pas réussir leur vie. Et là, vous naissez dans cette famille et, directement, cette malédiction et ces liens vous atteignent. Ils vous touchent non seulement vous, mais également vos enfants et petits-enfants.

C'est ainsi que, bien que vous vous retrouviez en train de faire beaucoup d'efforts pour réussir comme tout le monde, les résultats demeurent vraiment minimes. Il est important de prendre conscience de ce genre de problèmes existants pour être en mesure de s'en sortir. Prenons exemple sur la vie de Jaebets. Dans 1 **Chroniques 4 : 9-10,** la Bible nous dit que « Jaebets était plus considéré que ses frères; sa mère lui donna le nom de Jaebets, en disant : C'est parce que je l'ai enfanté avec douleur. Jaebets invoqua le Dieu d'Israël, en disant : **Si tu me bénis et que tu étendes mes limites, si ta main est avec moi, et si tu me préserves du malheur, en sorte que je ne sois pas dans la souffrance! Et Dieu accorda ce qu'il avait demandé.** »

Jaebets était un enfant innocent, mais dont le nom signifiait douleur, souffrance. L'ennemi a donc essayé de perturber la destinée de cet enfant avant même qu'il ne commence le cheminement de sa vie. Il en était juste à sa naissance, en train d'entrer dans ce monde, de voir le jour, et déjà, on lui attribuait un nom qui affecterait sa manière de vivre, sa destinée et sa vie entière. Dès ces premiers instants où sa mère, l'ayant enfanté dans la douleur, lui a donné le nom de souffrance, sa vie a été impactée.

Or, quelle que soit la manière dont vous avez commencé avec Dieu, vous pouvez bien finir. Certains noms donnés à nos enfants peuvent avoir un impact sur leurs vies. Ils activent, attirent sur eux une façon d'être et de vivre. Nous avons vu des personnes avec des noms qui signifiaient "souffrance" ou "malheur" et ces personnes ont réellement souffert dans leur vie. Plus jeune, au début de ma vie chrétienne, j'ai connu une personne dont le nom signifiait *souffrance*. Ce garçon ne réussissait pas à l'école : rien ne marchait. Son intelligence était renversée. Il a fallu beaucoup de prières de délivrance pour que ce garçon puisse s'en sortir dans la vie. J'ai même été témoin de sa délivrance : nous avions prié avec d'autres serviteurs de Dieu pour briser les liens qui s'attachaient à sa vie, l'empêchant ainsi de voir clair dans sa destinée. Aujourd'hui, c'est un homme de Dieu prospère tant sur le plan financier que ministériel.

Béni soit Dieu, Jaebets avait réalisé et compris que sa vie était devenue captive, qu'il avait été emprisonné avec aucune possibilité d'avancement. Il est alors allé chercher secours auprès de Dieu. Le vœu de mon cœur est que vous fassiez un examen de conscience en faisant le tour de votre vie. Peut-être, constaterez-vous dans votre famille certaines choses qui se répètent : c'est ce qu'on appelle les liens de famille. Un lien de famille, c'est quelque chose qui nous tient captifs. Nous ne sommes pas en mesure de pouvoir aller au-delà de la limite que nous impose cette force en question.

Aujourd'hui, le Seigneur nous appelle à faire un diagnostic de notre vie personnelle et de notre vie de famille. Est-ce qu'il y a dans votre famille des divorces, des fausses couches, des malédictions, des choses qui se répètent ? Le cas échéant, sachez que toutes ces choses sont les caractéristiques d'un captif. On sent que la vie n'avance pas, que les choses ne progressent pas. Certaines personnes se marient deux voire trois fois, pour finir malgré tout par essuyer un échec à chacune de ces unions.

Certaines personnes meurent tôt : elles ne dépassent pas un certain âge. C'est comme s'il y avait une limite qui établit que dans telle famille, nul ne pourra dépasser l'âge de quarante ans. Ces éléments répétitifs que nous voyons dans notre vie et celle de nos frères et sœurs peuvent constituer ce que nous appelons des liens de famille. Dans certaines familles, personne ne parvient à se marier légalement. Il faut toujours débuter par une vie de fornication, quelquefois avec des enfants hors mariage, pour ensuite finir par se marier. Nous pouvons ainsi constater les mêmes erreurs et conséquences que nos parents et ancêtres ont vécues. N'acceptons pas cela comme une normalité ! Comprenons qu'il y a quelque chose qui nous poursuit de génération en génération, comme une ombre noire qui nous empêche de grandir. Cela peut être de type mental, physique ou carrément spirituel.

Il peut parfois s'agir de votre santé. Vous vous sentez toujours malade, ou les membres de votre famille développent la même maladie. Votre père, votre mère et votre frère sont asthmatiques, vous l'êtes également. Vos enfants le deviennent aussi. Il faut, lorsque l'on voit ces choses, être en alerte parce que Dieu ne nous a pas destiné à vivre ainsi ! Vous n'avez pas été créé et destiné à vivre dans la maladie. Votre famille ne doit pas être un asile de personnes malades.

Nous devons donc comprendre et réaliser par cette introduction que les liens de famille existent et qu'ils peuvent nous atteindre nous ou un des membres de notre famille. Étant des personnes qui avons reçu Jésus-Christ comme Seigneur et Sauveur, nous devons prendre conscience de cela, prendre autorité sur ces choses-là et ne pas les accepter comme une fatalité, à l'exemple de Jaebets.

Vous devez désirer que ce cycle s'arrête. Christ s'est fait malédiction pour que vous soyez béni. Il a été flagellé, blessé pour que vous soyez guéri. Il a payé le prix ultime pour vous voir libre. L'une des missions pour lesquelles Jésus-Christ est venu, était pour libérer les captifs. Nous pouvons lire dans **Luc 4 : 18** les paroles de Jésus à ce sujet : « L'Esprit du Seigneur est sur moi parce qu'il m'a oint pour annoncer la bonne nouvelle aux pauvres. Il m'a envoyé pour guérir ceux qui ont le cœur brisé, proclamer aux captifs la délivrance. » Jésus n'est pas seulement venu annoncer la bonne nouvelle, mais une partie de sa mission était aussi de proclamer aux captifs la délivrance.

Votre famille vit-elle une captivité ? Vos enfants sont-ils subissent-ils une certaine oppression ou l'influence d'un certain type de lien ? Vous sentez-vous emprisonné, privé de votre liberté ? Jésus est la réponse à votre situation. Jésus a la capacité de libérer tout homme de toute captivité. Jésus a la capacité de venir en aide à chaque personne ou à chaque famille qui subit une certaine limitation. Le diable désire vous garder dans cet état et vous empêcher d'avancer. Il ne souhaite pas vous voir maximiser votre potentiel et avancer. Il désire que vous puissiez avoir le même portrait de famille, de génération en génération. Si vous êtes pauvre, il veut vous voir rester pauvre jusqu'à la quatrième génération. Mais Christ est venu briser le cycle de malédiction, briser le cycle d'échec. Il est venu pour libérer les captifs. Nous avons une solution pour le bien-être de notre famille. C'est pour cela que nous devons prendre le temps de comprendre et de faire un diagnostic de notre famille.

Jaebets n'a pas mis sa mère sur le banc des accusés en disant: "Quelque ne va pas : je n'avance pas... je ne progresse pas." Il n'a pas passé son temps à culpabiliser sa mère en disant : "Pourquoi tu m'as donné ce nom-là ?" Dès qu'il a compris que son malheur venait de son nom, il n'a pas perdu son temps à regarder aux hommes. Jaebets a cherché la face de Dieu. C'est ce que le Saint-Esprit nous apprend à faire dans ce chapitre. Le but n'est pas d'amener une personne qui lit ces lignes à en vouloir à sa famille, à sa belle-famille ou à ses parents, mais bien de chercher sa délivrance.

Prendre le temps dans la présence de Dieu

Si vous êtes croyant, votre famille doit sortir de cela, elle doit jouir pleinement des acquis de la Croix. En effet, Christ a fait un grand travail à la Croix. Ce serait un gâchis que de vivre en-deçà du standard de vie qu'il nous a légué par son œuvre salvatrice. Votre famille est sauvée, non seulement pour aller au ciel, mais il faut qu'elle ait des jours heureux sur la terre. Pour y parvenir, nous devons commencer par briser les liens de famille.

La famille d'Abraham, notre père de la foi, a aussi manifesté un certain type de lien. Lorsqu'on lui a posé la question quant à savoir si Sarah était sa femme, il a menti pour sauver sa peau. Quelques chapitres plus tard, Isaac, le fils d'Abraham, a fait pareil au sujet de sa femme Rebecca. Par la suite, Jacob, le fils d'Isaac, n'a lui-même pas échappé à ce genre de mensonge, puisqu'il a fini par usurper le droit d'aînesse de son frère Ésaü. Ainsi, nous pouvons constater que ce lien a atteint les enfants jusqu'à la troisième génération.

Nous pouvons également voir des comportements répétitifs au sein de notre famille soit dans la dépendance à l'alcool, la drogue, à la violence conjugale, et j'en passe. J'ai vu au cours de mon parcours ministériel des personnes ou des familles entières dont tous les premiers-nés ne réussissent pas. Lorsqu'ils arrivent à un certain niveau, soit ils meurent, deviennent aveugles, fous ou connaissent un déséquilibre dans leur vie de couple. Lorsque nous voyons ces choses, nous devons comprendre que les premiers-nés de la famille sont combattus. Nous devons briser ces types de liens, prier, chercher la face de Dieu et prendre autorité afin que cela ne se perpétue pas de générations en générations.

Voici le discours de Pharaon dans Exode 1 : « Il dit à son peuple : Voilà les enfants d'Israël qui forment un peuple plus nombreux et plus puissant que nous. Allons ! Montrons-nous habiles à son égard; empêchons qu'il ne s'accroisse, et que, s'il survient une guerre, il ne se joigne à nos ennemis, pour nous combattre et sortir ensuite du pays. Et l'on établit sur lui des chefs de corvées, afin de l'accabler de travaux pénibles. C'est ainsi qu'il bâtit les villes de Pithom et de Ramsès, pour servir de magasins à Pharaon. »

La raison principale qui pousse l'ennemi à vous imposer ces liens et vous garder en captivité est qu'il sait combien vous êtes capable d'atteindre le but de Dieu et de vivre pleinement son plan pour votre vie, et il désire stopper votre progrès.

La Bible indique que Pharaon a décidé de stopper Israël car il était effrayé par son accroissement. En effet, arrivés en Égypte au nombre de soixante-dix personnes, il a soudainement vu ce nombre grimper

> **« La raison principale qui pousse l'ennemi à vous imposer ces liens et vous garder en captivité est qu'il sait combien vous êtes capable d'atteindre le but de Dieu pour votre vie. »**

en flèche jours après jours. Puisqu'ils ne faisaient pas de fausses couches, les enfants naissaient en grand nombre. Le peuple progressait et les choses évoluaient dans le bon sens. Cela a généré la peur de Pharaon, qui le poussa à s'engager à arrêter la croissance de la population en mettant à mort tous les nouveau-nés de sexe masculin. Le peuple d'Israël ne comprenait pas pourquoi il était esclave alors que c'était tout simplement parce que Pharaon avait peur de son succès.

L'ennemi a peur de votre succès. Voilà pourquoi il s'acharne à travailler jour et nuit en mettant des jougs, des limites, de sorte que vous ne puissiez évoluer. Il tente de vous limiter dans vos mouvements, vos déplacements, vos accomplissements et vos exploits parce qu'il sait qu'en usant de cette ruse, il vous maintiendra dans une certaine position, non seulement vous, mais également vos enfants. Alors, comment faire pour sortir de cette captivité ? Comment briser les liens de famille ? Comment peut-on faire pour sortir de cette condition dans laquelle nous nous trouvons ? Jaebets nous montre déjà la voie : aller auprès de Dieu.

Première étape : Réaliser sa condition

Pour briser les liens de famille, nous devons avant tout réaliser notre condition. Posons-nous les bonnes questions : dans quelles conditions se trouve notre famille ? Dans quelle condition se trouve mon mari, ma femme et mes enfants ? Quelle est leur condition spirituelle ? Est-ce qu'il y a un problème qui, étant rattaché à ma vie, pourrait affecter mes enfants ? Y a-t-il une condition dont j'ai hérité de mes parents ? Est-ce qu'il y a un problème d'ordre spirituel qui fait en sorte que nous n'avançons pas à la vitesse désirée, que nous ne pensons pas dans le bon sens et que nous ne progressons pas ?

Dans ma propre famille, nous avons constaté à l'époque que nous avions beaucoup d'universitaires, mais que nous n'arrivions pas à trouver un travail à la hauteur de nos diplômes, ou nous nous retrouvions au chômage. Nous nous sommes donc levés en prière pour affronter la situation et nous avons ainsi commencé à voir la lumière au bout du tunnel.

Matthieu 15 : 22 nous parle d'une femme formidable, la Cananéenne : « Et voici, une femme cananéenne, qui venait de ces contrées, lui cria : Aie pitié de moi, Seigneur, Fils de David! Ma fille est cruellement tourmentée par le démon. » Elle a pu diagnostiquer la condition de sa famille. Bien qu'elle soit cananéenne, elle croyait au

Dieu d'Israël, capable de faire de grandes choses. Elle a constaté que sa famille était sous l'emprise d'un démon. Ce que j'aime de cette femme, c'est qu'elle n'avait ni pasteur, ni diacre ou église pour affirmer que c'est d'eux que provenait cette révélation. Elle a elle-même reconnu que son enfant vivait sous oppression. Elle a effectué un diagnostic clair et précis du comportement de sa fille en relevant que, selon la manière dont elle vivait, il y avait quelque chose qui la tourmentait, qui ne venait pas du naturel et qui n'était pas le produit des caprices d'un enfant. Elle était réellement sous emprise. Elle a décidé de se battre pour la vie de sa fille. En parlant de Canaan, regardons dans le livre de Genèse, plusieurs éléments par rapport aux liens familiaux. Notez que ce passage fait référence aux événements qui se sont déroulés après le déluge, une fois que Noé et sa famille furent sortis de l'arche : « Cham, père de Canaan, vit la nudité de son père, et il le rapporta dehors à ses deux frères. Alors Sem et Japhet prirent le manteau, le mirent sur leurs épaules, marchèrent à reculons, et couvrirent la nudité de leur père; comme leur visage était détourné, ils ne virent point la nudité de leur père. Lorsque Noé se réveilla de son vin, il apprit ce que lui avait fait son fils cadet. Et il dit : Maudit soit Canaan! qu'il soit l'esclave des esclaves de ses frères ! Il dit encore: Béni soit l'Éternel, Dieu de Sem, et que Canaan soit leur esclave ! » (Genèse 9 : 22-26)

C'est Cham qui a vu la nudité de son père, mais la malédiction est prononcée envers Canaan. C'est le père qui a péché, mais la malédiction saute sa propre génération pour aller toucher la génération suivante. J'aimerais vous mettre en contexte. Nous ne savons pas quel âge Canaan avait à l'époque, mais nous pouvons croire qu'il commençait à cheminer dans sa vie et que beaucoup de choses n'avançaient pas. Il se sentait esclave de ses frères, n'évoluait pas et ne progressait pas. Il était l'esclave, non seulement de ses frères, mais la

Bible dit qu'il devait également être esclave de l'esclave de ses frères. Donc, Canaan devait bien réaliser que ses oncles ainsi que les enfants de ceux-ci avançaient, mais que pour lui rien ne se passait, non pas parce que lui-même avait fait quelque chose, mais parce que son père a fait une chose qui lui a attiré une malédiction. Nous voyons par-là que si Canaan ne prend pas conscience de sa condition, il trouvera peut-être sa situation normale. Il croira qu'il est censé être comme tel et fera subir à toute sa maison la malédiction que son grand-père avait prononcé sur lui.

Il est donc primordial de prendre conscience qu'il existe bel et bien un lien de famille, dont vous-même, vos parents ou vos grands-parents pouvez être la cause. La porte d'entrée peut venir de toutes parts, mais pour vous en sortir, vous devez prendre conscience de votre état.

Aujourd'hui, j'aimerais que vous fassiez le bilan de votre vie : Qu'est-ce que vous vivez d'anormal ? Quelle est la chose qui se caractérise ou se place dans la catégorie des liens de famille, pour laquelle vous avez besoin de vous lever et d'aller chercher la délivrance auprès de Dieu ? C'est la première étape vers la solution.

Deuxième étape : Il faut vouloir être délivré

Il ne faut pas se plaire de cette condition en se disant que ce n'est pas une fatalité. "Je viens de comprendre que moi, je n'irai pas loin… Alors tant pis, je reste comme ça !" Surtout pas. Vous devez vouloir votre délivrance et celle de votre famille. Lorsque vous voulez la délivrance, elle arrive. Le cas contraire, ce sera difficile. Vous me direz alors : pasteur, est-ce possible que quelqu'un ne veuille pas la délivrance ? Oui, c'est possible.

Observons l'histoire de Bartimée, cet homme né aveugle. Nous ne savons pas pourquoi Bartimée était aveugle, mais il est certain qu'il vivait les conséquences de cet aveuglement : il ne pouvait pas faire beaucoup et était de ce fait limité dans la société. Lorsqu'il va voir Jésus (**Marc 10 : 46-53**), Bartimée veut et cherche sa délivrance. Il ne vient pas sans raison valable. Jésus lui pose alors la question : "Que veux-tu que je fasse ?" Il savait la réponse mais voulait l'entendre dire "Je veux recouvrer la vue". Il avait localisé son problème et voulait lui accorder sa délivrance. Comme nous l'avons vu précédemment, Jaebets a bien dit : "Seigneur, que je ne sois plus dans la souffrance". Il avait localisé le problème et a manifesté le désir d'être libéré de cette vie de souffrance. Vous devez localiser les liens et prier pour que Dieu vous en libère. Vous devez désirer de tout votre cœur d'être délivré de ces liens-là.

Romains 7: 24 nous dit : « Misérable que je suis ! Qui me délivrera du corps de cette mort ? » C'est cette détermination de vouloir la délivrance pour sa famille, sa maison, ses enfants, son père et ses frères, qui va déclencher un processus de délivrance et de libération de tous les liens de famille.

Troisième étape : il faut accepter la voie de délivrance sélectionnée par le Saint-Esprit

Nous pouvons être sous une certaine emprise, mais ne pas passer par les mêmes méthodes que nos voisins pour nous en sortir. Dans le cadre de services de délivrance que Dieu m'a fait la grâce de tenir, j'ai vu et prié pour pas mal de cas. Plusieurs voies peuvent être sélectionnées par le Saint-Esprit pour nous accorder la délivrance souhaitée.

La première voie est le pardon.

Par moments, alors que nous prions pour chasser les esprits et détruisons les forces qui empêchent une personne d'avancer, nous recevons soudainement une révélation du Saint-Esprit nous informant que la personne en question doit pardonner. Dieu peut utiliser le pardon comme voie de prédilection pour sortir d'une situation. Il faut que la personne pardonne aux gens ou qu'elle aille demander pardon, à sa famille par exemple, parce qu'il y a quelque chose qui ne marche pas, qui n'avance pas dans sa vie. Il ne suffit pas de prier pour qu'elle soit libérée. Elle peut chercher la face de Dieu, mais il faudra d'abord qu'elle règle cette histoire, en passant par la voie du pardon. Parfois, nous voyons des personnes qui ne veulent pas s'humilier pour pardonner aux gens qui les ont blessés ou pour aller demander pardon à une personne et restent dans ce tourbillon de lien familial pendant des années. Il est important de faire confiance au Seigneur. On ne peut pas dire à Dieu : "Seigneur, je veux que tu me libères de ces liens de famille" et ensuite lui imposer la voie ou le chemin qu'Il doit prendre.

> « **Nous dépendons de Dieu, notre Médecin par excellence.** »

Nous dépendons de Dieu, notre Médecin par excellence. Lorsque quelqu'un va voir un médecin, il ne dit pas : "Docteur, je veux que vous puissiez me soigner, mais je vais garder mes vêtements. Nul besoin de me piquer, donnez-moi seulement un comprimé et l'histoire s'arrête là !" C'est le médecin qui sait si, pour la condition dans laquelle vous vous trouvez et l'état de votre vie, il vous faut un comprimé, utiliser une dose forte ou avoir une perfusion. Lorsqu'on va voir un médecin, on se soumet à la voie qu'il va décider d'emprunter pour nous apporter un remède.

La deuxième voie est par Sa Parole.

Lisons la Parole de Dieu. La Bible dit que « vous connaîtrez la vérité, et la vérité vous affranchira. » (Jean 8 : 32). Lorsque nous laissons la Parole de Dieu entrer dans notre vie, pénétrer notre famille, le Seigneur peut nous libérer par cette connaissance. Quitter l'ignorance peut indéniablement nous apporter la délivrance.

La troisième voie est la prière personnelle.

Vous pouvez être délivré par l'auto-délivrance en passant des heures dans la présence de Dieu. C'est ainsi que le Seigneur arrive alors à complètement libérer votre vie.

La quatrième voie est par l'assistance d'un homme de Dieu.
Vous pouvez demander l'assistance d'un homme de Dieu pour les différents besoins de votre famille : les situations d'hérédité, la présence de colères incendiaires, etc. Vous pouvez penser : "On sent que les choses ne marchent pas dans notre famille. On a besoin qu'un homme de Dieu vienne prier avec nous et pour nous, afin que nous puissions sortir de cet état." Lorsque vous faites ce type de demande, l'homme de Dieu va prier pour que votre condition de famille puisse être améliorée. Il va chasser les esprits impurs, briser cette mauvaise force, cette mauvaise puissance et cela vous permettra d'aller de

> « Quitter l'ignorance peut indéniablement nous apporter la délivrance. »

l'avant. Il est donc primordial de pouvoir prendre le temps de considérer les différentes voies que Dieu peut utiliser pour votre délivrance.

Revenons maintenant à l'histoire de Jaebets. Il a fait une prière en quatre volets. Premièrement, il commence par demander au Seigneur de le bénir. Il avait donc constaté que la bénédiction n'était pas son partage. Est-ce que vous pouvez voir ou dire sans l'ombre d'un doute que vous êtes une famille bénie ? Jaebets voyait la malédiction dans sa vie, et il demanda au Seigneur de prononcer une bénédiction sur celle-ci. Lorsqu'une personne est maudite, elle peut clairement reconnaître que tout ce qu'elle fait ne marche pas. Elle peut utiliser les mêmes méthodes que celles du voisin, mais elle sentira que pour elle, rien n'avance. La bénédiction, ce n'est ni l'argent, ni les biens matériels. La bénédiction c'est la faveur de Dieu sur vous, ce sont les paroles que Dieu prononce sur votre vie. C'est ce qui vous apporte la capacité de réussir, le succès, là où le commun des mortels échoue. **Proverbes 10 : 22** nous dit clairement que « C'est la bénédiction de l'Éternel qui enrichit, Et il ne la fait suivre d'aucun chagrin. »

Vous savez, lorsque Dieu vous bénit, vous verrez que tout ce que vous faites le sera également. Joseph était un homme béni. Voilà pourquoi lorsqu'il est arrivé dans la maison de Potiphar, tout ce qu'il touchait avançait. Le progrès était relié à sa personne parce que la bénédiction ne commence pas dans le domaine du physique. Elle commence dans la sphère spirituelle : lorsque vous êtes béni, vous constatez la bénédiction dans tout ce que vous entreprenez. L'une des sphères dans laquelle nous devons diagnostiquer notre famille, est celle de la bénédiction. Si dans tout ce que vous obtenez, il y a du chagrin, c'est qu'il y a un problème. Par exemple, vous achetez une maison et, quelque temps après, vous tombez en ruine, ou encore, vous vous engagez à avoir des enfants et voilà que surgissent les fausses couches et d'autres malheurs qui s'ensuivent. Le Seigneur veut que nous soyons réellement des hommes et des femmes bénis. Lorsque nous sommes enfants de Dieu, que nous craignons Dieu, Sa bénédiction doit être notre partage. Elle doit se faire voir dans chaque domaine.

Deutéronome 28 : 2-6 dit : « Voici toutes les bénédictions qui se répandront sur toi et qui seront ton partage, lorsque tu obéiras à la voix de l'Éternel, ton Dieu : Tu seras béni dans la ville, et tu seras béni dans les champs. Le fruit de tes entrailles, le fruit de ton sol, le fruit de tes troupeaux, les portées de ton gros et de ton menu bétail, toutes ces choses seront bénies. Ta corbeille et ta huche seront bénies. Tu seras béni à ton arrivée, et tu seras béni à ton départ. »

On voit ici le portrait d'un homme béni. Qu'il se trouve aux champs ou dans la ville, qu'il s'agisse de ses enfants ou du produit de tout ce qu'il fait en tant que cultivateur, éleveur ou homme d'affaires : chaque sphère de sa vie est bénie. Les choses avancent, progressent et prospèrent. La santé des enfants est bénie. Lui-même est béni dès son réveil le matin jusqu'à son retour au soir. On peut voir que la bénédiction de Dieu couvre totalement sa vie. Si vous constatez que cela fait défaut dans votre vie, commencez à prier.

Le deuxième axe de prière de Jaebets était : "Seigneur, si tu peux étendre mes limites". Pour faire cette demande, Jaebets a compris qu'il était limité. Son champ d'influence n'était pas grand. Il pouvait faire des choses, faisait les mêmes efforts que tout le monde et ne pouvait aller loin. Sa vie avait atteint un certain plafond, une limite, qu'il était incapable de traverser, de briser. Il tournait toujours dans le même rayon, tout comme une chèvre qu'on lie avec un fil. Dieu a dit à Abraham : « Je ferai de toi une grande nation. Je te bénirai, je rendrai ton nom grand, tu seras une source de bénédiction. » (Genèse 12 : 2)

Ma prière est que Dieu vous accorde d'atteindre l'inatteignable, de toucher l'intangible, de saisir l'insaisissable, d'aller au-delà de ce que vos parents ont fait, au-delà de ce que vous n'avez pas vu lorsque vous étiez enfant; que votre famille soit admise, qu'elle aille au-delà des limites, que Dieu vous aide à briser les limites de votre famille pour que viviez au-delà des limites que vous imposent votre cercle familial. Nous sommes appelés à aller de gloire en gloire. Votre famille a atteint une certaine gloire : c'est bien. Vous avez vécu dans une certaine aisance lorsque vous étiez plus jeune : c'est très bien. Maintenant, le vœu de Dieu est que vous quittiez ce niveau et que vous emmeniez votre famille un peu plus loin.

Le troisième axe de prière de Jaebets était "Si ta main est avec moi". Nous voyons ici qu'il avait besoin de la main de Dieu, de sentir que la présence de Dieu n'était pas loin. Il est vrai que, bien que Dieu soit toujours présent, il peut arriver que nous ne ressentions pas sa présence. Jaebets avait besoin de se sentir entouré de la présence du Seigneur. Il sentait que l'atmosphère était polluée. Il avait compris que, dans ce qu'il faisait, la main partenaire de Dieu n'était pas son partage. Lorsque nous marchons en partenariat avec Dieu, nous faisons des exploits et écrasons nos ennemis. La Bible nous dit dans **Psaumes 60 : 14** que « Avec Dieu, nous ferons des exploits; Il écrasera nos ennemis. » Lorsque nous avançons main dans la main avec le Seigneur, les exploits deviennent possibles.

Est-ce que vous sentez que vous faites les choses tout seul ou que Dieu vous accompagne dans ce que vous entreprenez ? Si ce n'est pas le cas, cela veut dire qu'il y a quelque chose qui bloque votre épanouissement, pour vous empêcher de jouir du secours de l'Éternel et de bénéficier de l'intervention divine. Voilà pourquoi Dieu m'a envoyé vous dire que vous devez prier afin de briser ces liens de famille qui vous empêchent de voir son intervention, sa main, son partenariat avec vous.

Le dernier axe de prière de Jaebets était le suivant : « Si tu me préserves du malheur en sorte que je ne sois pas dans la souffrance. » Il souhaitait que Dieu éloigne le malheur de lui et de sa maison, et être épargné de la souffrance. Jaebets souhaitait que Dieu lui garantisse qu'il vivrait sans douleur et qu'Il le mettrait à l'abri du mal. Il pouvait s'agir d'une souffrance morale, au niveau de sa santé, d'une conséquence d'injustice ou parce que les finances n'étaient pas au rendez-vous. Dieu m'a envoyé pour que vous décidiez, vous aussi, que la souffrance s'arrête dans votre vie. À cause de ces liens, votre famille, votre belle-famille, vos tantes, vos cousins : tous ont souffert. C'est comme si la souffrance a spécifiquement été écrite pour votre famille. Décidez de passer à la délivrance, de chercher le Seigneur. Jaebets a pris le taureau par les cornes ! Il s'est dit : "J'ai été condamné à la souffrance du fait que ma mère m'a donné ce nom, mais aujourd'hui, je refuse que ce sort puisse continuer de me hanter et toucher ma famille, mes enfants. Je veux que ce cycle s'arrête désormais." Parce que vous êtes un enfant de Dieu, je vous somme de prendre la même direction. Prenez la décision de chercher la face de Dieu en acceptant les voies que nous avons vu précédemment au sujet de la délivrance : le pardon, la Parole, la prière personnelle ou par l'intervention d'un homme de Dieu.

Pouvez-vous prendre cette décision aujourd'hui, afin de voir votre famille libérée de la captivité et des chaînes, de toutes les situations que l'ennemi est en train d'imposer ? Christ est venu pour votre liberté, non seulement la vôtre, mais aussi celle de votre maison et de votre famille. **1 Jean 3 : 8** nous dit que: « Celui qui pèche est du diable, car le diable pèche dès le commencement. Le Fils de Dieu a paru afin de détruire les œuvres du diable. » Le diable travaille depuis si longtemps dans votre maison, votre famille, dans votre couple, et ce, de générations en générations. Le Seigneur passe par ce chapitre pour vous dire qu'il faut que ces cycles de destruction s'arrêtent. Tout ce qu'il demande, c'est que vous croyez en Lui. Que vous vous appuyiez sur lui et le cherchiez en prière.

J'aimerais terminer ce chapitre en vous montrant les bénéfices qui viennent à nous lorsque nous brisons les liens de famille.

1ᵉ bénéfice : vivre en pleine liberté.

Nous serons libres. **Jean 8 : 36** dit : « Si donc le Fils vous affranchit, vous serez réellement libres. » Comprenez qu'en prenant le temps d'établir un diagnostic familial et de prier, Dieu vous accorde la liberté, qui est avant tout spirituelle. Certaines personnes disent : « J'ai tellement souffert dans ma famille… Je vais prendre l'avion, aller vivre loin de ma famille, parce que je vois qu'avec eux les choses ne marchent pas. Je vais aller me cacher en Australie ! » Il s'agit là d'un lien spirituel. Même si vous vous refugiez dans un autre pays, ce lien vous suivra. C'est comme une marque dans le monde de l'esprit, dont Jésus doit vous libérer.

Déclarez avec moi :

Christ m'a sauvé. Je suis réellement libre.

Je suis libre dans mon esprit, libre dans mon âme, libre dans mon corps. Je dénonce donc toute forme d'esclavage spirituel.

Je refuse les mauvais rêves, je refuse les cauchemars.

Les visiteurs nocturnes, les oppressions, les étranglements et toutes choses semblables.

Dès ce moment, j'accède à la liberté spirituelle de ma vie, de ma famille, au nom de Jésus.

Faire ce type de déclaration doit être votre préoccupation afin de briser les liens qui vous empêchent de jouir de la pleine liberté.

2ᵉ bénéfice : vous jouirez pleinement de votre vie : vous serez heureux.

Jaebets, auparavant homme de malheur, a commencé à percer, à avancer à tel point qu'il a atteint un niveau où la Bible témoigne qu'il était le plus considéré de ses frères. Il est donc possible de commencer votre cheminement ou votre vie avec des liens qui vous empêchent de progresser, mais il est tout autant possible de finir avec une gloire, dans un autre niveau. Pour se faire, développez une vie de prière.

L'enfant de la femme cananéenne était dans une certaine condition mais parce que sa mère a fait ce qu'il fallait, elle a été délivrée. Ne pensez pas que la condition de votre famille n'a pas d'issue ou qu'il n'y a pas de solution. Il suffit de chercher la face de Dieu, Il vous donnera des solutions.

3ᵉ bénéfice : l'avancement dans tous les domaines.

Lorsque vous êtes lié par un lien de famille, certaines choses n'avancent pas. Vous réalisez alors que vous ne progressez pas, et que pendant que tout le monde avance, vous régressez. Le vœu de Dieu est que vous puissiez voir des jours heureux, finir votre vie rassasiée de jours, ainsi que voir vos enfants heureux et votre famille restaurée. Cependant, si vous ne faites pas ce qu'il faut pour briser ces liens, vous pourrez penser au bonheur, mais ne jamais pouvoir y goûter, penser à un avenir meilleur, mais ne jamais l'atteindre.

Jésus est le spécialiste de la libération des captifs : que l'échec ne fasse plus partie de votre vocabulaire, mais plutôt que le bonheur et la grâce puissent accompagner chaque jour de votre vie. Que cela soit votre partage car telle est la volonté de Dieu lorsqu'il dit : « Je souhaite que tu prospères à tous égards... » (3 Jean 1 : 2) Lorsque l'on parle de prospérer, il est question d'avancement, dans tous les domaines et pas juste au niveau spirituel. Vos finances, votre mariage, vos entreprises, votre santé et votre vie sociale doivent en bénéficier.

4ᵉ bénéfice : le progrès sur les plans spirituel et ministériel.

Vous devez aussi prospérer dans les choses de Dieu. Vous savez, j'ai vu des personnes ayant beaucoup d'argent évoluer, mais faire du surplace dans la sphère spirituelle. Le diable ne veut pas les voir servir Dieu. Ils ne grandissent pas. Ils ne progressent pas sur le plan spirituel. Ils sont chrétiens certes, mais ils vivent une vie chrétienne en dents de scie. C'est comme s'il y a un interdit sur leur vie les empêchant de grandir spirituellement et de servir Dieu.

Dans **Luc 1 : 74**, la Bible nous dit : « De nous permettre, après que nous serions délivrés de la main de nos ennemis, de le servir sans crainte. » Il peut arriver que, par moments, vous n'arriviez pas à servir Dieu ou que vous ayez même peur de le servir tout simplement parce que vous êtes encore sous l'emprise de vos ennemis. Pourtant, Dieu veut que nous délivrer de nos ennemis dans le but de nous permettre de le servir sans crainte. Certaines personnes ont sérieusement une crainte de servir et ont peur de s'engager à servir Dieu.

Quelques fois, cela se règle simplement par une exhortation. Dans d'autres cas, selon ma petite expérience, c'est qu'il y a un esprit qui est derrière, une puissance des ténèbres qui ne veut pas que cette personne entre dans le service parce que là se trouve la voie de prédilection pour sa bénédiction. **Galates 3 : 1** nous dit : « O Galates, dépourvus de sens ! Qui vous a fascinés, vous, aux yeux de qui Jésus-Christ a été peint comme crucifié ? » Une autre version dit littéralement : "qui vous a envoûté ?" Au **verset 3** il est écrit : « Êtes-vous tellement dépourvus de sens ? Après avoir commencé par l'Esprit, voulez-vous maintenant finir par la chair ? » En effet, au lieu de vivre une évolution, un progrès normal au niveau spirituel et ministériel, les Galates allaient à reculons. Normalement, lorsque quelqu'un commence avec Dieu, il est censé évoluer d'année en année, devenir de plus en plus spirituel. Nous constatons que les Galates ont commencé, mais au lieu d'aller vers l'avant ils reculaient, s'appuyant sur des choses charnelles.

Pour finir, réalisez que de nombreux bénéfices vous attendent lorsque vous décidez de briser les liens de famille qui veulent vous garder captifs. Vous serez ainsi pleinement libérés et vous jouirez de la vie, tout en progressant dans tous les secteurs de votre existence, y compris votre vie chrétienne. Votre vie spirituelle s'en retrouve à grandir vers la maturité, et le progrès ministériel.

8

D'UNE FAMILLE BRISÉE À UNE FAMILLE BÉNIE

Nous l'avons vu dans les chapitres précédents : l'ennemi combat votre famille. Ce combat peut quitter la dimension de combat ponctuel et atteindre celle d'un combat perpétuel, qui devient un lien de famille. Il est possible que l'ennemi vous attaque de manière isolée. Cependant, il arrive que l'attaque atteigne la famille au complet. Par exemple, lorsque tous ses membres sont aux prises avec le mensonge ou ne parviennent pas à se marier.

Certaines familles avaient commencé dans l'harmonie et se sont retrouvées brisées. Cela nous rappelle d'ailleurs l'histoire d'Adam et Ève qui ont commencé dans une harmonie parfaite dans le jardin d'Éden : tout était merveilleux et, tout à coup, les choses ont commencé à changer. La première famille de l'humanité telle que nous la connaissons, a été brisée. L'homme et la femme avaient la même pensée et la même direction. L'homme savait que son bonheur venait de Dieu. La femme est venue trouver l'homme dans une relation avec son Dieu. Elle s'est ensuite introduite dans le même élan; tout était si beau et si parfait que Dieu disait que tout était très bon. Le diable est venu briser cette harmonie en créant une division en apportant un raisonnement qui n'était ni biblique, ni divin, afin de les pousser à aller dans le sens opposé de la volonté divine. Les liens, les intrusions de l'ennemi et les sollicitations du diable viennent briser la famille.

Cela dit, l'idée n'est pas de dire "dressons le portrait noir de nos familles", mais plutôt de comprendre qu'il est possible pour votre famille de sortir d'une dimension de famille brisée pour atteindre celle de famille bénie et épanouie.

J'aimerais cependant attirer votre attention sur un point crucial : être délivré est le premier pas vers la bénédiction; il y a d'autres choses à faire pour vivre cette bénédiction. Venir à Christ est le premier palier du bonheur. Par la suite, il faut expérimenter la plénitude du bonheur : « Que ce livre de la loi ne s'éloigne point de ta bouche; médite-le jour et nuit, pour agir fidèlement selon tout ce qui y est écrit; car c'est alors que tu auras du succès dans tes entreprises, c'est alors que tu réussiras. » (Josué 1:8) Le fait de connaître Dieu nous donne un avantage dans beaucoup de choses, mais il y aussi des actions à prendre pour parvenir à la réussite.

« Les liens, les intrusions de l'ennemi et les sollicitations du diable viennent briser la famille. »

La première chose à faire, est de continuer à travailler sur votre âme et votre esprit. Méditer le livre de la loi "jour et nuit", c'est prendre le temps de lire la Parole et nourrir votre âme. Le succès commence dans la sphère spirituelle avant d'atteindre la sphère matérielle. Oui, les démons sont partis, vous avez brisé des liens générationnels, on a prié pour vous, vous avez cherché la délivrance. Au-delà de ces choses, Dieu désire que vous bâtissiez solidement votre vie chrétienne. En mettant en pratique sa Parole et en agissant fidèlement selon ce qui est écrit, vous venez d'augmenter vos *chances* de réussite.

Au fur et à mesure que votre âme évolue vers la maturité spirituelle, la prospérité de celle-ci évolue également. Cela ne doit pas se faire de temps en temps mais quotidiennement. Ainsi, notre homme intérieur grandit et entre dans une nouvelle dimension. La croissance spirituelle est importante. Essayons d'amener femme, enfants ou époux à grandir spirituellement. Lorsqu'un esprit est chassé, il va dans les lieux arides et, ne trouvant pas de repos, il se dit "Je vais aller visiter la maison de laquelle je suis sorti". Mettons-nous donc dans des dispositions afin que s'il décide de revenir, qu'il nous trouve spirituellement bâti, spirituellement fort et qu'il ne puisse pas nous remettre encore sous le joug de l'esclavage.

Josué 1 : 8 nous parle également de réussite dans nos entreprises. Il nous faut comprendre l'aspect de la réussite sociale. Entreprenez, faites quelque chose pour que votre famille soit bénie. Vivez et faites les choses différemment. Ne restez pas un observateur passif de votre champ, cultivez-le. Investissez-vous et travaillez. Il faut que la spiritualité de votre famille augmente et que vous puissiez vous-même aller à une autre dimension spirituelle. Deuxièmement, il faut investir, entreprendre, car Dieu bénit l'œuvre de vos mains. Dieu bénit le travail. Quand je parle de travail, c'est au sens large. Par exemple, si un couple n'a pas d'enfant et veut en avoir, il ne suffit pas de chasser une malédiction, ils devront avoir des relations sexuelles pour que l'enfant arrive. Si c'est un problème d'argent qui vous lasse, travaillez. Dieu ne bénit pas la paresse. Si ce sont des problèmes d'alcool dont vous avez été délivrés, investissez-vous pleinement dans ce que vous entreprenez, vos études. Il

> « **Le fait de connaître Dieu nous donne un avantage dans beaucoup de choses, mais il y aussi des actions à prendre pour parvenir à la réussite.** »

illuminera votre intelligence afin que vous réussissiez. Donnez-vous les moyens de réussir !

Je prie que Dieu vous fasse marcher la tête haute, que la honte et l'humiliation ne vous visitent plus mais que vous alliez plutôt de gloire en gloire. Pour cela, ces deux fondements doivent devenir votre partage : **bâtir votre vie spirituelle et travailler**.

Croire à une suite favorable

Esther a connu une suite favorable. Dans **Esther 8**, le roi donne à Esther la maison d'Haman, l'ennemi des juifs. Mardochée paraît devant le roi, dans toute son identité. Le roi ôte son anneau (qu'il avait repris à Haman) et le donne à Mardochée. Esther quant à elle, l'établit en autorité sur la maison d'Haman. Ainsi, tout est bien qui finit bien.

D'orpheline, Esther est devenue reine. De la même manière, je prie que Dieu restitue dans votre vie tout ce que l'ennemi vous avait volé. Que tout ce que vous aviez perdu durant toutes ces années vous soit rendu et remplacé. Que ce soit les années de souffrance, de pleurs, de misère, ainsi que les dossiers restés en suspens, qui avaient été oubliés. Que vous puissiez vous aussi trouver une suite favorable à votre situation familiale. Si telle est la pensée de Dieu, que votre famille à partir de maintenant, reçoive des réponses favorables, attendues depuis des mois, voire des années. Si vous deviez obtenir de l'argent ou des biens, et que c'était difficile, que cela devienne facile.

Dieu s'attend à une nouvelle odeur, une nouvelle atmosphère qui imprègne votre famille. Vous ne devez pas simplement être libéré mais aussi jouir de l'abondance et de la faveur divine. Les juifs de l'histoire d'Esther ont pu changer de vie et être épanouis. Dieu nous libère aussi pour nous introduire dans une saison glorieuse. Lorsque le fils prodigue est revenu à la maison, il était si sale ! Son père ne lui avait pas seulement pardonné, il lui a aussi donné un anneau et des habits de fête. Il a expérimenté la restauration et la restitution familiale. Quand Dieu libère une famille, Il travaille à atteindre son but dans leur vie quotidienne. Il désire votre évolution, qu'il y ait une nette démarcation entre votre vie passée et votre vie actuelle.

Recommencer

Maintenant que vous êtes libre, vous devez investir là où vous avez échoué, reprendre là où vous vous étiez arrêté. C'est ce qui vous permettra de produire du fruit. « Lorsqu'il eut cessé de parler, il dit à Simon : "Avance en pleine eau, et jetez vos filets pour pêcher. Simon lui répondit: Maître, nous avons travaillé toute la nuit sans rien prendre; mais, sur ta parole, je jetterai le filet. L'ayant jeté, ils prirent une grande quantité de poissons, et leur filet se rompait. » (Luc 5: 4-6) On peut avoir essayé quelque chose pendant de nombreuses années, sans succès.

Quand Jésus entre dans l'équation, les choses doivent être différentes. Pierre avait parfois la mémoire courte. C'est une bonne chose de recevoir des enseignements, mais il faut aller plus loin et jeter son filet ! Comme on le voit dans **Luc 5 : 3**, Jésus nourrit d'abord un homme par la Parole (des enseignements). Par la suite, Il lui demande de passer à l'action. Ainsi, ne restez pas sans rien faire. Le précieux trésor d'un homme c'est son activité. Si le mariage se fait rare au sein de votre famille élargie, ne restez pas inerte. Dès le moment où Dieu met en vous l'idée du mariage, laissez-vous enseigner. En deuxième lieu, engagez-vous et posez une action concrète, ce que Pierre a fait. Serait-ce d'aller vers quelqu'un ? Vous ne pouvez rester sans rien faire. Certes vous avez échoué par le passé. Les offensives n'ont pas fonctionné. Les candidatures n'ont pas donné les résultats escomptés. Décidez donc en vous-même de vous lever et d'aller là où vous avez échoué hier. Aujourd'hui, décidez de refaire certaines choses mais en mieux cette fois-ci. Dégagez une autre atmosphère autour de vous, celle d'une personne libérée. Pierre a vécu une pêche miraculeuse, et les disciples ont connu une saison d'abondance tout simplement parce que cet homme avait mis en pratique le deuxième fondement dont nous avons parlé en long et en large : celui d'entreprendre, de passer à l'action.

> « Décidez en vous-même de vous lever et d'aller là où vous avez échoué hier. »

Prier encore

Si vous voulez devenir une famille bénie, priez contre les effets de la loi. Esther avait changé de nom, brisé des liens familiaux, mais elle a dû tout de même affronter le roi en place. Devant la menace, elle s'est jetée à ses pieds, priant et le suppliant d'empêcher les effets de la méchanceté d'Haman. Celui-ci était déjà mort, mais les effets de ses actions étaient encore à l'œuvre. Nous avons déjà la victoire sur l'ennemi de nos âmes, nous avons déjà brisé ces liens générationnels qui nous maintenaient dans la souffrance, mais nous pouvons encore vivre les effets des œuvres de l'ennemi. Nous devons empêcher que ces effets s'accomplissent dans nos vies.

On raconte que lors de la guerre du Vietnam, l'annonce de la fin de la guerre avait déjà été fait mais que cette annonce n'est pas parvenue à certaines personnes qui vivaient sur place. Elles continuaient donc à subir les effets de la guerre. De même, nous pouvons déjà déclarer la fin d'une malédiction et inconsciemment, continuer à en subir les effets. Très souvent, c'est seulement par ignorance que nous continuons à vivre certaines choses. Osée disait : "Mon peuple est détruit parce qu'il lui manque la connaissance." Il avait raison.

L'ignorance a une puissance incroyable : celle de détruire ou de faire perdre à quelqu'un son héritage. Lorsque vous ne savez pas ce qu'une chose peut vous apporter, vous ne pourrez pas le réclamer. Les gens peuvent même jouir de votre héritage sans que vous ne le sachiez. Tout comme Esther, le diable peut continuer à vous faire subir les effets d'un décret passé, d'une loi ou d'un lien de famille, qui ont déjà été vaincus à la Croix. De ce fait, priez afin que les effets de la loi cessent dans votre vie. Le lien a pu être brisé mais la maladie a affaibli votre corps. Priez pour que ces effets disparaissent. Tout ce que l'ennemi avait imposé à votre corps, votre famille, votre couple ou votre maison, doit cesser. Réclamez la restauration. Réclamez la restitution. Demandez que les effets et les conséquences d'antan, les traces qui subsistent dans votre vie ne soient plus.

Déclarer

En quatrième lieu, déclarez avec foi la Parole de Dieu, confessez-là à haute voix. « Elle dit alors : « Si le roi le trouve bon et si j'ai trouvé grâce devant lui, si la chose paraît convenable au roi et si je suis agréable à ses yeux, qu'on écrive pour révoquer les lettres conçues par Hamann, fils d'Hammedatha, l'Agaguite, et écrites par lui dans le but de faire périr les Juifs qui sont dans toutes les provinces du roi. » (Esther 8: 5) Le roi a écrit un décret en faveur des juifs et cela fut scellé. Toute lettre écrite et scellée en son nom ne pouvait être révoquée. Il fallait que les sorciers, les magiciens et les méchants du royaume de Perse soient désormais conscients que le roi venait de changer la donne. Une déclaration devait se faire, sur la nouvelle façon de traiter les enfants d'Israël. Le monde spirituel fonctionne sur cette même base. Certaines familles sont vouées à l'échec, et sont destinées à ne pas aller loin. À nous donc de prendre la Parole de Dieu (notre loi) pour contrecarrer cela. Déclarez la Parole sur votre vie et votre maison.

« Je vous le dis en vérité, si quelqu'un dit à cette montagne: Ôte-toi de là et jette-toi dans la mer, et s'il ne doute point en son cœur, mais croit que ce qu'il dit arrive, il le verra s'accomplir. C'est pourquoi je vous dis: Tout ce que vous demanderez en priant, croyez que vous l'avez reçu, et vous le verrez s'accomplir. »

Marc 11 : 23-24

La déclaration a donc sa place. Changez votre langage et vos déclarations. Beaucoup scellent leur propre bouche, or la mort et la vie sont au pouvoir de la langue, et on en mange le fruit. Cessez tout type de langage qui ne vous profite pas ! Que votre vie soit conforme à la Parole de Dieu et influencée par celle-ci. Prononcez les merveilles de Dieu sur votre vie. Si la Bible dit que vous allez prospérer, déclarez-le même lorsque vous voyez les difficultés. Gardez le langage des vainqueurs. Le langage de la victoire prononce la Parole de Dieu au lieu de parler du problème : « Il me dit: Prophétise sur ces os, et dis-leur: Ossements desséchés, écoutez la parole de l'Éternel ! » (Ézéchiel 37 : 4)

Parlez, déclarez l'harmonie dans votre foyer. Oui votre famille peut parfois être dans un état d'assèchement, mais cela ne veut pas dire qu'il faut s'en plaindre, au contraire.

Dieu ne vous demande pas de penser à comment les choses vont changer mais de déclarer le changement sur votre vie, votre conjoint, vos enfants, votre maison. Lorsque Ézéchiel a obéi à cela, il y a eu un mouvement. Le mouvement ne s'est pas fait avant que celui-ci n'ouvre la bouche. Il voyait l'impossible mais devait déclarer le possible par la Parole. C'est ainsi que les ossements desséchés ont commencé à s'assembler. Il y a eu un grand bruit et la victoire est arrivée.

> « Le langage de la victoire prononce la Parole de Dieu au lieu de parler du problème. »

Votre condition changera. La Parole a la capacité de créer la vie là où la mort avait pris place. Comme dans l'histoire de Lazare, où Jésus a vu une possibilité là où il y avait la mort. Lorsqu'on voit la mort, c'est la fin de toutes choses. On ne peut plus rien faire, même après tous nos efforts. Christ a vu la fin mais a préféré déclarer ce que Dieu allait faire pour Lazare (le réveiller) avant même de voir son état. Or, cela faisait déjà trois jours qu'il était décédé. La déclaration de la Parole de Dieu est tellement importante et quand nous appliquons ces principes, nous menons notre famille à la bénédiction. Commencez à déclarer que votre enfant est poli, aimable et qu'il ira loin dans la vie. Le comportement de vos enfants s'alignera peu à peu à la Parole. Lorsque vous priez pour eux, parlez-leur : "Tu es un signe pour cette génération. Tu es un présage pour notre famille." En le disant, vous imprimez aussi la Parole dans leur esprit. Cette parole va bloquer ou débloquer des choses en eux.

Le fruit de la déclaration

Ainsi, par ses nouveaux édits, le roi donna à Esther et aux Juifs, dans toutes les villes, la permission de se rassembler, de défendre leur vie et de détruire tous ceux qui prendraient les armes pour les attaquer, afin de les délivrer de leurs ennemis. C'est ainsi que la joie, l'allégresse et les festins sont revenus. De plus, plusieurs se sont convertis à la suite de cet épisode.

Il y a plusieurs enseignements à tirer de ce passage. Premièrement, celui du rassemblement. La déclaration vient remettre les pendules à l'heure. Là où il y avait des divisions, des conflits ou encore de l'isolement au sein de votre famille, déclarez le bonheur de passer du temps ensemble. L'ennemi est passé maître dans l'art de déstabiliser la famille. Les gens ne se parlent plus, sont distants, ne passent plus de temps les uns avec les autres. Chacun avance de son côté, se cache dans sa chambre… Et pourtant, ils ne manquent pas de temps puisqu'ils en passent dehors, avec les autres. Ainsi, c'est à vous de refuser les disputes, les incompréhensions et la haine. Continuons donc à déclarer ensemble un futur et des relations harmonieuses dans nos familles, des familles où les relations entre

> « L'ennemi est passé maître dans l'art de déstabiliser la famille. »

père et mère, conjoints et enfants sont bonnes et où les gens peuvent s'asseoir ensemble.

Le deuxième élément de la déclaration consiste à être en mesure de défendre votre vie, de dire non aux représailles de l'ennemi. La Bible dit dans **Luc 10 : 19** : « Voici, je vous ai donné le pouvoir de marcher sur les serpents et les scorpions, et sur toute la puissance de l'ennemi; et rien ne pourra vous nuire. » Si c'est la sorcellerie qui régnait dans votre famille, et bien maintenant, ayez la capacité de dire NON lorsque les gens se lèvent contre vous. Quand l'ennemi décide de nous faire du mal, qu'on soit en mesure de dire "STOP, n'avance plus ! Tu ne peux pas me menacer et encore moins me maintenir dans cette dimension." Prenez autorité sur lui et déclarez votre identité d'enfant de Dieu, votre autorité en Christ. Oui, Christ nous a donné l'autorité, nous sommes des personnes d'autorité. Déclarez que vous n'êtes plus la proie de Satan, vous n'êtes plus esclave du diable, ni sous son autorité. Maintenant, c'est vous qui avez l'autorité sur lui !

Pour finir, la troisième sphère de la déclaration, c'est le bonheur. Bonheur, joie, allégresse et gloire. Les Juifs étaient rayonnants de joie, remplis de l'allégresse, comblés de bonheur, marqués d'honneurs. Tout ce qu'ils faisaient, donnait envie aux gens de devenir comme eux. Hier, vous étiez un objet de honte, mais le vœu de Dieu c'est que vous soyez un sujet d'étonnement, que les gens aient envie de connaître Dieu en voyant l'état de votre famille.

Aujourd'hui, je prie et je déclare que Dieu enlève la honte de votre famille. Je vous encourage à déclarer aussi cela dans votre maison et à tous vos enfants. Si votre enfant connaissait des échecs, déclarez la bénédiction. Je déclare que le bonheur, l'allégresse, la gloire, le rayonnement soient votre partage.

En résumé, nous avons vu quatre principes :

- **Nourrir son âme**
- **Entreprendre ou poser des actions concrètes**
- **Prier contre les effets de la loi imposés par l'ennemi**
- **Faire des déclarations**

Telle est la pensée de Dieu, que nous soyons une famille bénie et épanouie pour amener les hommes et les femmes à vouloir devenir comme nous. Si le peuple juif était jadis sous condamnation, il a été libéré. Bien plus encore, son standing de vie a changé. Il devenait un peuple puissant. À cause de cela, les autres souhaitaient lui ressembler.

Je prie que votre famille soit bénie, délivrée et restaurée. Que par vous et votre témoignage, plusieurs se convertissent et donnent leur vie à Christ. Que plusieurs viennent remettre la vie de leur famille au pied de la Croix. Telle est la pensée de Dieu en vous emmenant à vivre une vie épanouie en tant que famille.

> « Je ferai de toi une grande nation, et je te bénirai; je rendrai ton nom grand, et tu seras une source de bénédiction. »
>
> **Genèse 12 : 2**

9
SERVIR DIEU AVEC TOUTE SA FAMILLE

D'entrée de jeu, le titre de ce chapitre nous parle bien de "Servir Dieu avec toute sa famille". Souvent, lorsqu'on parle de servir Dieu, plusieurs personnes pensent qu'il s'agit-là d'une affaire personnelle. Il est vrai que le salut est personnel : *"Je crois en Jésus. J'ai accepté Christ"*. Cependant, nous avons tendance à penser que parce que nous avons accepté Jésus, il ne revient qu'à nous de servir Dieu et que cela n'est pas une nécessité, mais plutôt une option pour nos enfants et notre conjoint. Or, le Seigneur souhaite que toute la famille suive.

Par exemple, Dieu peut commencer son œuvre de salut au travers d'un père, mais aimerait que la femme et les enfants suivent également. Il peut commencer par un enfant, souhaitant que cet enfant amène ses parents au Seigneur et que ces derniers puissent également le suivre dans le service de Dieu. Nous le constatons dans la Parole de Dieu, au travers de l'histoire d'Abraham : Dieu l'appelle lui, mais appelle toute la descendance d'Israël à le servir. Dieu a dit: "Israël est mon peuple". Il n'a pas seulement dit "Abraham, mon enfant" ou "Abraham, mon serviteur". Dieu a décrété que toute la nation, c'est-à-dire, tous les descendants d'Abraham, devaient également être à son service.

Nous voyons par-là que le Seigneur a toujours un plan lorsqu'il appelle un homme. Il peut passer par vous pour débuter une œuvre dans votre famille, mais sa pensée est que cela ne s'arrête pas avec vous. Je réitère : Dieu commence par vous, mais il n'aimerait pas que cela finisse avec vous. Lorsque le salut entre par votre famille, Dieu veut que, même en étant le premier à l'avoir connu, vous puissiez vous associer à Lui dans cette œuvre qui permettra que d'autres personnes proches de vous puissent, elles aussi, faire sa rencontre, le suivre et le servir.

Telle est la volonté et la pensée de Dieu. Prenez conscience que vous ne pouvez pas vous contenter d'être sauvé seul et bien plus encore, de servir Dieu seul : « Paul et Silas répondirent: Crois au Seigneur Jésus, et tu seras sauvé, toi et ta famille. » (Actes 16: 31) Ce texte nous confirme que le salut peut commencer par vous, mais qu'il ne doit pas s'arrêter à vous. Toute la famille doit aussi être sauvée. Dans ce texte, le plan de Dieu a commencé par le geôlier qui se trouvait sur son lieu de travail. Même si vous recevez le salut au travail, cela ne s'arrête pas à vous. Le salut doit continuer son œuvre dans votre maison, toucher votre mari ou votre femme, vos enfants et tous ceux qui sont reliés à vous. Nous voyons que le Salut pénétrant dans la maison de cet homme l'a non seulement atteint lui, mais également toute sa famille car tel que vu dans la Parole, ils ont tous été baptisés : « Il les prit avec lui, à cette heure même de la nuit, il lava leurs plaies, et aussitôt il fut baptisé, lui et tous les siens. » (Actes 16:33)

> « **Dieu commence par vous, mais il n'aimerait pas que cela finisse avec vous.** »

Une fois sauvés, il y a une deuxième étape à franchir. Laquelle ?

Lorsque nous venons au Seigneur, nous sommes automatiquement sauvés. Cela dit, Dieu ne nous sauve pas simplement pour attendre passivement le retour du Seigneur ou pour aller chanter "Alléluia" à l'église tous les dimanches. Le vœu de Dieu, c'est que nous puissions le servir, être à son service. Voilà pourquoi il nous a délivré et arraché de notre vaine manière de vivre. Que nous dit la Bible ? « De nous permettre, après que nous serions délivrés de la main de nos ennemis, de le servir sans crainte. » (Luc 1: 74)

Dieu s'attend à ce que nous le servions au niveau et dans l'état dans lequel nous nous trouvons actuellement. Lorsque vous vous engagez à le servir, que toute votre maisonnée puisse suivre le même exemple. C'est dans cette optique que Josué fait cette déclaration alors qu'il s'adresse aux enfants d'Israël. Dans **Josué 24 : 15**, Josué fait une déclaration : « Et si vous ne trouvez pas bon de servir l'Éternel, choisissez aujourd'hui qui vous voulez servir, ou les dieux que servaient vos pères au-delà du fleuve, ou les dieux des Amoréens dans le pays desquels vous habitez. Moi et ma maison, nous servirons l'Éternel. »

Ce que j'ai toujours aimé de ce texte c'est que Josué, en tant que chef de famille appelé de Dieu et ayant servi Dieu pendant des années, comprend les principes du service de Dieu. Sa famille doit servir Dieu avec lui. En faisant cette déclaration, il a intentionnellement engagé sa femme et ses enfants. J'ignore quel était le niveau spirituel de sa famille. Était-elle déjà sauvée, engagée envers le Seigneur ? Le servait-elle déjà ? Je ne peux l'affirmer avec certitude. Cependant, en lisant ces lignes, je peux affirmer que peu importe le niveau

> « Dieu s'attend à ce que nous le servions au niveau et dans l'état dans lesquels nous nous trouvons actuellement. »

spirituel des enfants et de la femme de Josué à ce moment-là, celui-ci avait la ferme conviction qu'il devait servir Dieu avec toute sa famille. Il aurait pu déclarer : "Quant à moi et ma famille, nous allons continuer à croire en Dieu" ou "Nous allons continuer à suivre ce Dieu". Au contraire, il a parlé de service. Il a déclaré vouloir mettre sa vie au service de Dieu. Il s'agit là d'un tout autre niveau.

En effet, bien qu'ils eussent déjà abandonné les idoles et suivi Dieu dans le désert, Josué réaffirme qu'il voulait servir Dieu. Il ne voulait pas seulement être délivré de la main des Égyptiens. Il ne voulait pas seulement être sauvé du Jourdain ou des fleuves du Nil. Josué voulait également se mettre au service de ce grand Dieu, de ce grand Seigneur, non seulement lui mais aussi toute sa famille. À nous d'avoir cette vision des choses.

Durant mes quelques années de vie, j'ai constaté que beaucoup de pasteurs, de serviteurs et de membres de l'église viennent à l'église sans leur famille. Pour beaucoup, le fait de voir leurs enfants loin de Dieu n'est pas du tout préoccupant. Cela arrive souvent avec les personnes qui se sont converties un peu tard dans la vie. Elles ont tendance à dire : "Moi j'ai fait des bêtises dans ma jeunesse. Il faut laisser les enfants faire des bêtises. C'est comme ça qu'on apprend ! À un moment donné, ils décideront, par eux-mêmes, de se consacrer à Dieu."

Quand Christ est venu sur terre, il a commencé à servir Dieu à l'âge de douze ans. C'était une image prophétique; nos enfants peuvent eux aussi servir Dieu dès leur jeune âge. Dieu a aussi besoin des enfants, de la force et de la vigueur des jeunes gens. Ils ont cette fraîcheur nécessaire au service dans son Royaume. Il n'y a pas que les vieux ou les personnes fatiguées avec la vie qui doivent se retrouver dans le Royaume. Dieu veut toutes les catégories d'âge et de personnes. « Au bout de trois jours, ils le trouvèrent dans le temple, assis au milieu des docteurs, les écoutant et les interrogeant. Tous ceux qui l'entendaient étaient frappés de son intelligence et de ses réponses. Quand ses parents le virent, ils furent saisis d'étonnement, et sa mère lui dit: Mon enfant, pourquoi as-tu agi de la sorte avec nous ? Voici, ton père et moi, nous te cherchions avec angoisse. Il leur dit: Pourquoi me cherchez-vous ? Ne saviez-vous pas qu'il faut que je m'occupe des affaires de mon Père ? » (Luc 2:46-49) Cela faisait trois jours que Jésus avait disparu. Quand Marie et Joseph l'ont retrouvé dans le temple, il leur dit "Je suis occupé à faire l'œuvre de mon père." Jésus nous interpelle ici sur le fait que même un enfant a le devoir de s'occuper des affaires de son Père céleste. Cette réponse prophétique invite les parents chrétiens à comprendre que servir Dieu n'est pas juste destiné aux plus âgés, toute la famille est appelée à servir Dieu.

Invitons donc nos enfants à faire la même chose que le jeune Jésus. Vous me direz que si Jésus l'a fait, c'est normal puisqu'il était le fils de Dieu. Or, Il voulait nous montrer l'exemple. Efforçons-nous de le servir. Je vous exhorte à prier pour cela. Encouragez les membres de votre famille à le faire. Désirez-le ardemment. L'exemple du roi Salomon dans **1 Chroniques 28 : 9** illustre tout aussi bien ce point. Le roi David, à la fin de sa vie, fait une déclaration très particulière. Rappelons-nous que lorsque quelqu'un est sur le point de mourir, il réunit ses forces pour dire les choses les plus importantes. Le roi David voit le jeune Salomon et au lieu de lui donner des biens ou des stratégies de combat, lui dit : "Connaît le Dieu de ton père." Dans la première recommandation, il désire que son fils connaisse son Dieu. Il est important, donc, que vous laissiez un héritage spirituel à votre famille. Donner à vos enfants des vêtements et un compte en banque bien garni, c'est bien, mais cet investissement n'en vaut pas la peine si vous n'êtes pas en mesure de leur laisser un héritage spirituel comme avoir Dieu dans leur vie. Ensuite, David dit à Salomon: "Sers-le d'un cœur dévoué et d'une âme bien disposée." La pensée de servir Dieu avec toute sa famille animait David dès le départ.

Pourquoi Dieu a-t-il consacré toute une tribu à son service ? La tribu de Lévi sert d'exemple pour nous montrer l'importance pour toute une famille de servir Dieu. Certaines bénédictions découlent de la grâce de Dieu, d'autres de son amour, mais en toutes ces choses, beaucoup de bénédictions relèvent de la justice face à toute personne qui est à son service. Servir Dieu est capital. Servir Dieu est important. C'est pourquoi Dieu a consacré les lévites. Nous sommes un royaume de sacrificateurs, et lorsque nous naissons de nouveau nous faisons partie de cette nouvelle alliance avec Dieu.

Dieu désire que toutes les familles soient à son service. Priez, jeûnez, exhortez, montrez un bon exemple. Faites tout ce qui est en votre pouvoir pour chercher la face de Dieu et encourager les différents membres de votre famille à s'engager dans le service. Cela amène des faveurs, des bénédictions de Dieu et nous évite de nombreux maux dans nos maisons. J'ai rencontré des femmes qui disaient ne pas vouloir se marier à un pasteur parce qu'il sera toujours parti. Il risque d'être toujours occupé à gérer l'église, alors qu'elles ont besoin de passer une vie romantique et épicée. Il est vrai qu'un pasteur est censé s'occuper de sa famille et servir sa congrégation, le tout de manière équilibrée. Cependant, certains hommes ne servent pas mais sont tout aussi occupés dehors, partis constamment, en train de faire la fête ou de boire avec des amis. L'équilibre est nécessaire, sans pour autant annuler le besoin de servir Dieu.

Si vous êtes une femme et avez besoin de passer du temps avec votre mari, priez, faites votre devoir d'épouse, rendez l'atmosphère de la maison agréable. Ne cherchez pas à garder votre époux cloîtré à la maison s'il ressent le besoin de servir. En faisant cela, vous lui rendez un mauvais service. Au contraire, encouragez-le dans son ministère et soyez son plus fidèle intercesseur.

Dans le monde spirituel, il n'existe pas de neutralité. Il existe deux généraux : Dieu et le diable. Les anges et les démons. Le bien et le mal. Le froid ou la chaleur. En tant qu'êtres humains, nous ne pouvons appartenir qu'à l'un de ces deux quartiers. Si nous ne voulons pas faire avancer l'un, nous ferons avancer l'autre. Si nous ne servons pas la cause de la lumière, nous faisons avancer les ténèbres. C'est pourquoi Jésus-Christ a dit lui-même que celui qui n'est pas avec nous est contre nous.

Au sein du jardin d'Eden, Dieu a demandé à Adam de cultiver la terre. Tout était déjà parfait. Il y a trouvé des animaux, des jardins et plusieurs choses merveilleuses. Dieu lui a quand même demandé de servir. Cela crée une dépendance entre le serviteur et le Maître, entre le fils et son Père. Servir est aussi une manière de manifester notre amour envers Dieu, en famille.

Servir Dieu sans ma famille ?

Dans **Exode 10**, Pharaon a utilisé une stratégie encore en vogue aujourd'hui chez certains peuples. Il a accepté que les enfants d'Israël adorent Dieu dans le désert, mais sans leur famille. En fait, il a même proposé plusieurs solutions compromettantes pour donner suite à la demande de Moïse. Pharaon leur a posé la question : "Qui sont ceux qui iront?" Moïse a répondu et celui-ci a compris l'enjeu. C'est pourquoi Moïse lui dit en avance qu'ils iront avec leurs "enfants, leurs femmes, leurs fils et leurs filles, avec leurs brebis et leurs bœufs, car c'est pour une fête en l'honneur de l'Éternel." Pharaon les a laissé aller puis s'est rétracté à maintes reprises. Il a voulu laisser partir les hommes et retenir le reste de la famille. C'est encore une stratégie qu'il utilise aujourd'hui. Parfois, nous pouvons commencer à servir avec fougue et zèle, nous coulons dans l'onction divine, avançant seuls, et oubliant ce mandat de servir avec notre famille. Nous ne devons jamais accepter ce compromis. Dieu ne veut pas m'utiliser seul, il veut toute ma famille pour gagner des gens à lui, pour faire son œuvre, sa volonté. Ainsi, ne permettons pas au diable de garder une mainmise sur notre famille pendant que nous allons au travail.

Dans un précédent chapitre, nous avons parlé de l'importance de servir Dieu avec ses biens. Pharaon avait aussi dit à Moïse et à son peuple de partir sans leurs bœufs, leurs vaches et leurs biens. C'est une stratégie de l'ennemi pour toujours garder quelque chose captif dans nos vies. Cela lui donne un certain contrôle, une porte d'entrée pour nous affaiblir au moment opportun. Cela ouvre la porte aux compromis, à une consécration partielle.

Pourquoi servir Dieu en famille ?

Premièrement, servir Dieu avec sa famille est un privilège que je ne peux garder pour moi. Toute ma famille doit y entrer : « Toute arme forgée contre toi sera sans effet; Et toute langue qui s'élèvera en justice contre toi, tu la condamneras. Tel est l'héritage des serviteurs de l'Éternel, Tel est le salut qui leur viendra de moi, dit l'Éternel. » (Esaïe 54 : 17)

C'est l'héritage des serviteurs de Dieu. Lorsque nous acceptons d'amener notre famille à servir Dieu, cette promesse se manifeste sur chacun de ses membres. Il y a une protection réservée à ceux qui servent Dieu. Vous êtes une famille de serviteurs de Dieu alors certaines choses ne peuvent pas vous atteindre. Elles iront loin de vous. C'est un privilège que Dieu réserve à une poignée de personnes qui se sont mises à son service. Dieu devient notre héritage. Nous n'avons pas besoin d'autre chose que lui. Nous faisons des exploits avec Dieu. Il comble tous nos besoins.

« Vous servirez l'Éternel, votre Dieu, et il bénira votre pain et vos eaux, et j'éloignerai la maladie du milieu de toi. Il n'y aura dans ton pays ni femme qui avorte, ni femme stérile. Je remplirai le nombre de tes jours. »

Exode 23 : 25-26

Ézéchias vit une expérience similaire lorsqu'il passe au pouvoir. Les gens ont cessé de servir Dieu voilà pourquoi il leur avait dit dans **2 chroniques 29 : 11** : « Maintenant, mes fils, cessez d'être négligents; car vous avez été choisis par l'Éternel pour vous tenir à son service devant lui, pour être ses serviteurs, et pour lui offrir des parfums. »

Il exhortait ces familles à se lever et à servir Dieu puisqu'elles avaient été choisies.

Ensuite, je veux également servir Dieu par reconnaissance. Mon désir est que toute ma famille embarque dans l'aventure. Lorsque Jésus arrive dans la maison de Pierre, les choses changent et une femme commence à le servir : « Jésus se rendit ensuite à la maison de Pierre, dont il vit la belle-mère couchée et ayant la fièvre. Il toucha sa main, et la fièvre la quitta; puis elle se leva, et le servit. » (Matthieu 8: 14-15) Il fallait qu'elle soit en forme ! Il est nécessaire que Jésus ne soit pas étranger à la maison, qu'il ait un lien avec chacun de ses habitants. De plus, ceux qu'il touche, comme la belle-mère de Pierre, se disposent à le servir. C'est un acte de reconnaissance pour ce qu'il a accompli pour nous. Il y a encore tant d'exemples dans la Bible de familles qui servent Dieu, qui ont transmis un héritage spirituel à leur descendance.

En troisième lieu, nous servons également Dieu par amour. Nous l'aimons, c'est pourquoi nous nous engageons. Il y a un lien indéfectible entre l'amour et le service : « Après qu'ils eurent mangé, Jésus dit à Simon Pierre: Simon, fils de Jonas, m'aimes-tu plus que ne m'aiment ceux-ci ? Il lui répondit : Oui, Seigneur, tu sais que je t'aime. Jésus lui dit : Pais mes agneaux. Il lui dit une seconde fois : Simon, fils de Jonas, m'aimes-tu ? Pierre lui répondit : Oui, Seigneur, tu sais que je t'aime. Jésus lui dit : Pais mes brebis. Il lui dit pour la troisième fois : Simon, fils de Jonas, m'aimes-tu ? Pierre fut attristé de ce qu'il lui avait dit pour la troisième fois: M'aimes-tu ? Et il lui répondit: Seigneur, tu sais toutes choses, tu sais que je t'aime. Jésus lui dit : Pais mes brebis. » (Jean 21: 15-17)

Il y a une histoire qui me fascine dans **Actes 21 : 8-9**. C'est l'histoire de Philippe, un diacre choisi et utilisé puissamment par Dieu. Il s'est arrangé pour que sa famille serve avec lui. Ses filles étaient également au service de Dieu. Il les utilisait dans le prophétique pour que le peuple soit béni par leurs dons et leur ministère. Il s'agit là d'un bel exemple confirmant qu'il est important de manifester notre amour en servant Dieu.

Quatrièmement, nous servons Dieu par obéissance. C'est sa volonté. Nous devons mettre au service de Dieu les dons que nous avons reçus. Vous avez une femme brillante et des talents qui vous permettent de briller dans la société. Dieu en a besoin pour son œuvre. Ainsi, ne soyez pas comme Jonas qui a fui l'appel de Dieu.

Connaître le Dieu d'alliance

« J'ajouterai à tes jours quinze années. Je te délivrerai, toi et cette ville, de la main du roi d'Assyrie; je protégerai cette ville, à cause de moi, et à cause de David, mon serviteur. » (2 Rois 20 : 6) **Nous voyons dans ce passage que, si vous mourrez alors que vous et votre famille étiez engagés au service de Dieu, celle-ci bénéficiera d'une grâce : cette alliance que Dieu a établie entre Lui, vous et votre famille. Ainsi, vous introduisez d'emblée votre famille à une alliance avec Dieu tout simplement parce que vous vous êtes engagé à le servir.**

Ma prière est que vous soyez en alliance avec le Seigneur. Je prie que lorsque l'ennemi voudra toucher à votre femme, votre mari, vos enfants, qu'il soit saisi de peur à l'idée de le faire, à cause de votre alliance avec Dieu !

La cinquième raison, c'est que servir Dieu est en réalité une source de bénédiction. Lorsque nous incitons notre famille à servir Dieu, nous les mettons sur la voie de la bénédiction. La bénédiction n'est pas simplement une question d'argent, c'est d'abord cette faveur que Dieu vous donne. Ce sont des paroles que Dieu a prononcées sur vous. Vous pouvez avoir beaucoup d'argent et être maudit. Lorsque vous êtes bénis, tout ce que vous faites prospère et avance : « C'est l'œuvre du Dieu de ton père, qui t'aidera; C'est l'œuvre du Tout puissant, qui te bénira Des bénédictions des cieux en haut, Des bénédictions des eaux en bas, Des bénédictions des mamelles et du sein maternel. » (Genèse 49 : 25)

Je prie que vous preniez cet engagement sincère de répondre à l'appel de Dieu qui crie dans votre cœur. Dieu dit qui enverrais-je ? À nous de répondre, comme Ésaïe et de dire : "Me voici, envoie-moi. Je te servirai. Je ne lâcherai pas. Je ne quitterai pas mon poste, même si tout le monde autour de moi ne me comprend pas, même si le monde entier se compromet et fait preuve de négligence, je te servirai avec ma famille, avec intégrité, car je suis avec toi, car je t'aime, car je décide de me soumettre à toi, à ta volonté, à ta vision, à ta mission." Décidez-vous! Demandez à Jésus ce qu'il veut pour votre vie, votre famille.

> « Lorsque nous incitons notre famille à servir Dieu, nous les mettons sur la voie de la bénédiction. »

Que faire pour inciter votre famille à vous suivre dans le service de Dieu ?

Que faut-il faire afin d'amener ma femme, mon mari, mes enfants à aimer le Dieu que j'aime et à le servir au point de lui donner leur temps ainsi que tous leurs talents ?

Selon ce que j'ai pu expérimenter dans ma propre vie, j'ai développé quelques secrets qui ont permis que je sois, pour mes enfants et ma femme, un moteur qui les contamine, un exemple à leur égard. Quelques fois, alors que je suis fatigué, je vois ce que fait ma femme et cela m'encourage, me motive à continuer. Nos enfants sont aussi de plus en plus impliqués. Nous pouvons le constater parce que nous avons appliqué ces quelques secrets que je m'apprête à vous partager. Bien entendu, nous continuons à y travailler, nous ne sommes pas encore arrivés, mais nous croyons que nous sommes déjà sur le bon chemin, celui où nos enfants cherchent de plus en plus à servir Dieu.

Premièrement, vous devez vous-même vous engager dans le service. Sachez que vous êtes un témoignage pour votre enfant. Je lisais un livre de Kenneth E. Hagin et, dans la préface rédigée par son fils, ce dernier se remémore ce qui, selon lui, fait de son père le modèle par excellence : "Je me rappelle comment mon père passait des nuits blanches en train de veiller et d'écrire avec plein de bibles sous la table où il préparait des prédications. Je me rappelle son engouement, son assiduité…" Nous pouvons croire que c'est ce qui l'a aussi poussé à prendre le flambeau et continuer l'œuvre de son père au travers de l'école biblique *Rhéma*. Aujourd'hui, même après le décès de son père, il sert toujours : son père a été son modèle. Il ne suffit pas de dire à un enfant de servir, mais bien de l'exposer au service. En voyant ses parents servir, un enfant sera lui-même plus enclin à servir.

David n'a pas dit à son fils "Salomon, mon fils, tu dois servir Dieu". En lui disant de servir le Dieu de son père, cela donne une référence à Salomon quant à ce que cela voulait réellement dire de servir Dieu. En effet, ayant vu comment son père avait servi Dieu, avec engagement, détermination, consécration, il était pour lui tout à fait normal, voire logique, de faire pareil.

La deuxième chose, c'est d'apprendre à servir Dieu malgré les saisons troubles de la vie. Dans le ministère, il est possible de connaître des situations compliquées, des moments difficiles, mais nous devons être en mesure de continuer à servir Dieu contre vents et marées. Quand bien même on nous jetterait dans la fosse aux lions ou dans la fournaise de feu ardent, nous devons continuer à servir Dieu et crier haut et fort que tant que nous vivrons, nous n'abandonnerons pas : nous servirons l'Éternel. Dans les situations difficiles, et lorsque les circonstances ne s'y prêtent plus : continuez à servir Dieu. Observer votre fermeté, votre constance et votre confiance dans le service de Dieu ainsi que dans le mandat que vous avez reçu, amènera les membres de votre famille à réaliser qu'il doit indéniablement y avoir du bon dans ce que vous faites. Cela les encourage assurément à suivre vos pas.

Soyons des personnes fermes dans l'engagement au service de Dieu, et ce, malgré les tribulations. C'est pourquoi l'apôtre Paul dit "en toute occasion, favorable ou non prêche l'Évangile". Nous ne devons pas prêcher, enseigner seulement lorsque cela est favorable. Il nous faut insister.

Le troisième point, c'est que nous devons raconter à nos familles les exploits que nous avons dans le ministère.

- Qu'est-ce que nous gagnons ?
- Quelles sont les choses que Dieu a faites avec nous ?
- Quelles sont les expériences surnaturelles que nous avons eues avec Dieu dans le service ? Qu'est-ce que nous avons pu faire avec Dieu ?
- Quelles sont les choses que Dieu a faites pour nous et par nous ?
- Qu'est-ce que nous avons vu ? Les miracles, les prodiges ?
- Qu'est-ce que Dieu a fait ?

Lorsque nous servons Dieu en donnant à nos enfants ces témoignages des exploits de Dieu, ils deviennent emballés, curieux et voudront vivre les mêmes exploits que nous. Ils voudront expérimenter le Dieu de notre appel. Racontez à vos enfants les exploits, les miracles et les choses que vous avez expérimentées avec Dieu. Cela leur enlèvera le goût d'aller servir d'autres dieux.

« Ce que nous avons entendu, ce que nous savons, Ce que nos pères nous ont raconté, Nous ne le cacherons point à leurs enfants; Nous dirons à la génération future les louanges de l'Éternel, Et sa puissance, et les prodiges qu'il a opérés. »

Psaumes 78 : 3-4

Laissez-moi partager comment l'application de ces outils a eu de l'impact sur l'implication de mes enfants dans le service pour le Seigneur. En effet, mon épouse et moi avions investi notre temps à exposer à nos enfants l'importance et les bénéfices de servir Dieu. Chaque fois que nous avions une bénédiction qui découlait directement de notre ministère, nous leur partagions cela afin de leur montrer que servir Dieu n'était pas du bénévolat, car Dieu est le meilleur employeur qui donne toujours un salaire à ceux qui le servent.

Au début de la pandémie, je venais de finir de prêcher en ligne et discutait avec mes enfants quand tout à coup mon téléphone a sonné. C'était un couple qui avait suivi mon message, et qui avait été interpellé par le Saint-Esprit de faire une offrande d'action de grâce.

Ils ont d'abord repoussé cette pensée car cela était destiné à un projet de famille; finalement, ils ont cédé à la volonté de Dieu. J'ai saisi cette opportunité pour expliquer à mes enfants combien nous ne servons pas pour l'argent, mais que Dieu n'est pas injuste pour oublier notre implication dans son œuvre. Aujourd'hui, ma fille aînée sert Dieu dans les médias, et vient de s'engager comme aide monitrice à l'école des enfants. Mon fils s'intéresse à la batterie. Ma prière est que Dieu maintienne cette bonne disposition dans leurs cœurs jusqu'à son retour. Enseignons les voies de Dieu à nos familles. Quand vous parlez à vos enfants, cela les aide à suivre Dieu. Racontez-leur ces choses afin qu'ils grandissent. Ne laissez pas l'éducation spirituelle de vos enfants entre les mains de la société ou des médias. Impliquons-nous et faisons-le avec joie, qu'ils puissent choisir de servir notre Dieu.

En conclusion, le Seigneur a une alliance avec les personnes qui sont à son service. Quand vous le servez, il s'engage à vous protéger, à protéger votre famille et vos enfants. Il s'engage aussi à vous défendre et à amener le reste des membres de votre famille à le servir. Que Dieu vous honore et vous distingue tandis que vous choisissez de le servir.

10

LE PLAN DE DIEU POUR LA FAMILLE

Ici, j'aimerais aborder l'aspect de votre famille comme étant le plan de Dieu. En effet, votre famille est la stratégie de Dieu pour atteindre ses intérêts : elle est le projet de Dieu.

Un jour, Il a pensé et Il a dit: "Je dois créer une famille". Cette famille est appelée à accomplir la pensée et les desseins de Dieu sur terre. La Bible dit clairement que toutes les familles de la terre tirent leur nom en Dieu, c'est-à-dire que Dieu a connu votre famille avant même qu'elle n'existe. Parfois, Dieu prophétisait des noms de personnes avant même que celles-ci n'arrivent sur la terre. Par exemple, nous pouvions prédire 800 ans à l'avance qu'une vierge enfantera d'un fils. Ainsi, lorsque Dieu envoyait une famille sur Terre, sa conception existait déjà depuis bien longtemps.

Dieu écrit son plan, et nous sommes comme des pions sur un échiquier que le Seigneur dispose à sa guise pour accomplir un plan global. Par exemple, Dieu voulait qu'Abraham soit le canal par lequel toutes les familles seraient bénies en son nom. Il avait donc stratégiquement positionné Abraham. Il avait formé une famille avec l'idée que, par la famille d'Abraham, il serait révélé aux nations. Ainsi, quand nous parlons du plan de Dieu pour la famille, nous ne parlons pas du plan de Dieu en faveur de la famille, mais plutôt du fait que chaque famille est le plan de Dieu et fait partie du plan global de

Dieu pour ce qu'Il veut faire sur la terre. Il y a des personnes qui sont sur terre pour mettre au point une invention, comme inventer le moulin ou le réfrigérateur pour le bénéfice de l'humanité. Soyons donc conscients que Dieu n'a pas mis des familles sur la terre pour notre besoin personnel uniquement, mais que sa pensée englobe un plan plus vaste, qui va au-delà de nos quatre murs, de nos limites humaines et de nos préoccupations quotidiennes.

À travers ce chapitre, le Seigneur voudrait que chacun puisse prendre conscience que l'enjeu est tellement grand et qu'il ne dépend pas seulement de nous. Parfois nous passons du temps à critiquer et à nous lamenter, car nous voulons limiter le plan global de Dieu à notre propre personne. Lisez l'histoire de Samson. Dans le livre de Juges, Dieu annonce la venue de Samson, mais son but n'est pas que celui-ci devienne un héros qui se bat avec les gens pour être content et se faire une petite renommée. Nous pourrions penser que Dieu veut simplement donner un enfant à cette famille, mais en réalité, Il a un plan bien plus grand.

À travers **Juges 13 : 1-3**, réalisons de quelle manière Dieu fonctionne. Quand il fait les choses, c'est dans le but d'en faire bénéficier plusieurs générations. En mettant nos familles sur la terre et en leur permettant de connaître Dieu avant d'autres, c'est parce que nous sommes sa stratégie pour atteindre plusieurs nations.

Lorsque Dieu a libéré Esther et sa famille, cela a permis à d'autres familles de se convertir. Le plan de Dieu n'était donc pas seulement le bonheur d'Esther et sa famille, mais aussi d'amener les autres peuples et nations à dire que seul l'Éternel est Dieu. De la même manière, nous devons nous armer de cette pensée : *je ne vis pas pour moi-même, je ne vis pas pour notre petite maison, mais je vis également pour accomplir le plan de Dieu : je suis un élément essentiel dans le plan global de*

Dieu. Il est important pour vous de saisir la pensée de Dieu pour votre famille. Allons plus loin.

Elie et le plan de Dieu pour la nation d'Israël

« Quand Elie l'entendit, il s'enveloppa le visage de son manteau, il sortit et se tint à l'entrée de la caverne. Et voici, une voix lui fit entendre ces paroles : Que fais-tu ici, Elie ? Il répondit : J'ai déployé mon zèle pour l'Éternel, le Dieu des armées; car les enfants d'Israël ont abandonné ton alliance, ils ont renversé tes autels, et ils ont tué par l'épée tes prophètes; je suis resté, moi seul, et ils cherchent à m'ôter la vie. L'Éternel lui dit : Va, reprends ton chemin par le désert jusqu'à Damas; et quand tu seras arrivé, tu oindras Hazaël pour roi de Syrie. Tu oindras aussi Jéhu, fils de Nimschi, pour roi d'Israël; et tu oindras Élisée, fils de Schaphath, d'Abel-Mehola, pour prophète à ta place. Et il arrivera que celui qui échappera à l'épée de Hazaël, Jéhu le fera mourir; et celui qui échappera à l'épée de Jéhu, Élisée le fera mourir. Mais je laisserai en Israël sept mille hommes, tous ceux qui n'ont point fléchi les genoux devant Baal, et dont la bouche ne l'a point baisé.

Elie partit de là, et il trouva Élisée, fils de Schaphath, qui labourait. Il y avait devant lui douze paires de bœufs, et il était avec la douzième. Elie s'approcha de lui, et il jeta sur lui son manteau. Élisée, quittant ses bœufs, courut après Elie, et dit : Laisse-moi embrasser mon père et ma mère, et je te suivrai. Elie lui répondit : Va, et reviens; car pense à ce que je t'ai fait. Après s'être éloigné d'Elie, il revint prendre une paire de bœufs, qu'il offrit en sacrifice; avec l'attelage des bœufs, il fit cuire leur chair, et la donna à manger au peuple. Puis il se leva, suivit Elie, et fut à son service. » (1 Rois 19:13-21)

Elie sert Dieu, accomplit de grands exploits, des miracles et des prodiges, mais se rend compte que ses contemporains abandonnent le Seigneur et refusent de le servir. Elie décide alors de se suicider. Il arrive dans le désert et demande à Dieu de lui ôter la vie. Elie, face à la menace de Jézabel, aux échecs qu'il a connus et aux réactions du peuple de Dieu, réalise que les gens ne l'aiment pas, ne soutiennent pas son ministère. Il décide de quitter la terre car il se dit qu'il a échoué et que c'est fini pour lui. Mais Dieu lui fait réaliser qu'il n'avait pas encore compris l'enjeu, car il ne s'agissait pas seulement de lui. Or, le plan de Dieu serait bouleversé pour cette nation s'il décidait d'arrêter les choses maintenant.

Ainsi, au lieu de répondre à sa préoccupation, le Seigneur lui fait voir un autre aspect des choses. Il sait que sa vie est sous la menace de Jézabel. Il sait aussi que c'est un moment difficile mais Il lui dit: "Je suis avec toi, alors tu dois continuer car si tu veux te soustraire de la terre, tu vas perturber mon plan global". Souvent nous ne pensons qu'à nous-mêmes, nous oublions que nous sommes l'argile entre les mains du Potier et que, lorsque le potier fait son travail, il prend l'argile, et ne pense pas juste à l'argile mais à toutes les personnes et toutes les générations qui utiliseront ce pot. Il pense à tous les dégâts qui peuvent arriver et se dit : *"Il faut que je fasse le pot de telle manière, qu'il soit sécurisant, qu'il ne glisse pas facilement et qu'il ait telle forme"*. Il va travailler sur la forme, la beauté et même sur la profondeur afin de déterminer quelle quantité de liquide ce récipient pourra contenir.

Vous pouvez entrer dans un magasin et trouver un vase très joli mais finir par acheter un autre vase qui répond à vos besoins. Ainsi, le potier prend parfois beaucoup de temps sur un vase car il désire lui donner une forme particulière afin de répondre aux besoins de ces personnes qui ont besoin d'espace, d'un récipient capable de contenir beaucoup. Imaginez un peu si l'argile commençait à dire : "Ah, pourquoi j'ai pris du temps à prendre forme ? Pourquoi tu n'as pas fait quelque chose de plus rapide ? Pourquoi tu me fais aussi gros ? Pourquoi tu me fais aussi profonde ?" L'argile ne pense qu'à lui. Il ne comprend pas que le potier possède une vision plus large : le potier ne voit pas seulement l'argile, mais il voit que, par l'argile, il peut répondre à des besoins.

Lorsque Dieu a donné un enfant à Manoach, il ne pensait pas simplement à la réjouissance de cette famille à la suite d'années de stérilité. Oui, ce serait un sujet de joie pour ses parents, mais aussi un élément essentiel pour servir la cause divine, car Israël était sous la domination à cette époque, et il fallait quelqu'un pour délivrer ce peuple de la main des Philistins. C'est pourquoi la naissance de cet enfant allait bénéficier à toute la communauté. Le Seigneur bénit donc la famille avec un enfant, mais sous certaines conditions, des disciplines que la mère et l'enfant devront observer rigoureusement. C'était une affaire de famille. Samson n'aurait pu accomplir sa mission correctement si sa mère avait failli de son côté, à obéir aux conditions divines.

Parfois, nous pensons seulement à nous, en nous disant : "J'ai eu mon bébé, je suis content". Or, le Seigneur peut exiger de vous le respect de certaines disciplines. Une femme enceinte peut se dire : "Je suis enceinte, pourquoi passer mon temps dans la prière, le jeûne..." Mais cela va avec votre mission. L'enfant que vous portez a une mission. Le Seigneur dit : "Prend garde, maintenant prend bien garde, ne bois ni vin, ni liqueurs fortes, et ne mange rien d'impur." La mère de Samson devait changer sa conduite car sa famille avait été sélectionnée pour répondre à un plan divin. Samson devait aussi se conformer aux restrictions divines : ne pas se couper les cheveux, ne pas laisser le rasoir toucher sa tête, dans le but d'être un instrument de Dieu pour la délivrance d'Israël de la main des Philistins.

Si vous êtes chrétien, réalisez que votre famille n'est pas un hasard, mais qu'elle fait bien partie du plan de Dieu. Le fait que vous soyez né de nouveau est une grâce. Que Dieu vous ouvre les yeux pour que vous saisissiez ses plans et que vous compreniez votre rôle dans cette stratégie globale. J'aime l'attitude de Manoach, lorsqu'il apprend que sa femme va tomber enceinte et qu'il réalise que sa femme a reçu des instructions de la part de Dieu pour elle et pour son fils, en vue d'accomplir un plan global. Manoach se dit : "Il faut que l'ange de Dieu revienne, pour nous en parler encore, pour que je sois moi-même témoin. Peut-être que ma femme a oublié un détail, j'aimerais aussi écouter la source afin d'avoir les instructions pour obéir également aux recommandations de Dieu et contribuer au plan global."

Ainsi, j'invite pères, mères et enfants à comprendre que nous faisons partie du plan global de Dieu et qu'il nous faut travailler avec Dieu pour que ce plan s'accomplisse. Il a dit à Eli : "Hazaël, Élisée et Jéhu t'attendent, fais certaines choses, atteins un certain niveau", afin qu'ils puissent connaître la délivrance, la liberté, la paix ou recevoir une bénédiction quelconque. Vous êtes peut-être un canal choisi par Dieu pour amener un homme ou une femme à dire que c'est l'Éternel qui est Dieu. Voici quelques fondements concernant le plan divin pour l'humanité mais aussi pour votre vie et votre famille.

Rien ne peut arrêter le plan de Dieu

La première vérité fondamentale que nous en tirons est la suivante : les menaces de l'ennemi contre vous et votre maison ne peuvent pas arrêter le plan de Dieu. Ainsi, vous vous arrêtez, non pas parce que le diable est censé gagner, mais parce que vous avez décidé d'arrêter. Les menaces du diable ne doivent pas vous arrêter. Il est vrai que l'ennemi menace, mais continuez ! C'est ce que Dieu nous encourage à faire à travers l'histoire d'Élie. Il dit : "Les menaces de Jézabel ne peuvent pas arrêter mon plan, la seule personne qui peut arrêter mon plan c'est toi !" La seule personne qui peut arrêter le plan de Dieu c'est vous, lorsque vous refusez d'avancer !

Quand Jonas a refusé d'aller à Ninive, Dieu n'avait pas le choix que de déchainer vents et marées pour convaincre Jonas de s'y rendre, et le diable lui-même ne pouvait pas l'arrêter. Dieu est puissant, mais c'est entre l'homme et la volonté de Dieu que tout se joue. Il vous dit aujourd'hui : "Reprend ton chemin, le fait que tu t'arrêtes arrête mon plan." Ainsi, lorsque vous choisissez d'arrêter, vous arrêtez le plan de Dieu. Voilà pourquoi cela préoccupe tant Dieu et qu'Il intervient. L'ange est venu voir Elie, car en demandant la mort, c'est tout un processus déjà enclenché qu'il allait stopper.

Un jour j'ai rencontré une sœur en Allemagne qui vivait loin de sa famille depuis quelques années. Elle avait trouvé une opportunité pour rejoindre son mari au Canada. Elle avait prié, s'était préparée, puis le jour venu elle s'était rendue à l'aéroport pour prendre son vol. Tout était beau jusqu'au dernier contrôle où elle fut arrêtée parce que son passeport n'était pas conforme. Quelle douleur pour elle et pour sa famille ! Tout à coup, le rêve se transformait en cauchemar, elle s'est retrouvée incarcérée. Elle ne faisait que pleurer. Tant de questionnements la remplissaient, à savoir pourquoi est-ce que Dieu avait permis cela ? Le plan familial semblait tomber à l'eau. Elle avait été placée dans des cellules de prison où l'on place des criminels. Quelle horreur elle était en train de vivre, elle qui voulait juste rejoindre sa famille.

Pendant qu'elle était en prison, un policier était venu lui dire qu'il y avait une autre africaine anglophone, du Ghana qui n'arrêtait pas de pleurer car elle avait été arrêtée pour trafic de drogue; il lui avait demandé d'aller lui parler, elle avait besoin d'être consolée. Au début, elle avait tenté d'apporter à la jeune ghanéenne des paroles de réconfort. Par la suite, le Saint-Esprit l'a amenée à comprendre le but pour lequel elle était là, alors elle a commencé à prêcher Christ à cette dame, et elles ont même fait un programme de prière dans leur cellule. Quelques jours plus tard, Dieu lui a clairement dit qu'elle sortira de prison dans trois jours, et cela s'est accompli. Quelques années plus tard, le Seigneur lui avait permis de retrouver sa famille. Quelle histoire ! Dieu avait un plan de salut pour cette femme. Peut-être que sans cette histoire, les chemins des deux femmes ne se seraient jamais croisés. Dieu dans son infinie sagesse avait permis que sa fille se retrouve dans ces conditions afin de réaliser son plan global.

Il est très important que nous saisissions la portée de ces choses. Dieu veut que vous puissiez persévérer ! Ne vous arrêtez pas, continuez. Cela peut être dur, mais c'est sa volonté. Dieu veut que vous progressiez, que vous avanciez. J'ai toujours aimé ce texte qui résume la vie de Joseph : « Il envoya devant eux un homme : Joseph fut vendu comme esclave. On serra ses pieds dans des liens, On le mit aux fers, Jusqu'au temps où arriva ce qu'il avait annoncé, Et où la parole de l'Éternel l'éprouva. » (Psaumes 105 : 17-19)

Quand Joseph a été vendu par ses frères, cela n'a pas été un moment de joie; pourtant c'est Dieu qui l'a permis. Ainsi, dans la souffrance de cette période difficile, Joseph pouvait penser que Dieu l'avait abandonné et se dire : "Seigneur, j'ai eu des visions, j'ai eu des rêves sur mon avenir. Je ne les ai même pas demandés, c'est Toi qui me les as révélés ! Et me voici aujourd'hui…" En effet, quand Joseph fut vendu comme esclave, dans la prescience de Dieu, il se mit en route vers l'Égypte, le lieu de sa destinée. Il y a des moments dans nos vies où nous devons accepter certains chemins périlleux pour le bien d'un plus grand nombre, tout comme Jésus, qui a accepté de souffrir pour le bien de l'humanité. Dieu a permis que Christ passe par des moments difficiles, dans le but d'amener l'humanité au salut. Pour cela, il y avait un prix à payer.

C'est un travail d'équipe

La deuxième vérité est que Dieu travaille de façon macro, ou à la chaîne. Le Seigneur dit à Elie : "Quand tu arriveras, tu vas oindre Azael, Jéhu, Élisée", parce qu'en réalité, si l'un laisse échapper ses ennemis les autres pourront les rattraper. Dieu révèle là un mystère, c'est-à-dire qu'Il peut bénir un homme qui fait partie d'une chaîne. Elie était important pour introduire Hazaël, Jéhu et Élisée dans leur destinée. Hazaël était aussi important pour arrêter les actions de l'ennemi lorsque celui-ci se présente. Cependant, Dieu savait que Hazaël pouvait manquer le but, mais que Jéhu pourrait prendre le relais, et ainsi de suite. Il s'agit là d'un travail d'équipe. Dieu met des pièces ensemble pour atteindre son objectif. Vous avez ce mari ou cette femme, mais aussi ces enfants pour atteindre le but de Dieu. Votre famille est le plan de Dieu. J'aimerais que vous déclariez avec moi : "Ma famille fait partie de la stratégie divine. Ma famille est le projet de Dieu pour accomplir ses plans. C'est la volonté de Dieu."

Chaque personne a son rôle à jouer dans le plan global de Dieu

Troisièmement, Elie s'est approché d'Élisée. Qu'apprenons-nous ici ? Parfois Dieu nous rapproche d'une personne parce qu'Il a quelque chose à nous communiquer par le biais de cette personne. Dieu, par moments, au lieu de vous bénir directement, passera par quelqu'un d'autre pour le faire. Cette personne peut être de votre tribu, de votre race ou vous être totalement étrangère. Par exemple, vous pouvez être noir, mais Dieu décide de passer par un asiatique pour vous introduire dans votre destinée. Il peut même parfois passer par une tribu qui est adversaire à la vôtre. Il n'est pas limité aux conceptions humaines. Par exemple, Jésus a utilisé la femme samaritaine comme exemple pour montrer que c'est par cette femme, qui était considérée comme une femme de mauvaise vie, qu'il voulait annoncer l'Évangile en Samarie. Ainsi, Dieu peut passer par votre voisin avec qui vous n'êtes pas forcément en bons termes, si c'est dans son plan global. Ne méprisez pas celui qui est à côté de vous, ne le négligez pas, car vous ne savez pas si Dieu pourrait passer par lui pour accomplir son plan dans votre vie.

Savez-vous pourquoi vous êtes né dans une telle famille ? Pourquoi tel homme est votre mari ? Pourquoi ces personnes sont-elles vos parents ? Tout cela n'est pas le fruit du hasard. Dieu passe par ces personnes pour vous influencer, vous impacter, vous éduquer, et pour que ces personnes soient une source de grâce pour l'accomplissement du plan de Dieu au travers de votre vie.

Accepter d'entrer dans son plan

En quatrième lieu, Dieu a parlé de manière spécifique à certaines personnes qui refusent d'entrer dans son plan. Elie jette son manteau à Élisée mais celui-ci commence à réfléchir. Il a préféré d'abord aller voir ses parents. C'est pourquoi l'apôtre Paul dit : « Ne néglige pas le don qui est en toi, et qui t'a été donné par prophétie avec l'imposition des mains de l'assemblée des anciens. » (1 Timothée 4: 14) Certaines personnes ont reçu une grâce, un don pour l'édification des saints, qui est utile pour tout le monde mais qu'elles négligent. C'est le cas de Samson.

Samson a commencé à négliger la délivrance du peuple d'Israël dans les bras de Délila, pendant que cette dernière lui disait: "Oh, quel est ton secret ?", il était prêt à jouer avec la délivrance de tout un peuple, car il ne voyait que sa propre personne. Acceptez d'être le plan de Dieu en acceptant d'être d'abord dans le plan de Dieu comme Manoach l'a fait. Nous devons accepter de nous laisser utiliser par Dieu comme stratégie, cartouche ou flèche dans son carquois. Ne négligez pas le don qui est en vous. Ne négligez pas la grâce, le potentiel que vous avez.

Abandonner nos intérêts pour ceux de Dieu

Le cinquième point fondamental à retenir est le suivant : lorsque notre famille est choisie par Dieu, cela peut nous demander des sacrifices, mais aussi d'abandonner certaines de nos aspirations au profit des intérêts de Dieu. Élisée a dû abandonner les bœufs de son père pour courir après Élie. Élisée travaillait dans la ferme familiale. Il y avait donc des intérêts propres à la famille. Cependant, bien qu'il fût le fils de son père, il était aussi un élément important dans les projets de Dieu pour la nation. Êtes-vous prêt à abandonner vos projets pour les intérêts de Dieu ? Est-ce que votre famille est prête à prioriser le service de Dieu face à ses projets ? Manoach était prêt à soumettre sa famille aux intérêts de Dieu, il a dit : "Seigneur, reviens, envoie-nous ton ange, qu'on sache quelles sont les instructions à observer pour l'enfant, pour que ce que tu as dit sur nous s'accomplisse." Manoach, par cet acte, a prouvé au Seigneur que sa femme et son fils serviraient à la délivrance de toute une nation. Qu'en est-il de vous ? Est-ce que vous l'acceptez ? Voulez-vous que votre famille soit utilisée par Dieu pour la bénédiction de plusieurs personnes ou voulez-vous simplement en bénéficier sur le plan personnel ? Voulez-vous vraiment être le seul à bénéficier de votre fille, votre fils, vos parents, votre conjoint ? Sachez que Dieu, en introduisant tel personne dans votre vie, en faisant de vous la femme de tel homme, ou le mari de telle femme, avait aussi un plan global. Et ce plan global nécessite que vous, votre conjoint, vos enfants et toute la famille puissiez avancer main dans la main et commencer à vous inscrire dans ce plan. En effet, beaucoup d'enfants de Dieu recherchent leurs propres intérêts au lieu de chercher l'intérêt de Dieu.

« Tous, en effet, cherchent leurs propres intérêts, et non ceux de Jésus-Christ. »

Philippiens 2 : 21

Une grâce infinie

La sixième vérité fondamentale consiste à prendre conscience que c'est une grâce de faire partie du plan global de Dieu. La Bible dit qu'Élisée a offert un sacrifice d'actions de grâce avant de suivre Elie, parce qu'il a reconnu que c'était une grâce. Bien qu'il travaillât à la ferme familiale, être appelé par Dieu était un cadeau que Dieu lui faisait. Il réalisait qu'il n'avait jamais aspiré à cela, mais que Dieu le lui avait accordé pour marquer sa génération. Aujourd'hui nous parlons d'Élisée car il a accepté d'être sensible à l'appel et au mandat de Dieu pour l'humanité tout entière. Êtes-vous conscient que votre conjoint, vos enfants et votre famille sont appelés ?

Vous êtes le plan de Dieu pour la terre; ainsi, si le Seigneur a besoin de votre famille, à vous de la mettre à sa disposition. C'est ce que Dieu a expliqué à Joseph lorsqu'il voulait abandonner Marie secrètement à la suite de la découverte de sa grossesse par l'œuvre du Saint-Esprit. Imaginez donc être fiancé à une femme qui tombe enceinte, et savoir que vous n'en êtes pas l'origine… Il était tout à fait normal pour Joseph de réagir de la sorte. Cependant, après qu'il eut eu conscience du plan de Dieu, il a dû réagir autrement.

« Voici de quelle manière arriva la naissance de Jésus Christ. Marie, sa mère, ayant été fiancée à Joseph, se trouva enceinte, par la vertu du Saint Esprit, avant qu'ils eussent habité ensemble. Joseph, son époux, qui était un homme de bien et qui ne voulait pas la diffamer, se proposa de rompre secrètement avec elle. Comme il y pensait, voici, un ange du Seigneur lui apparut en songe, et dit: Joseph, fils de David, ne crains pas de prendre avec toi Marie, ta femme, car l'enfant qu'elle a conçu vient du Saint Esprit. » (Matthieu 1 : 18-20) Au moment où Joseph pense à partir, Dieu lui dit : « Joseph… Tu es sur le point de perturber mes plans, d'y mettre un désordre total, car cette femme doit être couverte d'honneur, cet enfant ne doit pas naître dans l'illégitimité; pour que cet enfant naisse dans un cadre familial sain, j'ai besoin que tu acceptes mon plan. Cela ne t'arrange pas, mais tu dois supporter mon plan. » Il se voit obligé d'intervenir.

Joseph a accepté de servir Dieu avec sa famille dans le plan global de Dieu. Il a accepté d'abandonner ses droits, d'abandonner le privilège d'être intime avec sa fiancée durant ces neuf mois, car en effet, la Parole nous dit qu'il ne l'a pas connue pendant toute la durée de sa grossesse. Joseph a accepté d'élever un enfant qui, sur le plan biologique, n'était pas le sien. Ce n'était pas facile : c'était un sacrifice de sa part, car Joseph avait compris le plan de Dieu pour sa famille. Il avait compris qu'ils étaient choisis pour porter Christ, l'élever, l'éduquer jusqu'à ce qu'il quitte le cocon familial pour accomplir les desseins de Dieu. Il était conscient de la grâce que Dieu lui avait accordée : faire partie de ce grand plan pour le salut de l'humanité en étant le père adoptif de Jésus.

Soyez prompt à vous mettre à son service

Le septième point fondamental, c'est que le Seigneur veut que nous nous mettions rapidement à son service. Parfois nous retardons le plan de Dieu car nous perdons du temps à raisonner et réfléchir, remettant au lendemain ce que nous pouvons faire aujourd'hui. La Bible dit que Élisée se leva promptement et se mit au service de Dieu auprès d'Elie. Vous et votre famille devez comprendre l'importance de vous mettre rapidement à son service, puisque vous avez été sélectionnés par Dieu pour faire partie de son plan global. Ma famille et mes enfants doivent être au service de Dieu car Il ne m'a pas donné une femme, un mari, des enfants ou des parents simplement pour répondre à mes besoins personnels ou charnels ! Dieu a d'autres besoins plus importants auxquels il doit répondre, et vous et moi, nous faisons partie de la réponse de Dieu face à ces enjeux.

Dieu a des cibles à atteindre et il aimerait passer par votre famille. Il dit : "N'abandonne pas, ne lâche pas parce que tu souffres un peu, parce que tu passes par des moments difficiles. L'enjeu est de taille pour que tu puisses demander la mort aussi facilement, le chemin est encore long pour toi, il y a encore des choses à faire, il y a encore des gens qui dépendent de toi."

J'aimerais donc vous dire que Dieu a encore des choses à faire avec vous et votre famille. Ne négligez pas cela. Appliquez-vous promptement en vous mettant, vous et votre maison, au service de Dieu, afin que d'autres puissent bénéficier de tout ce que Dieu leur a destiné avant le retour de Christ.

11

LE RESPONSABILITÉS FAMILIALES

Il existe trois types de relations dans une famille : celle des conjoints, celle des parents et enfants et celle entre les enfants. Pour qu'une famille fonctionne et avance en harmonie, il faudrait que chaque entité dans la famille prenne ses responsabilités. Dans le cas contraire, aucune progression n'est envisageable. Ainsi, nous avons tous des responsabilités à des niveaux différents.

Plusieurs personnes sont prêtes à blâmer les autres lorsque les choses ne fonctionnent pas, sans se demander ce qu'elles peuvent faire pour y remédier. Par exemple, un enfant peut se croire innocent à cause de son âge, mais être la base d'un conflit ou d'un dysfonctionnement familial. En effet, combien de familles ont été brisées, presque anéanties parce que l'enfant rapportait des mensonges ? Celui-ci va se plaindre auprès de son père ou de sa mère pour rechercher une certaine faveur, et l'un des parents prend ses paroles comme étant l'Évangile, ce qui cause des conflits entre les époux. Cela peut engendrer un manque de confiance, des soupçons, des incompréhensions, voire pire.

Ainsi, chacun d'entre nous, dans sa façon d'accomplir ses tâches et ses responsabilités, a une part active sur la santé de la famille. Parfois, ce sont les parents qui font des actions ou prennent des décisions qui amènent la famille à se désintégrer. Les enfants décident de quitter la maison familiale non pas parce qu'ils en avaient l'intention mais parce que le père est un homme violent ou que la mère s'avère irresponsable. Quelle était la cause de ce problème-là ? L'irresponsabilité parentale.

Le manque de responsabilité a un effet néfaste sur la famille. Rappelons-nous que, en tant qu'enfants de Dieu et familles chrétiennes, nous avons des responsabilités familiales à assumer. Plusieurs personnes clament leur droit : "c'est mon droit de recevoir des cadeaux à mon anniversaire, c'est mon droit d'être aimée par mon mari, etc.". Oui, c'est légitime de penser à ses droits, mais si dans la famille chaque personne prend le temps d'accomplir ses responsabilités, tout le monde va bénéficier de ses droits. Cependant, lorsqu'une personne dans la famille s'attend à ce que ses droits soient d'abord rencontrés avant d'avoir exercé ses responsabilités, personne n'aura rien.

> **« Plusieurs personnes sont prêtes à blâmer les autres lorsque les choses ne fonctionnent pas, sans se demander ce qu'elles peuvent faire pour y remédier. »**

La femme dira peut-être aux membres de son foyer : "Je n'exercerai mes responsabilités qu'à la minute ou vous aurez accompli vos responsabilités." Et finalement, personne ne fait rien. Chaque personne doit se dire qu'elle est venue dans cette famille pour rendre les autres heureux, pour leur donner du bonheur. En tant que père, j'ai des responsabilités envers ma femme et mes enfants afin que ces derniers soient heureux et puissent avoir des jours meilleurs pendant leur pèlerinage sur cette terre. En tant que mère, j'ai aussi des responsabilités que je dois assumer pour que mon mari et mes enfants soient heureux durant le temps que nous allons passer ensemble. Le but est qu'au moment où les enfants fonderont leur propre foyer, ils se remémorent les jours heureux qu'ils avaient auprès des parents. Lorsqu'on respecte cette responsabilité, le bonheur entre dans notre maison.

L'enfant a également cette responsabilité. Il doit se dire qu'il n'a pas été mis au monde pour que ses parents soient malheureux. Un parent, lorsqu'il prend son enfant dans les bras, a toujours le sentiment d'une victoire, d'une faveur, d'une grâce. Mais si l'attitude de l'enfant ou sa façon de vivre commence à se compromettre, cela amène le parent à être malheureux, voire à regretter. Prenons l'exemple d'Ésaü qui faisait le chagrin de ses parents en prenant des femmes qui n'étaient pas approuvées par eux, car celles-ci n'étaient pas du pays et n'avaient pas les mêmes valeurs qu'eux : « Rebecca dit à Isaac : Je suis dégoûtée de la vie, à cause des filles de Heth. Si Jacob prend une femme, comme celles-ci, parmi les filles de Heth, parmi les filles du pays, à quoi me sert la vie ? » (Genèse 27: 46)

Rebecca exprime son indignation parce que ces filles-là n'avaient pas un bon comportement, ni un bon caractère et c'est ce qui lui apporta du chagrin. « Il vit que Jacob avait obéi à son père et à sa mère, et qu'il était parti pour Paddan-Aram. Ésaü comprit ainsi que les filles de Canaan déplaisaient à Isaac, son père. Et Ésaü s'en alla vers Ismaël. Il prit pour femme, outre les femmes qu'il avait, Mahalath, fille d'Ismaël, fils d'Abraham, et sœur de Nebajoth. » (Genèse 28: 7-9)

En le mettant au monde, les parents d'Ésaü n'imaginaient pas qu'un jour leur fils puisse leur causer du chagrin. Ésaü et Jacob avaient la responsabilité de rendre heureux leurs parents, de les honorer. Ainsi, l'un des enfants d'Isaac a pris la décision de ne pas écouter ses parents et de n'en faire qu'à sa tête, tandis que l'autre a pris la décision d'aller chez son oncle pour épouser une fille de là-bas. Ces deux portraits nous montrent que la responsabilité du bonheur familial repose sur tout le monde. Nous pouvons rendre nos parents malheureux par nos mauvais choix, nos mauvaises décisions, ou simplement parce que nous avons omis de prendre nos responsabilités.

Il existe donc trois types de responsabilités :

- Les responsabilités d'un homme : époux et père.
- Les responsabilités de la femme : mère et épouse.
- Les responsabilités des enfants.

Soyons conscients que ces trois groupes de personnes ont des responsabilités familiales à assumer. Même si chacun doit travailler dans la société, ils ne doivent pas négliger leurs responsabilités familiales. Dieu est concerné par l'engagement de ces responsabilités à l'égard de chacun des membres.

LES RESPONSABILITÉS D'UN HOMME ÉPOUX ET PÈRE

> "Maris, aimez vos femmes, comme Christ a aimé l'Église, et s'est livré lui-même pour elle."
>
> Éphésiens 5 : 25

1- L'homme est appelé à aimer sa femme, la respecter.

La femme veut se sentir aimée par son mari. Ce n'est pas qu'une histoire de sexualité, bien au contraire. L'homme doit apprendre à porter son regard vers son épouse pour qu'elle ne porte pas le sien ailleurs. Dans ce verset, Dieu ne suggère pas aux maris d'aimer leur femme, mais leur ORDONNE de le faire. Ce texte nous apprend les responsabilités de l'homme envers sa femme ainsi qu'avec toute sa famille. Aimer sa femme en fait partie. Par amour, on entend affection, complicité, désir et amitié.

> « C'est ainsi que les maris doivent aimer leurs femmes comme leurs propres corps. Celui qui aime sa femme s'aime lui-même. »
>
> Éphésiens 5 : 28

Ainsi, il ne peut pas manifester cette affection envers d'autres femmes à l'église ou envers ses collègues de travail. La femme ne vient pas uniquement dans le couple pour l'attrait sexuel ou pour faire des enfants. En quittant le toit paternel, elle a quitté un cocon au sein duquel elle était aimée. Maintenant qu'elle vit sous le même toit que son mari, elle a besoin d'être enveloppée par son amour. L'amour du mari pour sa femme se doit donc d'être un amour spécial, profond et sincère. Peu importe les occupations qu'il peut avoir en dehors de chez lui, sa responsabilité première est d'aimer sa femme, mais aussi de manifester cet amour. Beaucoup disent aimer leur femme, mais si cela n'est pas manifeste par des gestes, des paroles, des choses qu'elle peut voir et ressentir, ça ne sert à rien. Sinon, comment pourrait-elle apprécier cet amour ? Elle a besoin de savoir avec certitude qu'elle est l'objet de l'amour de son mari.

Beaucoup de femmes sont tristes et trouvent que leur mari ne les considère pas; lorsqu'on regarde cela de plus près, on constate en effet qu'un mari peut s'occuper des enfants et du travail ainsi qu'aider à la maison, mais faillir malgré tout dans sa responsabilité d'aimer sa femme. Lorsque c'est le cas, il expose sa femme à la tentation et brise l'harmonie du couple. Si elle se sent plus aimée et mise en valeur par des hommes à l'extérieur, c'est que son époux a failli à sa responsabilité : il expose sa femme à être tentée par l'ennemi et peut-être même à tomber dans l'adultère. Pour lui permettre de rester accrochée à son époux, la voir épanouie et donner le meilleur d'elle-même, il faut semer l'amour : l'aimer comme une reine et lui manifester cet amour en privé comme en public.

2- L'homme est appelé à prendre soin de son épouse

Il y a une différence entre s'occuper de ses enfants et s'occuper de sa femme. La femme a besoin d'une attention particulière de la part de son mari, différente de celle qu'il donnera aux enfants. Dieu s'attend à ce que l'homme se préoccupe de trouver des moyens de plaire à sa femme (**1 Corinthiens 7: 33**). Il faut réfléchir, penser, trouver des moyens qui rendront heureuse cette perle rare à laquelle on a décidé d'unir sa vie. « Car jamais personne n'a haï sa propre chair; mais il la nourrit et en prend soin, comme Christ le fait pour l'Église. » (Éphésiens 5 : 28)

Réjouissez-vous de la femme de votre jeunesse. L'homme doit amener sa femme à oublier les tristesses de sa jeunesse, de son passé. Le but est qu'elle soit désormais heureuse et épanouie avec son mari. C'est un mandat pour l'homme de s'occuper de la réjouissance de sa femme, de continuer à la faire rêver, de l'amener à toujours se sentir spéciale malgré tous les changements qui pourraient subvenir dans son aspect physique. Au-delà du nombre d'années de mariage, elle doit constamment se sentir désirer par son bien-aimé.

« Que ta source soit bénie,

Et fais ta joie de la femme de ta jeunesse. »

Proverbes 5 : 18

3- L'homme doit subvenir aux besoins de sa femme.

L'homme doit subvenir aux besoins de sa femme avant même de subvenir à ceux de sa famille ou des enfants. En effet, c'est avec sa femme que l'homme s'est associé pour former une famille.

Une femme est ainsi faite : peu importe ce que l'homme lui donne, elle se sentira choyée car cela vient de son mari. Le fait de manifester cet effort en lui donnant une somme d'argent ou en l'emmenant faire du shopping par exemple, l'encourage et la rassure car elle voit que l'homme endosse sa responsabilité de mari. En l'épousant, celui-ci prend la responsabilité de pourvoir tel que ses parents pourvoyaient pour elle, voir même plus. Il peut également investir dans ses soins de beauté, afin qu'elle continue à rayonner, à être belle et attirante. En effet, la femme à des besoins différents de ceux de l'homme. Il est important pour elle de se sentir belle, et attirante pour son mari. Pour cela, il doit être à l'écoute de ses besoins. Pourquoi ? Car elle est sa femme, sa gloire, son honneur.

Les premières années de mon mariage, je donnais souvent de l'argent à mon épouse, accompagné d'une liste de choses à acheter, calculées au cent près. Elle n'avait pas de revenu, et pas de reste après avoir effectué les courses de la maison. Un jour, le Seigneur m'a interpellé. J'ai eu à cœur de demander à mon épouse si elle était heureuse et s'il y avait quelque chose qu'elle aimerait que j'améliore dans notre relation. C'est alors qu'elle m'a fait remarquer que je ne pensais pas à elle d'un point de vue financier. Et pourtant, lorsqu'elle était chez ses parents, ils pourvoyaient à ses besoins matériels. Dès lors, j'ai appris à donner à mon épouse et à l'assister, en l'incluant dans notre budget familial, selon nos moyens, sans que cela ne soit attribué aux courses familiales ou à une occasion spéciale comme son anniversaire. Il est important que quelques soient les finances du couple, la femme (qu'elle travaille ou pas) ait de quoi faire ses propres achats et se fasse plaisir. C'est aussi cela prendre soin de son épouse.

4- L'homme doit honorer sa femme.

Il doit l'estimer, lui donner de la valeur et non la traiter comme une moins que rien, la ridiculiser ou l'engueuler devant les gens. Elle a des droits et il est important de ne pas la brimer. Bien que l'homme soit le chef de la famille, la femme a des droits et a besoin d'être estimée, valorisée quand elle fait quelque chose. C'est donc la responsabilité de l'homme de l'encourager et l'honorer.

> « Maris, montrez à votre tour de la sagesse dans vos rapports avec vos femmes, comme avec un sexe plus faible; honorez-les, comme devant aussi hériter avec vous de la grâce de la vie. Qu'il en soit ainsi, afin que rien ne vienne faire obstacle à vos prières. »
>
> **1 Pierre 3 : 7**

Le Seigneur s'attend à ce que l'homme honore sa femme comme l'on honore une reine. Il veut que l'homme lui donne l'estime qui lui est dû. Quand elle est avec des gens, l'homme doit la valoriser, la mettre en avant, la défendre. Lorsqu'on aime quelqu'un, on couvre ses fautes, on ne les met pas en avant. Lorsqu'elle fait une erreur, ce n'est pas devant les autres que l'homme doit la reprendre, mais lorsqu'ils se retrouvent à la maison, seuls. Il ne doit pas la rabaisser devant ses amis ou qui que ce soit. Il doit travailler avec elle pour qu'elle puisse briller devant les gens.

Il y a des personnes qui honorent plus leur secrétaire ou la femme du voisin que leur épouse. Chaque femme a des valeurs, mais toutes les femmes n'ont pas les mêmes valeurs. L'homme doit regarder sa femme attentivement pour réussir à percevoir les valeurs qu'il ne voyait pas encore en elle et que les autres femmes n'ont pas.

Proverbes 31 : 28 à 29 → Un homme a la responsabilité d'honorer, d'encourager, d'élever, de motiver sa femme. Épouser une femme est une façon de l'honorer. La femme a besoin de se marier de façon digne. Cet honneur doit se perpétuer durant les années de mariage qui suivront. Plusieurs commencent ainsi mais abandonnent très vite cette bonne attitude.

5- L'homme doit satisfaire l'appétit sexuel de son épouse.

L'homme et la femme n'ont pas que des besoins matériels, physique, etc. La femme a également des besoins au niveau sexuel. Pendant tout le temps qu'elle vivait seule ou chez ses parents, elle s'est privée, s'est gardée et a vécu dans l'abstinence. À partir du moment où elle est mariée, elle a le droit d'assouvir son désir sexuel : « La femme n'a pas autorité sur son propre corps, mais c'est le mari; et pareillement, le mari n'a pas autorité sur son propre corps, mais c'est la femme. Ne vous privez point l'un de l'autre, si ce n'est d'un commun accord pour un temps, afin de vaquer à la prière; puis retournez ensemble, de peur que Satan ne vous tente par votre incontinence. » (1 Corinthiens 7: 4-5)

On peut voir par ces versets que c'est un devoir pour l'homme de satisfaire sa femme sur le plan sexuel. L'homme ne doit pas la priver, mais il doit répondre à son besoin lorsque l'occasion se présente. Il faut planifier cela comme tout autre besoin à combler, essayer d'être romantique, travaillant de mieux en mieux à lui offrir ce qui va l'amener à se sentir toujours désirée par l'amour de sa jeunesse.

6- L'homme doit prendre soin de ses enfants.

Prendre soin des enfants et de l'aspect familial est primordial. Les enfants n'ont pas demandé à venir au monde. Maintenant qu'ils sont là, l'homme a la responsabilité de s'en occuper et d'en prendre soin. En tant qu'homme, Dieu s'attend à ce que l'homme s'occupe correctement d'eux (**Timothée 3 : 4-5**). Prendre soin des enfants tout d'abord dans leurs besoins en tant qu'être humain, puis au niveau matériel. L'homme doit être le pasteur de ses enfants, les enseigner, leur apprendre les voies de Dieu et faire en sorte qu'ils obéissent aux commandements divins. Nous savons que Dieu a choisi Abraham pour qu'il prenne soin de sa famille au niveau spirituel (**Genèses 18 : 18-19**). L'homme doit prendre soin de l'éducation spirituelle de ses enfants, de leur éducation sexuelle également, de leur bon comportement en tant que citoyen dans la société. Il a aussi la responsabilité de leur apprendre le respect, le savoir vivre.

7- L'homme doit subvenir aux besoins de ses enfants.

Parlant de besoins matériels, l'homme doit travailler pour nourrir sa famille, lui offrir un toit et s'assurer qu'elle ait de quoi se vêtir. Il faut s'assurer que les enfants puissent avoir une enfance heureuse, qu'ils aient le nécessaire afin de ne pas porter envie à la maison du voisin.

> « On peut hériter de ses pères une maison et des richesses,
>
> Mais une femme intelligente est un don de l'Éternel. »
>
> Proverbes 19 : 14

Par ce passage, nous apprenons que nous ne devons pas laisser nos enfants se débrouiller sur le plan matériel. Nous devons leur prêter main forte afin qu'ils ne manquent de rien sous le toit paternel de notre vivant, ainsi qu'après le décès du père. Nous détaillerons davantage ce point dans le chapitre sur les relations familiales.

LES RESPONSABILITES DE LA FEMME MÈRE ET ÉPOUSE

1- La femme doit être le secours de son mari.

Elle doit être l'aide de son mari dans le mandat qu'il a reçu. Dans le premier livre de la Bible, dans la première famille qu'il y a eu sur la terre, le Seigneur avait déjà confié à la femme une première responsabilité : celle d'être l'aide de son mari, son secours. Lorsque l'homme a certains projets, il ne peut pas y arriver tout seul. Il a besoin de l'aide de sa femme. Voilà pourquoi Dieu a mis à ses côtés une *Ezer,* une aide. Nous sommes une génération de "chacun pour soi et Dieu pour tous". Il n'y a plus d'entraide, la solitude est rampante dans notre société, bien que nous soyons très entourés. Voilà pourquoi l'homme finit par abandonner. Certaines personnes vont parfois même jusqu'à se suicider parce qu'elles sont seules à chercher des solutions pour leur famille. C'est un fardeau qu'elles ne peuvent supporter. Au fond, l'aide en question n'est pas toujours financière mais aussi émotionnelle et spirituelle (prendre le temps de prier pour son mari, de chercher la face de Dieu pour la réussite de son épouse, etc.).

La femme doit réaliser qu'il est important qu'elle prenne cette responsabilité d'être le secours de son mari. Aller l'aider là où il a des manquements. Il y a des secteurs où il est faible et où il n'y connaît rien : sa femme doit le secourir. L'aider à s'habiller, à harmoniser les couleurs pour que quand il se retrouve devant les gens, qu'ils puissent l'honorer. Elle doit l'aider à comprendre et à réaliser la vision que Dieu lui a confié. C'est en remplissant cette responsabilité que le couple va être amené à l'épanouissement, à l'harmonie, et voir l'équilibre s'installer dans la famille.

2- La femme doit respecter son mari.

La femme a besoin d'affection avant tout, tandis que chez l'homme, c'est le besoin de respect qui prend plus de place. Il a besoin de se sentir respecté. Voilà pourquoi le Seigneur en a fait un devoir pour la femme.

> « Du reste, que chacun de vous aime sa femme comme lui-même, et que la femme respecte son mari. »
>
> Éphésiens 5 : 33

Il peut y avoir des désaccords entre l'homme et la femme et c'est possible que les deux ne pensent pas de la même façon. La vision des choses de chacun peut différer, mais le respect doit toujours être de mise dans les échanges. Il faut parler et exposer sa pensée avec respect à l'homme. Même lorsque la femme a raison, elle doit respecter son mari et ne surtout pas le regarder de haut. Peu importe la situation, la femme doit comprendre que l'homme attend du respect, même lorsque des choses lui sont reprochées. Dieu a fait de lui le chef de la famille donc il a en lui, dans son caractère, un mandat de chef. Lorsqu'on vient le blesser dans son homme intérieur, cela brise en lui l'estime de soi. À la femme chrétienne, le Seigneur donne le DEVOIR de respecter son mari. C'est une responsabilité qu'il lui donne.

Prenons l'exemple suivant : vous êtes employé dans une entreprise et vous constatez que votre superviseur n'a pas beaucoup d'expérience dans un domaine clé. De quelle manière allez-vous lui faire savoir cela ? Malgré son erreur, son statut de chef lui confère un droit de recevoir du respect de votre part. Vous serez amené à tourner votre langue sept fois avant d'exposer votre théorie afin d'éviter de l'irriter, pour ne pas qu'il s'arrête sur la forme de votre remarque au lieu du fond. Cette même vérité s'applique dans les responsabilités conjugales. L'homme est le chef de la famille, il a droit au respect de son épouse.

3- La femme doit satisfaire l'appétit sexuel de son mari.

Dieu s'attend à ce que la femme aussi réponde aux besoins sexuels de son mari. Cela va dans les deux sens. Lorsque l'homme a besoin d'elle, qu'elle puisse répondre présente et qu'elle ne cherche pas à trouver des excuses comme échappatoire. Lorsque l'homme ou la femme ne respectent pas leur engagement sur le plan sexuel, la Bible dit que Satan prend cette opportunité pour tenter le couple par leur incontinence (**1 Corinthiens 7: 4-5**).

Cela ouvre la porte à plusieurs choses : masturbation, fornication, adultère, addiction à la pornographie, possibilité d'être irrité car il n'y a pas eu de satisfaction. Le diable prend ce manque pour dire "ta femme t'a manqué de respect/ ton mari ne te considère pas", il peut commencer à semer des raisonnements pour pousser l'homme et la femme à s'éloigner. Certaines épouses utilisent le sexe comme moyen de pression pour obtenir des faveurs de leurs maris. Ceci est une pratique répréhensible par le Seigneur. Comprenez qu'agir ainsi, c'est brimer les droits de votre conjoint.

4- La femme doit prendre soin de son mari.

Beaucoup de maris déclarent que leur femme les oublie, depuis la naissance de leur enfant. La femme ne doit pas s'occuper de ses enfants de la même manière qu'elle s'occupe de son mari. Son mari a besoin qu'elle s'occupe de lui d'une façon particulière. Elle doit avoir une attention soutenue sur son mari. C'est capital. Il est vrai que la femme doit veiller sur sa maison, sur ses enfants, mais aussi sur le bien-être et le bonheur de son mari, en se préoccupant de lui et en considérant ses besoins.

> « Qui peut trouver une femme vertueuse? Elle a bien plus de valeur que les perles. Le cœur de son mari a confiance en elle, Et les produits ne lui feront pas défaut. Elle lui fait du bien, et non du mal, Tous les jours de sa vie. »
>
> Proverbes 31 : 10-12

5- La femme doit prendre soin de ses enfants.

Elle prend de son temps pour donner les soins qu'il faut à son mari et à ses enfants. Prendre de façon constante soin des siens, c'est primordial. Elle ne doit pas se déresponsabiliser en se disant que l'homme le fait déjà. Il y a une grâce sur la femme, une saveur de sa particularité, bénéfique pour les enfants dans leur éducation, leur vie spirituelle, leur épanouissement.

La Bible nous témoigne que la foi de Timothée lui a été communiquée, non par son père, mais par sa mère Eunice. Il est important que les deux parents prennent soin de leurs enfants. « Écoute, mon fils, l'instruction de ton père, Et ne rejette pas l'enseignement de ta mère. » (Proverbes 1:8)

6- La femme doit subvenir aux besoins de sa famille.

C'est une femme qui ne baisse pas les bras et qui ne fait pas des choses insignifiantes. Elle prend aussi la responsabilité de son devoir familial selon les limites de ses moyens (études ou capacités). Elle fait quand même de son mieux, elle fonce, elle a des projets dans sa tête. C'est ce que le mari et les enfants attendent de la mère. Cela amène la famille à vivre l'harmonie familiale.

> « Elle se lève lorsqu'il est encore nuit, Et elle donne la nourriture à sa maison Et la tâche à ses servantes. Elle pense à un champ, et elle l'acquiert; Du fruit de son travail elle plante une vigne. »
>
> Proverbes 31 : 15-16

LES RESPONSABILITÉS DES ENFANTS ENVERS LES AUTRES MEMBRES DE LA FAMILLE

1- Les enfants doivent obéir aux parents.

Dieu appelle les enfants à respecter leurs parents. Nous avons le devoir de respecter et d'obéir à ceux qui nous ont mis au monde et qui nous ont éduqués.

> "Enfants, obéissez à vos parents, selon le Seigneur, car cela est juste. »
>
> Éphésiens 6 : 1

Dieu nous demande d'obéir à nos parents, si ce qu'ils nous demandent de faire est bien. Si ce qu'ils nous demandent de faire n'est pas selon le Seigneur, c'est autre chose. Nous avons la responsabilité de respecter et d'obéir à nos parents, si nous voulons avoir des jours heureux. Lorsqu'on décide de marcher dans la rébellion envers les parents, on crée de la tristesse dans leur cœur. Rappelons-nous de l'exemple d'Ésaü avec ses parents. Lorsque les parents ont décidé de donner la vie et de s'investir dans l'éducation de leurs enfants, c'était avec de la joie et beaucoup de bonheur. Alors ils ont le droit en retour de s'attendre à un respect de la part de leurs enfants.

2- Les enfants doivent honorer les parents.

C'est un commandement de Dieu. Honorer veut dire estimer, valoriser. Tout acte qui peut porter au déshonneur des parents ne sera pas une bénédiction pour nous. Nous avons, en tant qu'enfant, la responsabilité d'honorer nos parents.

> « Honore ton père et ta mère (c'est le premier commandement avec une promesse), afin que tu sois heureux et que tu vives longtemps sur la terre. »
>
> Éphésiens 6 : 2

Même s'ils ont des faiblesses ou des manquements, nous ne devons pas exposer cela à l'extérieur parce que ça les déshonore. Même s'ils ne sont pas parfaits, ils méritent l'honneur qui leur est dû parce qu'ils sont nos parents. Lorsqu'on parle d'eux, les gens doivent voir que nos parents sont des héros. C'est une façon de les honorer. Dans notre façon de leur parler, ils peuvent aussi sentir qu'on les estime, c'est également une façon de les honorer. Ils sentent qu'ils ont de la valeur à nos yeux. L'histoire de Noé nous apprend l'importance d'honorer nos parents et les conséquences lorsque nous ne le faisons pas.

Genèse 9 : 21 à 27 → On voit dans ce passage que Cham n'a pas honoré son père, la malédiction est allée frapper ses enfants. Ça fait partie de la responsabilité de chacun d'honorer ses parents parce qu'il y a une promesse attachée à cela. C'est une promesse de vie heureuse !

3- L'enfant doit prendre soin de ses parents et de ses frères.

Parce que nous sommes ses enfants, Dieu s'attend à ce que nous nous occupions des membres de notre famille. Nous avons quelque chose à faire, la responsabilité d'aider chacun d'entre eux à être heureux. Le Seigneur veut que tout croyant prenne soin des membres de sa famille. Cela contribue à son bien-être et son épanouissement.

« L'Éternel dit à Caïn : Où est ton frère Abel? Il répondit: Je ne sais pas; suis-je le gardien de mon frère? » (Genèse 4 : 9) Caïn avait la responsabilité de porter attention à son frère, de veiller sur lui. N'attendons pas que les autres agissent pour agir, simplement parce qu'on réclame nos droits. Oui nous avons des droits, mais agissons tout de même. Nous avons une responsabilité dans notre famille et nous devons l'assumer.

12

COMMENT PRIER POUR SA FAMILLE

« La reine Esther répondit : Si j'ai trouvé grâce à tes yeux, ô roi, et si le roi le trouve bon, accorde-moi la vie, voilà ma demande, et sauve mon peuple, voilà mon désir ! » Esther 7 : 3

Une question intéressante que plusieurs chrétiens se posent est : « comment prier pour sa famille ? » Par la grâce de Dieu nous allons exposer ce que le Seigneur m'a fait comprendre au cours de mes quatorze années de mariage, dans mon rôle d'époux et de père. D'entrée de jeu, nous devons nous rappeler que la prière est très essentielle pour la vie de tout croyant. Elle ne périt jamais, prévient les catastrophes possibles et aide à surmonter les défis dans la famille. Nous devons prier pour la famille dont nous sommes issus, c'est-à-dire pour nos parents, nos frères et nos sœurs. Nous devons prier pour les cas que nous traversons et contre les forces des ténèbres qui en veulent à notre famille. Il nous faut également prier pour la prévention des dangers et comportements que nous ne voudrions jamais voir se manifester chez un membre de notre famille.

« Et maintenant, je vous prie, jurez-moi par l'Éternel que vous aurez pour la maison de mon père la même bonté que j'ai eue pour vous. Donnez-moi l'assurance que vous laisserez vivre mon père, ma mère, mes frères, mes sœurs, et tous ceux qui leur appartiennent, et que vous nous sauverez de la mort. »

Josué 2 : 12-13

Rahab, face au danger qui guettait, avait compris qu'il en était de sa responsabilité de formuler une requête pour les membres de sa famille. Il est un devoir de prendre le temps d'intercéder pour les membres de sa famille, de rechercher leur bonheur en prière, de combattre les forces des ténèbres qui s'acharnent sur l'un ou plusieurs d'entre eux.

Je me souviens que, lorsque nous étions jeunes, mon père avait instauré une journée de jeûne dans la famille. Tous les vendredis, toute la famille se privait de nourriture pour chercher la face de Dieu en faveur de l'un de ses membres. Cela se faisait à tour de rôle. J'ai vu, plus tard, les retombées de ces prières : nous avons été préservés de beaucoup de malheurs, avons pu terminer nos études, et bien plus encore. C'est pourquoi l'histoire de Sephora m'a toujours marqué. Cette femme était une sentinelle hors pair pour sa maison. Elle a été capable de saisir que Dieu était en colère contre l'attitude de son mari, et qu'Il avait décidé de le faire mourir : « Pendant le voyage, à l'endroit où ils passaient la nuit, l'Éternel l'attaqua et chercha à le faire mourir. Séphora prit une pierre tranchante, coupa le prépuce de son fils et le jeta aux pieds de Moïse en disant: « Tu es pour moi un mari de sang! » Alors l'Éternel le laissa. C'est à ce moment-là qu'elle dit: « Mari de sang! » à cause de la circoncision. » (Exode 4:25) Quelle femme ! Elle a eu la révélation de ce qu'elle devait faire pour arrêter le malheur. Que Dieu nous donne des Sephora, des personnes qui arrêtent l'épée de la mort précoce, qui luttent pour que l'échec n'entre pas dans la famille et qui se battent pour nous afin que nous accomplissions la mission.

Nous devons prendre plus de temps à prier pour notre famille qu'à parler pour résoudre les problèmes puisque par la prière nous pouvons recevoir la sagesse pour nous sortir de toute situation. Comme nous l'avons démontré dans les chapitres antérieurs, la plupart des difficultés que nous voyons n'ont pas leur origine des choses visibles. Nous devons donc gagner sur plan spirituel dans la prière afin d'influencer le cours de notre vie familiale.

« Et quand les jours de festin étaient passés, Job appelait et sanctifiait ses fils, puis il se levait de bon matin et offrait pour chacun d'eux un holocauste; car Job disait : Peut-être mes fils ont-ils péché et ont-ils offensé Dieu dans leur cœur. C'est ainsi que Job avait coutume d'agir. » (Job 1 : 5) Job, malgré la réussite professionnelle, n'oubliait pas l'importance de recommander ses enfants à la grâce de Dieu. Job priait pour et avec ses fils. D'après les rites de purification de l'époque, il offrait un holocauste pour chacun d'eux donc il versait le sang de ces animaux. Ce qui fut un acte de haute portée spirituelle, à l'image de ce que les enfants d'Israël ont fait en mettant le sang de l'agneau sur le linteau de leur porte en Égypte, afin d'être épargnés de l'ange de la mort.

Étant dans la dispensation de la nouvelle alliance, nous pouvons aussi le faire avec le sang de Jésus dans les cinq secteurs de notre famille comme l'a fait Job : « N'as-tu pas élevé comme un rempart de protection autour de <u>lui</u>, autour de <u>sa maison</u>, et autour de tous <u>ses biens</u> ? Tu as fait réussir <u>ses entreprises</u> : ses troupeaux se sont <u>multipliés dans le pays</u> ! » Job 1 : 11 (Semeur)

Voici les cinq secteurs de votre famille pour lesquels prier :

- Votre personne ou votre vie,
- Votre maison représente votre famille,
- Vos biens ou encore tout ce qui vous appartient,
- Vos entreprises, votre travail ou vos affaires,
- La multiplication dans le pays fait référence à votre champ d'influence ou la renommée, voire la réputation de votre famille.

Nous pouvons donc faire ce genre de prière pour notre famille : « *Seigneur, j'applique le sang de Jésus sur ces cinq domaines au nom de Jésus !* »

Une autre femme nommée Abigaïl nous apprend aussi comment chaque membre d'une famille devrait être réactif face à tout ce qui touche sa famille ou l'un de ses membres : « Un des serviteurs de Nabal vint dire à Abigaïl, femme de Nabal : Voici, David a envoyé du désert des messagers pour saluer notre maître, qui les a rudoyés. Et pourtant ces gens ont été très bons pour nous; ils ne nous ont fait aucun outrage, et rien ne nous a été enlevé, tout le temps que nous avons été avec eux lorsque nous étions dans les champs. Ils nous ont nuit et jour servi de muraille, tout le temps que nous avons été avec eux, faisant paître les troupeaux. Sache maintenant et vois ce que tu as à faire, car la perte de notre maître et de toute sa maison est résolue, et il est si méchant qu'on n'ose lui parler. » (1 Samuel 25 : 14-17)

Son mari, Nabal, a attiré par sa méchanceté le malheur, non seulement sur lui, mais aussi sur sa famille. Dès l'instant où Abigail en fut informée, elle n'a pas fait le choix de mettre son mari sur le banc des accusés : elle a d'abord cherché à sauver sa maison, son mari. Combien de femmes ou de maris sont prêts, avant toute chose et sans chercher à blâmer les autres, à aller vers le Roi des rois pour plaider le bonheur de leur famille ? Combien sont prêts à payer le prix malgré leur innocence ?

« Lorsque Abigaïl aperçut David, elle descendit rapidement de l'âne, tomba sur sa face en présence de David, et se prosterna contre terre. Puis, se jetant à ses pieds, elle dit : A moi la faute, mon seigneur ! Permets à ta servante de parler à tes oreilles, et écoute les paroles de ta servante. Que mon seigneur ne prenne pas garde à ce méchant homme, à Nabal, car il est comme son nom; Nabal est son nom, et il y a chez lui de la folie. Et moi, ta servante, je n'ai pas vu les gens que mon seigneur a envoyés. Maintenant, mon seigneur, aussi vrai que l'Éternel est vivant et que ton âme est vivante, c'est l'Éternel qui t'a empêché de répandre le sang et qui a retenu ta main. Que tes ennemis, que ceux qui veulent du mal à mon seigneur soient comme Nabal ! Accepte ce présent que ta servante apporte à mon seigneur, Et qu'il soit distribué aux gens qui marchent à la suite de mon seigneur. Pardonne, je te prie, la faute de ta servante, car l'Éternel fera à mon seigneur une maison stable; pardonne, car mon seigneur soutient les guerres de l'Éternel, et la méchanceté ne se trouvera jamais en toi. » (1 Samuel 25 : 23-28)

Dans ma carrière, j'ai plutôt vu plusieurs personnes dire : "C'est à cause de lui que nous sommes dans cette situation ! Il ne fait rien pour nous en sortir alors moi aussi je ne ferai rien". Nabal n'avait rien fait, mais cela n'a pas empêché Abigail de prendre ses responsabilités vis-à-vis de sa famille. Au cours de mes quatorze années de mariage, j'ai été interpelé par le Saint-Esprit sur le fait que je priais plus pour les autres familles que pour la mienne. J'ai donc appris à prier chaque jour pour ma famille, qu'il y ait un problème ou non. Je ne cesse de faire mention de ma femme et de mes enfants dans mes prières. Nous n'avons pas besoin d'attendre qu'une catastrophe arrive avant de nous lever en prière pour notre maison.

Dès que je me suis engagé à le faire, j'ai pu constater que la Bible est devenue comme un livre ouvert pour moi et j'ai commencé à voir des réalités de la famille que je n'observais pas auparavant en lisant la Parole de Dieu. Chaque fois que je priais, je demandais au Seigneur d'accomplir cette volonté biblique dans ma maison. Je vous assure que le Saint-Esprit n'attend que cela : vous conduire dans toute la vérité afin que la pensée de Dieu devienne oui et amen pour vous et votre famille. J'ai appris à prier pour moi-même, pour nos relations familiales, pour le salut de mes enfants, leurs comportements, leurs aptitudes à l'école. Toute situation, aussi petite soit-elle, faisait l'objet d'une prière vers le Très-Haut.

L'une de mes prières favorites que je pourrai partager avec vous est formulée comme suit : « Saint-Esprit, remplis-moi de ton onction pour que je sois un bon mari pour mon épouse, un bon père pour mes enfants ». Au fur et à mesure que je priais, ma relation avec mes enfants devenait de plus en plus enrichissante, épanouie et bénie.

Quelques conseils pratiques pour voir l'impact de nos prières dans notre famille

Prier avec connaissance

Lorsqu'on ignore nos droits, on ne peut les réclamer. Lorsque l'on ne sait pas ce qu'une famille chrétienne normale est en droit d'avoir et d'être, on risque de se contenter de peu alors que la Bible est remplie de promesses merveilleuses pour la famille, dont le père, la mère et les enfants : « Le manque de connaissance n'est bon pour personne, et celui qui précipite ses pas tombe dans le péché. » (Proverbes 19: 2) C'est avec raison que la Parole de Dieu déclare dans ce passage « Le manque de connaissance n'est bon pour personne ». Prenons le temps de méditer la Bible pour ressortir les promesses de Dieu qui s'appliquent à notre vie, puis allons dans sa présence avec cette vérité, et disons comme David : « rends-moi la vie conformément à ta parole! » (Psaumes 119 : 107) Seigneur, rends la vie à ma famille, à mon conjoint, à mon enfant, conformément à ta promesse au nom de Jésus !

> **« Lorsqu'on ignore nos droits, on ne peut les réclamer. »**

Prier avec foi

« Et un homme de la foule lui répondit : Maître, j'ai amené auprès de toi mon fils, qui est possédé d'un esprit muet. » (Marc 9 : 17)

Ce père s'était engagé à chercher la délivrance de son fils et il avait fait toutes les démarches nécessaires. Il a tout d'abord soumis la situation aux apôtres et lorsque ces derniers n'ont pas réussi, il a porté le cas directement vers le Maître. Nous constatons cependant qu'il le faisait avec des doutes et qu'il n'avait pas vraiment la foi : « Et souvent l'esprit l'a jeté dans le feu et dans l'eau pour le faire périr. Mais, si tu peux quelque chose, viens à notre secours, aie compassion de nous. Jésus lui dit : Si tu peux ! Tout est possible à celui qui croit. Aussitôt le père de l'enfant s'écria : Je crois ! viens au secours de mon incrédulité. » (Marc 9 : 22-24)

Au fil des années, dans l'église et dans le ministère, j'ai pu constater que nous avons souvent plus de foi lorsque nous prions pour les problèmes des autres que lorsque nous prions pour ceux de notre famille. Cela ne devrait pas être ainsi, car demander une chose à Dieu en doutant, nous garantit de ne rien recevoir de lui. (**Jacques 1 : 6-8**). Nous devons croire que Dieu est capable d'agir. Nous nous devons de croire qu'il s'agit de la volonté de Dieu que notre famille soit heureuse, épanouie et bénie et que cela n'est pas réservé qu'aux autres familles.

Prier en prenant autorité

« Je dirai au septentrion : Donne ! Et au midi : Ne retiens point ! Fais venir mes fils des pays lointains, Et mes filles de l'extrémité de la terre. » (Esaïe 43 :6)

Par moment, il est primordial de ne pas négocier avec la situation. Il faut prendre autorité sur Satan et ses démons. Réclamons nos fils et nos filles au nom de Jésus ! Ordonnons que le monde les lâche, que les forces des ténèbres reculent ! Apprenez à rappeler à Satan qu'il s'est trompé d'adresse en touchant à vos enfants, à votre conjoint, à votre famille.

Dieu s'étonne qu'il n'y ait personne qui prenne la peine de commander, d'ordonner et de dire à l'ennemi de sa famille : Donne - Ne retiens pas - Retourne mes enfants - Restitue ! Nous devons ordonner, prendre autorité, commander et non négocier. « Et c'est un peuple pillé et dépouillé ! On les a tous enchaînés dans des cavernes, Plongés dans des cachots; Ils ont été mis au pillage, et personne qui les délivre ! Dépouillés, et personne qui dise : Restitue ! » (Esaïe 42: 22)

La relation de David avec le troupeau de son père est une parfaite illustration de la réaction que nous devons avoir lorsque le diable tente d'écarter l'un des membres de notre famille du droit chemin ou de lui imposer une maladie ou une condition contraire à la Parole de Dieu. « David dit à Saül : Ton serviteur faisait paître les brebis de son père. Et quand un lion ou un ours venait en enlever une du troupeau, je courais après lui, je le frappais, et j'arrachais la brebis de sa gueule. S'il se dressait contre moi, je le saisissais par la gorge, je le frappais, et je le tuais. » (1 Samuel 17:34-35) Nous devons résister au diable, arracher nos enfants de ses mains, mettre un terme à son contrôle au nom de Jésus !

« Soumettez-vous donc à Dieu; résistez au diable, et il fuira loin de vous. »

Jacques 4 :7

Prier avec persévérance

« Car une femme, dont la fille était possédée d'un esprit impur, entendit parler de lui, et vint se jeter à ses pieds. Cette femme était grecque, syro-phénicienne d'origine. Elle le pria de chasser le démon hors de sa fille. » (Marc 7 : 25-26)

Cette femme n'a pas regardé à la gravité de la condition de sa fille, ni à la distance pour se rendre en Israël : elle a fait le voyage pour aller implorer Jésus de venir en aide à sa fille. Quelle persévérance ! Même lorsque les apôtres ainsi que Jésus lui-même ont énoncé certains propos qui pouvaient la décourager, elle n'a jamais abandonné, jamais lâché et elle est restée ferme dans sa démarche.

« Oui, Seigneur, lui répondit-elle, mais les petits chiens, sous la table, mangent les miettes des enfants. Alors il lui dit : à cause de cette parole, va, le démon est sorti de ta fille. Et, quand elle rentra dans sa maison, elle trouva l'enfant couchée sur le lit, le démon étant sorti. » (Marc 7 : 28-30)

Le Seigneur déclare qu'à cause de cette parole, de cette marque de persévérance, vous obtiendrez la réponse que vous êtes venu chercher. Ne lâchez pas facilement, même si les résultats ne semblent pas venir à la vitesse que vous espérez. Continuez ! Avancez ! Le Dieu des solutions se manifestera certainement.

Ma prière est que Dieu nous donne des pères et des mères qui seront prêts à payer le prix en prière pour le salut, le bonheur, la vie de leurs enfants : « Si quelqu'un n'a pas soin des siens, et principalement de ceux de sa famille, il a renié la foi, et il est pire qu'un infidèle. » (1 Timothée 5 : 8) L'une des manières de prendre soin de sa famille est également de prier pour elle. Plus on le fait, plus les choses se stabilisent et plus on amène notre réalité à s'aligner à la vérité biblique nous concernant.

13

LES RELATIONS FAMILIALES

« Il ramènera le cœur des pères à leurs enfants, Et le cœur des enfants à leurs pères, De peur que je ne vienne frapper le pays d'interdit. » Malachie 4 : 6

Dieu tient aux relations. Lorsqu'Il crée Adam et le place dans le jardin, Il finit par constater qu'Adam était seul. Dieu est concerné par cette réalisation et souhaite y remédier. C'est ainsi qu'il crée Ève, à partir de la côte d'Adam. Les animaux étaient en relation, pourquoi pas l'homme ? Ainsi, le vœu de Dieu pour un foyer n'est pas d'avoir l'homme dans le salon, la femme dans la cuisine et les enfants qui jouent dans la cour. Dieu est un Dieu de relations !

Lorsque Abraham et Sarah ont eu un conflit à cause d'Agar, Dieu est intervenu car il voyait combien Sarah était malheureuse. Il souhaitait en effet que leur relation soit harmonieuse. Étant donné qu'Ismaël devenait une occasion de chuter dans leur mariage, il fallait le faire partir. Dieu rassura cependant Abraham concernant Ismaël, en l'informant qu'Il s'engageait à le bénir et veiller sur lui. À travers toute cette histoire, nous voyons combien il était important pour Dieu de préserver l'harmonie familiale d'Abraham.

Les relations familiales sont censées être des relations de cœur et non de proximité, des relations d'amour et non juste d'appartenance, des relations de sincérité et non d'hypocrisie.

La pensée de Dieu dans ce texte est de ramener le cœur des enfants à leurs pères. Le mot "ramener" ici est synonyme de "restaurer". Dieu veut donc restaurer la relation de cœur qui existe entre un père et ses enfants. Autrement dit, Il veut restaurer les relations familiales et ainsi accomplir sa volonté qui est que nous puissions avoir des relations familiales saines.

Il est intéressant de voir que Dieu ne dit pas qu'il doit s'agir de relations de proximité, comme être assis l'un à côté de l'autre, mais de relations de cœur. Dieu ne veut pas qu'on se retrouve au sein d'une famille par défaut. Le vœu de Dieu est qu'on ait des relations d'amour, de sincérité et non d'hypocrisie. Ma prière est que votre cœur revienne au cœur de votre famille et que le cœur de votre famille revienne au vôtre.

Que votre famille puisse vous aimer non parce que vous vivez ensemble, mais qu'elle vous aime avec son cœur, que les conjoints puissent s'aimer non pas parce qu'ils n'ont pas le choix ou parce qu'ils ont des enfants ensemble mais bien parce qu'il s'agit d'une relation de cœur à cœur. Lorsque Dieu regarde nos familles, Il constate que beaucoup de nos relations familiales sont fragilisées, ne sont que des relations de façade et qu'elles sont maganées. C'est pourquoi Dieu dit : "je veux ramener les cœurs".

Je prie afin que les cœurs de chaque membre de votre famille reviennent ensemble, que vous puissiez être cœur à cœur, que vos relations ne soient pas hypocrites, que vos mariages ne soient pas uniquement sur papier mais que vos cœurs soient réellement proches. La Bible dit que quand David a vu Jonathan, son cœur l'aima et son cœur fut attaché. Or, David n'était même pas de sa famille ! C'est à cette dimension d'amour et d'attachement que Dieu s'attend de nous afin que, dans nos familles, les cœurs soient unis. Combien font partie d'une famille où les membres ne s'aiment pas et ne vivent que dans les apparences ? Ceci n'est pas la pensée de Dieu, mais plutôt l'œuvre de l'ennemi, du diable. En implantant une famille sur la terre, la volonté de Dieu le Père est que le cœur des enfants soit à leurs parents, que le cœur des parents soit à leurs enfants, que le cœur du mari soit à sa femme, que nous puissions avoir une relation de cœur à cœur avec Lui.

Il y a des valeurs et des idéaux que nous avions au début de notre mariage que nous ne vivons pas dans nos foyers. Beaucoup de familles ont perdu leurs valeurs, les membres se sont éloignés les uns des autres mais ce n'est pas ainsi que Dieu a imaginé la famille. Par conséquent, la société est frappée par le déséquilibre de la cellule familiale. Si nos relations familiales ne sont pas bonnes, nous sommes en train de préparer des bombes à retardement pour la société. Le livre de Malachie nous démontre que Dieu a la bonne volonté de nous aider à vivre une pleine restauration dans les relations familiales. Il nous enseigne que le cœur des parents doit être attaché à leurs enfants et que le cœur des enfants doit être attaché à leurs parents. Tel est le portrait idéal d'une famille restaurée dans ses relations. Quel est l'état de votre relation avec votre mari, votre femme, vos enfants, votre père, votre mère?

Beaucoup de personnes ont des relations conflictuelles avec les membres de leur famille. Plusieurs ont même gardé rancune envers l'un ou plusieurs membres de leur famille, y compris enfants et parents. Le Seigneur m'envoie pour vous dire que les relations familiales sont sacrées. Nous avons, chacun d'entre nous, besoin de travailler à ce que ces relations soient et demeurent toujours saines, harmonieuses, enrichissantes et bénies. Telle est la vocation que Dieu donne à chaque homme et chaque femme, en les établissant dans une famille.

Dans chaque famille, nous pouvons réaliser qu'il y a 3 niveaux de relation :

- **La relation entre les conjoints,**
- **La relation entre les parents et les enfants,**
- **La relation entre les enfants.**

Il est impossible d'avoir des bonnes et saines relations au sein d'une famille, si chacun ne prend pas ses responsabilités à cœur. Parler des meilleures relations familiales implique de parler du respect des responsabilités familiales, c'est-à-dire celles de l'époux envers son épouse, de la femme vis-à-vis de son mari, des parents envers les enfants, des enfants envers leurs parents, des enfants entre eux. La volonté de Dieu est que ces relations soient d'amour, de soutien, de paix, de grâce, de faveur et qui laisseront un impact positif pour nos enfants et une source de bénédiction pour notre communauté. La relation que Dieu attend de nous est une relation bidirectionnelle. La relation n'a jamais été dans un seul sens, les parents ont des choses à faire pour avoir des relations harmonieuses avec leurs enfants et inversement.

> « Il est impossible d'avoir des bonnes et saines relations au sein d'une famille, si chacun ne prend pas ses responsabilités à cœur. »

Premier niveau de relation : Entre mari et femme

Toute famille se constitue d'abord par l'homme et la femme. Pour qu'une famille entière puisse fonctionner sainement, elle doit posséder une bonne base au niveau du couple. Cela aura inévitablement une incidence sur toutes les autres relations qui en découleront. En étant exposés à un modèle de couple exemplaire, les enfants sont ainsi soumis à une éducation non verbale saine. L'observation du mode de vie et des interactions de leurs parents en tant que couple leur permet d'apprendre et d'éventuellement reproduire les mêmes choses en grandissant. Autrement dit, en tant que couple, il est très important de veiller à l'état de notre relation car cela a un effet immédiat sur les enfants qui nous observent ainsi que sur la société dans laquelle nous évoluons. Lorsque nous nous engageons dans les liens sacrés du mariage, d'autres familles entrent inévitablement en jeu, celle de l'homme et celle de la femme.

À coup sûr, une mauvaise gestion du couple impactera, de manière négative, les belles-familles. Voilà pourquoi Dieu aimerait qu'un couple marié ait une relation saine, bénie et enrichie : une relation d'amour.

Dans **Éphésiens 5 : 22-33,** Dieu nous montre ici que l'union entre l'homme et la femme est sensée être une relation où l'on se fait du bien et non du mal, une relation fructueuse. Tel que mentionné précédemment, le couple est la base de toute famille. Lorsqu'il y a conflit à l'intérieur d'un couple, cela conduit à un déséquilibre chez les enfants. La qualité d'une union maritale détermine l'atmosphère familiale. En effet, le duo mari-femme se trouve au noyau de la cellule familiale et est aux commandes du bien-être, de la croissance, du développement et de l'épanouissement de toute la famille.

Dans mon parcours de jeunesse, j'ai connu des enfants bagarreurs, des enfants avec des difficultés scolaires, etc. Lorsqu'on analysait leurs situations en profondeur, la source de leurs problèmes était bien souvent les tensions qui régnaient entre leurs parents. Ces enfants se retrouvaient donc sans l'affection ou le support dont ils avaient besoin. Il y a un dicton qui dit : "Quand les éléphants se battent, c'est l'herbe qui en pâtit." Lorsque la relation d'un couple est conflictuelle et chancelante, les enfants en subissent les conséquences et, ultimement, cela peut également avoir un effet négatif sur leur orientation sexuelle. Les enfants en arrivent là car le couple, noyau de la cellule familiale, est déséquilibré. Le divorce de mes parents a été très dévastateur pour moi, surtout avec le départ de ma mère dans une autre ville, éloignée de notre résidence familiale. Souvent, durant la nuit, je m'effondrais en larmes car je souffrais de son absence, et de la séparation de mes parents. J'étais devenu amer, irritable et, pour oublier ma misère, je passais beaucoup de temps hors de la maison avec mes amis. L'état de la relation entre mes parents avait déchiré mon cœur.

L'une des règles d'or dans le couple, qu'avec ma femme nous avons instauré dans notre union dès nos premiers mois de mariage, c'est de ne jamais prononcer le mot "divorce". Nous pouvons avoir des différends, mais nous nous efforçons toujours de trouver une solution. Votre conjoint est votre confident, votre meilleur ami. Vous devez vous débarrasser de tout ce qui pourrait vous en séparer. Votre entourage peut partir, vos amis d'enfance peuvent vous abandonner mais votre mari ou votre femme sera toujours là : il/elle connaît tout de vous. L'un à l'autre, vous vous êtes donné vos cœurs et cela mérite que vous travailliez et chérissiez cette relation. Vous devez entretenir votre couple afin qu'il soit fructueux d'abord pour vous et, ensuite, pour les autres autour de vous.

Apprenez à vivre ensemble car votre conjoint est votre partenaire de destinée, l'amour de votre vie, la personne que vous avez choisie. Comment pouvez-vous honorer les autres en étant d'abord et avant tout incapable d'honorer la personne à laquelle vous êtes unie ? Dire « bonjour » à votre mari ou votre femme, chaque matin au réveil et « bonne nuit » lorsque vous allez dormir fait partie du savoir-vivre. Vous ne devez pas seulement l'exercer avec les autres; cela commence à l'intérieur de votre foyer, dans votre couple.

Tout cela peut vous sembler banal, mais vous devez réaliser que cela ne l'est pas pour l'homme ou la femme qui est à vos côtés. Ce sont ces petites actions intentionnelles qui démontrent que l'autre nous valorise. Il est important d'honorer les autres, mais d'autant plus important d'honorer la personne à qui vous avez dit *oui*. Il ne faut donc pas essayer de réussir son mariage mais plutôt travailler à la réussite de son couple. Par exemple, lorsque j'ai fait mon choix d'études, ce n'était pas pour "essayer" le domaine en question : j'ai projeté ma réussite. De la même façon, nous ne devons pas entrer dans le couple pour "essayer"; si nous voulons réellement avoir une relation solide, nous devons plutôt nous engager avec l'objectif de réussir notre couple. C'est ce qui nous amènera certainement à une atmosphère de gloire et d'amour.

> « Comment pouvez-vous honorer les autres en étant d'abord et avant tout incapable d'honorer la personne à laquelle vous êtes unie ? »

Dans le monde entier, vous êtes les seuls artisans de votre couple, les deux seuls à pouvoir créer une relation épanouie. Ne faites pas l'erreur de croire que les gens ou les facteurs extérieurs créeront le bonheur dans votre couple. Vous devez y travailler. On dit souvent que "l'herbe est plus verte chez le voisin", mais cette herbe-là, le voisin y a travaillé : il l'a arrosée et bien entretenue. Vous ne pouvez regarder votre couple sans rien faire et espérer qu'il ressemble à celui du voisin, qui lui, y met du sien pour qu'il soit merveilleux.

De même, vous devez aussi travailler à l'amélioration de votre couple. Ne travaillez pas seulement le jour de votre mariage, il faut vous y mettre chaque jour. À ce propos, j'aimerais donner la parole à mon épouse, Nathalie Lumbu, qui souhaite vous partager en quelques mots, des anecdotes sur notre relation de couple, avant de vous exposer quelques conseils pratiques et bibliques pour votre épanouissement.

« Il y a énormément des choses que j'apprécie dans ma relation avec mon mari. Je vais essayer d'en citer quelques-unes. Nous nous sommes unis par amour et cet amour grandit au fil du temps. Les défis auxquels nous avons fait face, ainsi que nos différents, n'ont pas influencé négativement cet amour. En revanche, nous nous aimons plus aujourd'hui, et nous avons appris à mieux nous connaître et à nous respecter. Avec mon mari, j'ai compris que le couple passe toujours en priorité. Le couple avant le ministère, avant les amis, avant le travail. Nous avons tous les deux compris que le bonheur dans un couple est le fruit du travail des deux partenaires. Ce bonheur n'est pas un hasard, mais il faut travailler pour le construire, le maintenir et le faire croître.

Ce travail, nous le faisons par la prière, car nous savons que Dieu en est l'auteur. Méditer continuellement la Parole de Dieu nous aide énormément à être meilleur pour donner le meilleur à l'autre. Le travail pour le bonheur de notre couple vient aussi de la communication, par des échanges sincères et constructifs. Savoir pardonner et croire en l'autre, nous donne la paix et la joie d'avancer main dans la main sur le chemin de la vie, pour de nouvelles découvertes. Nous croyons que Dieu travaille chaque jour en nous pour produire la meilleure version de notre personne. Personnellement, j'apprécie l'œuvre de Dieu dans la vie de mon mari et je suis heureuse d'être celle qui en bénéficie directement et en premier.

Il y a également des principes qui contribuent à notre équilibre tel que l'honnêteté et la transparence sur le plan financier ou encore les principes de base pour l'éducation de nos enfants. Pour être brève, je peux finir en disant que j'aime beaucoup notre joie de vivre. Nous sommes heureux et apprécions ce que Dieu nous donne. Quelle que soit la saison par laquelle nous passons, dans l'abondance et le manque, nous gardons le rire et nous partageons nos expériences. Nous sommes mari et femme, nous sommes meilleurs amis. Nous rions, nous avons des moments d'échanges de blagues comme des moments pour parler de sujets sérieux et merveilleux. »

Quelques conseils tirés de la Bible qui nous ont permis, à mon épouse et moi, de réussir notre couple

Étant moi-même enfant de parents divorcés, j'étais décidé à ne pas revivre un divorce et subir les conséquences désastreuses qui en résulteraient. Avec ma femme, nous avons donc décidé de nous instruire sur la vie maritale en lisant beaucoup. Nous échangions sur nos lectures et mettions nos apprentissages en application. Bien que nous n'ayons pas constaté de résultats dans l'immédiat, nous avons continué à travailler jour après jour, mois après mois, jusqu'à construire ce que nous avons aujourd'hui. En effet, si le couple n'est pas restauré, les enfants ne seront pas heureux, et la famille vivra constamment dans une atmosphère étrange. Dieu est l'artisan du couple.

Tout ce qui est nécessaire pour recevoir l'inspiration de l'Esprit se trouve dans sa Parole.

1- S'accorder du temps

Nous devons passer du temps ensemble, se donner du temps où chacun ressent qu'on est là l'un pour l'autre.

Je suis injoignable à certaines périodes car je privilégie des moments de qualité avec ma femme. Je ne réponds pas aux appels et ne me mets à la disposition de personne, car j'ai décidé de prendre ce temps pour elle. Isaac passait du temps avec Rebecca, un moment où ils s'amusaient, un temps pour eux seuls. Vous accordez-vous du temps l'un à l'autre ?

La reine Vashti, lorsque le roi l'a appelé alors qu'il avait besoin d'elle, a refusé en disant qu'elle n'avait pas le temps et qu'elle était occupée. Cela a frustré le roi au point qu'elle en perdit sa place de reine. Ne pas donner du temps à votre partenaire peut nuire à votre relation. Isaac était un homme riche : il avait beaucoup de serviteurs, plusieurs troupeaux et beaucoup de choses à gérer. Cependant, il trouvait quand même du temps pour sa femme, au point de rendre jaloux un roi.

Combien de personnes n'ont pas "le temps" et restent concentrés uniquement sur leur travail, leur ministère, etc.? Souvent vous êtes le premier à courir vers l'église ou le boulot lorsqu'on vous appelle, alors que vous ne pouvez réserver dix minutes de votre temps à votre conjoint(e). Même si votre partenaire ne dit rien, il y a de fortes chances qu'il ou elle soit blessée.

Certaines personnes, pensant bien faire, deviennent prisonnières des travaux domestiques et autres responsabilités ménagères. La réalité est que ces responsabilités n'iront nulle part. Elles seront toujours là et, par conséquent, peuvent donc attendre. De la même manière que vous planifiez de couper l'herbe, ranger, peindre la chambre des enfants, etc., planifiez aussi des moments pour passer du temps avec votre mari, votre femme.

Plusieurs personnes que j'ai pu aider dans le ministère d'aide aux couples, se plaignaient du fait que leur conjoint n'était jamais là. Si nous voulons que nos familles soient restaurées, commençons par leur donner du temps, particulièrement aux couples. Retrouvez-vous tous les deux pour consolider votre relation. Donnez-vous des moments où vous êtes en forme et non lorsque vous êtes fatigués, et que vous commencez des discussions que vous ne finissez jamais parce que vous vous endormez.

N'accordez pas uniquement aux autres les moments où vous êtes "frais" et en forme. Sachez prendre du temps pour vous arrêter, vous asseoir avec votre chéri(e) et rigolez ensemble en vous rappelant comment vous vous êtes rencontrés, par exemple. Ne laissez pas la profession, le ministère ou les occupations vous voler le temps qui revient à votre femme ou à votre mari.

2- Manifester de la tendresse

Beaucoup de gens se sont dit *je t'aime* le jour de leur mariage, devant le pasteur. Ensuite viennent les enfants, l'instauration de la routine et on réalise que les *je t'aime* ne sont plus d'actualité. Il faut manifester de la tendresse dans la façon de s'appeler, de s'offrir des cadeaux, etc. Cela montrera à l'autre que l'on pense à lui alors que nous faisons autre chose. Vivez joyeusement avec votre femme ou votre mari. De façon intentionnelle, rendez-vous joyeux!

L'affection se démontre par des gestes, des paroles, des attentions, un regard. Ne regardez pas votre femme seulement lorsqu'elle sort. Elle ne doit pas ressentir le regard des autres hommes posé sur elle parce qu'elle est bien habillée alors qu'à la maison vous ne la regardez même pas.

« Elle lui fait du bien, et non du mal, Tous les jours de sa vie. »

Proverbes 31:12

C'est une décision de la part de la femme de faire du bien et non du mal à son mari, et ce, tous les jours de sa vie. Pouvez-vous prendre la même décision ? Dans le mariage, on s'engage à s'aimer pour la vie. Le mariage n'est pas un contrat d'affaires mais une alliance d'amour. Manifestez de l'amour ! Ainsi, si vous voulez que votre conjoint se sente épanoui, dites-lui que vous l'aimez.

3- Respecter l'autre

Respectez-vous dans vos dialogues. Tout être humain mérite du respect, d'autant plus si c'est votre femme ou votre mari. Que votre partenaire ait fait moins d'études, qu'il soit moins intelligent : il vous faut le respecter ! Une relation ne survit que lorsqu'on arrive à se respecter. Cette femme qui vous fait à manger, a porté votre enfant, etc. Souvenez-vous que vous lui devez le respect.

Un homme a dit : « C'est avec la parole que commence toute relation. C'est aussi avec la parole que commence toute dispute. C'est avec la parole que commence toute réconciliation. C'est avec la parole que commence tout mariage, et aussi avec la parole que commence tout divorce. » C'est pourquoi nous devons faire attention à la manière dont nous utilisons notre langue afin de ne pas blesser notre conjoint. Esther savait parler à son mari. Elle a mis deux jours pour préparer le terrain, pour choisir le bon moment pour lui parler. Le respect est important aussi dans l'entraide mutuelle. Si vous respectez votre femme, vous aller l'aider dans les tâches ménagères, si vous respectez votre mari vous aller l'aider dans ses projets. L'aide est toujours appréciée. Aidez votre conjoint.

Dans **Genèse 18 : 6-8**, Abraham voyant qu'ils avaient des visiteurs impromptus, s'est impliqué et est lui-même allé servir. Il a aidé sa femme. Dans certaines entreprises, j'ai pu voir des chefs venir en aide à leurs employés submergés. Ceci nous enseigne que l'entraide n'est pas un signe de faiblesse ou de virer au ridicule mais une marque de respect de considération pour autrui. Respectez-vous réciproquement dans le couple et vous récolterez des fruits inouïs dans votre relation amoureuse.

4- Se valoriser mutuellement

Il faut faire des éloges à son conjoint, lui montrer combien on l'apprécie et remarquer ses qualités.

« Ses fils se lèvent, et la disent heureuse; Son mari se lève, et lui donne des louanges : Plusieurs filles ont une conduite vertueuse; Mais toi, tu les surpasses toutes. »

Proverbes 31 : 28-29

Nous devons montrer à notre conjoint que nous avons une bonne opinion de lui, que nous apprécions sa valeur et reconnaissons ses qualités, qui font de lui une personne d'exception. Nous devons aussi être capables d'exprimer à l'autre ce que nous reconnaissons de valeureux chez lui. Le silence et le sarcasme tuent les relations. Lorsque l'on remarque de beaux attributs chez une personne mais qu'on ne dit rien, au bout d'un moment, elle se posera inévitablement des questions. Votre partenaire est-il conscient que vous avez une bonne opinion de lui ? Est-il pleinement convaincu que vous ne diriez jamais du mal de lui ? Peut-il être sûr que vous êtes engagé envers lui seul ?

Ne planifiez pas de rendez-vous sans en parler d'abord, ne vous engagez pas dans un *business* sans consulter votre conjoint. Lorsque vous offrez un cadeau, il faut le "nous inclusif". Il faut tout faire dans le "nous", que les gens sachent que c'est le couple qui a décidé de faire ce cadeau-là, et ainsi, votre conjoint qui peut-être ne travaille pas, verra que vous le considérez et l'honorez. Faites tout d'un commun accord.

5- S'encourager réciproquement

Dans les actions concrètes que nous posons, nous devons nous encourager. Autrement, si je ne suis encouragé que par les autres en dehors du couple, j'aurai la sensation d'être seul.

> « Deux valent mieux qu'un, parce qu'ils retirent un bon salaire de leur travail. Car, s'ils tombent, l'un relève son compagnon; mais malheur à celui qui est seul et qui tombe, sans avoir un second pour le relever ! De même, si deux couchent ensemble, ils auront chaud; mais celui qui est seul, comment aura-t-il chaud ? Et si quelqu'un est plus fort qu'un seul, les deux peuvent lui résister; et la corde à trois fils ne se rompt pas facilement. »
>
> Ecclésiaste 4 : 9-12

L'avantage d'être en couple c'est que dans les moments difficiles, l'autre peut nous relever, nous soutenir. Dès lors que quelqu'un est dans la détresse, il a besoin qu'on lui tienne la main et qu'on l'encourage. Quoi de plus normal que de recevoir le soutien et les encouragements de son partenaire dans tous les secteurs de la vie ! Lorsque votre partenaire vous ouvre son cœur sur son projet ou son travail ou une situation donnée, il attend de votre part un encouragement. Même si vous n'appréciez pas son choix, il y a toujours moyen de l'encourager avec sagesse à abandonner ce chemin et à emprunter une meilleure voie. Agir ainsi enrichit vraiment la relation de couple.

6- Se pardonner réciproquement

Il est impossible de vivre sans commettre d'erreurs. Il arrivera que vous fassiez quelque chose qui sera inacceptable pour votre partenaire. Pour une saine relation de couple, nous devons réciproquement reconnaître nos torts, donner notre pardon, accepter le pardon de l'autre, et même demander pardon. Parfois nous devons même donner notre pardon avant que l'autre nous le demande.

> « Supportez-vous les uns les autres, et, si l'un a sujet de se plaindre de l'autre, pardonnez-vous réciproquement. De même que Christ vous a pardonné, pardonnez-vous aussi. »
>
> **Colossiens 3 : 13**

Dieu veut qu'on se pardonne mutuellement. Si vous voulez voir votre relation en bonne santé, vous devez savoir que votre conjoint n'est pas parfait. Ne le qualifiez pas par son erreur mais soyez prompt à lui pardonner, et vous qui avez fauté, soyez humble et prêt à demander pardon.

Dans le couple il peut y arriver que le conjoint fasse quelque chose qui cause du tort à l'autre, il faut que vous disposiez votre cœur à pardonner les offenses, que vous puissiez dire "Seigneur pardonne lui, car il ne sait pas ce qu'il fait". En faisant cela, vous travaillez les solutions de votre couple. Étienne, dans Actes 7 : 60, avait compris qu'il devait pardonner à l'avance. Un vrai chrétien pardonne son conjoint avant qu'il ne s'excuse. Pour que la restauration de votre famille soit possible, il faut que la restauration de votre couple soit possible, pour cela il faut que vous commenciez à pardonner à votre conjoint, c'est là où vous verrez les choses se rétablir, une reconstruction et un réveil se produire.

7- Prier l'un pour l'autre

Ne priez pas seulement dans les problèmes. Priez chaque jour pour votre couple. Je prie tous les jours pour ma femme, pour notre relation, et vice-versa. Dieu connaît les ingrédients nécessaires pour réussir cette belle aventure. Nous avons donc besoin d'aller vers Lui, de lui présenter notre conjoint, notre couple quand il n'y a pas de problèmes, et lorsqu'il y a des problèmes, il faut pouvoir les remettre avec sincérité au Seigneur.

Les conjoints ont des caractères différents, issus de milieux différents, ayant reçu des éducations différentes, alors pour vivre ensemble ils ont besoin de l'assistance divine. Le mariage est une institution divine donc nous devons revenir au fabricant si nous voulons que cela marche selon son manuel. Il connaît les ingrédients qui sont nécessaires pour réussir dans cette belle aventure. La prière doit être au centre de votre couple ! Priez pour votre couple tous les jours. Priez pour la préservation de votre amour.

8 - Se donner intimement l'un à l'autre

Les rapports intimes renforcent le couple. Plusieurs couples négligent cet aspect des choses et compromettent leurs relations conjugales, mais cela est très important. On rentre dans le mariage pour rendre l'autre heureux, il faut y penser, ne vous refusez pas l'un à l'autre, ne vous cachez pas derrière des excuses inutiles. Parfois il faut trouver un compromis, il y a des gens qui s'arrangent pour s'en priver, mais la Bible nous dit "ne vous privez pas l'un de l'autre." Même si vous êtes un ancien couple, reconsidérez ce domaine de votre relation, qui a encore sa place (**1 Corinthiens 5 : 7**).

Le deuxième niveau de relation : Entre les parents et les enfants

« Enfants, obéissez à vos parents, selon le Seigneur, car cela est juste. Honore ton père et ta mère c'est le premier commandement avec une promesse, afin que tu sois heureux et que tu vives longtemps sur la terre. Et vous, pères, n'irritez pas vos enfants, mais élevez-les en les corrigeant et en les instruisant selon le Seigneur. » (Éphésiens 6 : 1-2) Le texte nous apprend que non seulement nous devons avoir une bonne relation entre mari et femme mais il faut qu'il y ait également une bonne relation entre les parents et les enfants. Dieu s'adresse aux parents et aux enfants, c'est une relation bidirectionnelle. Pour que cela fonctionne, il faut que chaque parent et chaque enfant fasse sa part.

Parent, quelle est votre relation avec vos enfants? Vous devez avoir en tant que parent une bonne relation avec chacun de vos enfants. Si vous en avez cinq par exemple, vous devez avoir une relation privilégiée avec chacun d'eux. Je me souviens, il y a quelques années, comment je prenais ma fille aînée à part une fois par semaine pour échanger avec elle. Je faisais la même chose avec mon fils un autre jour de la semaine. Ces moments-là étaient propices pour discuter. Mes enfants n'agissent pas exactement de la même manière, alors c'était à moi de les prendre individuellement pour traiter ce qu'il y avait à traiter.

Enfants, vous devez aussi être en bonne relation avec chacun de vos parents et pas seulement l'un d'eux. Vous devez travailler de sorte que votre relation soit bénie autant avec votre mère qu'avec votre père. Dieu s'intéresse aux deux camps, les parents et les enfants. Beaucoup de parents croient qu'ils ne doivent rien à leurs enfants étant donné qu'ils sont " l'autorité ", mais la Bible nous met en garde de ne pas irriter les enfants.

De même, beaucoup d'enfants croient qu'ils ne doivent rien aux parents car ils n'ont pas demandé à naître. Néanmoins, à la lumière des Saintes Écritures, nous réalisons que les deux camps doivent travailler pour avoir une relation saine et harmonieuse car Dieu observe et tranche entre chacune des parties. Plusieurs serviteurs très pieux ont négligé leurs familles et leurs enfants n'ont pas suivi leurs traces. Réapprenons à être de bons parents. La restauration des relations parents-enfants est une vérité indissociable du message de l'Évangile.

Tirons quelques conseils sur la relation de Job avec ses enfants pour nous aider à améliorer nos relations parents-enfants.

Instructions pour les enfants

Débutons avec la part des enfants dans ce niveau de relation.

> « Enfants, obéissez à vos parents, selon le Seigneur, car cela est juste. Honore ton père et ta mère c'est le premier commandement avec une promesse, afin que tu sois heureux et que tu vives longtemps sur la terre. »
>
> **Éphésiens 6 : 1-3**

Obéissance

Vos parents ont été placés pour vous guider et vous aider à faire les bons choix dans la vie, en tant qu'enfant, vous apprendrez à obéir à Dieu auprès de vos parents. Même si parfois vous ne comprenez pas, vous savez que vos parents vous aiment et veulent votre bien. En développant cela, vous pourriez obéir plus facilement dans la société, au travail etc… Vous acquerrez de l'entraînement dans l'obéissance à l'autorité. Il est très important de développer l'obéissance car cela a une incidence sur votre destinée et sur la société.

Honneur

Un enfant qui honore son père et sa mère est un enfant béni. En tant qu'enfant vous êtes appelé à penser à vos parents, à les valoriser, les reconnaître. Même si nous sommes en désaccord avec eux sur certains points, ils ont quand même droit à l'honneur, exactement comme nous le faisons avec notre superviseur au travail.

Sans nos parents, nous ne serions pas là, nous leur devons la vie. Nous reconnaissons qu'ils sont imparfaits, malgré tout nous devons être reconnaissants et leur témoigner chaque jour notre gratitude, et les honorer dans nos cœurs et bien plus dans notre entourage qu'ils soient présents ou non.

Par notre comportement, passer du temps avec eux, leur rendre visite ou les appeler régulièrement sont des éléments qui démontrent l'honneur que nous leur devons.

Instruction pour les parents

Voyons à présent ce que les parents doivent faire pour harmoniser ladite relation.

> « Et vous, pères, n'irritez pas vos enfants, mais élevez-les en les <u>corrigeant</u> et en les <u>instruisant</u> selon le Seigneur. »
>
> Éphésiens 6 : 4

Cher parent, vous avez des devoirs, mais aussi des responsabilités. Vous pouvez amener votre enfant à la révolte, au sentiment de rejet par votre attitude. Arrêtons d'irriter nos enfants, car ainsi nous poussons nos enfants en dehors nos maisons, à être des futurs fugueurs. Ne poussons pas nos enfants à dire : " j'en ai marre ". Il y a des enfants qui souffrent. Réveillez-vous avant qu'il ne soit trop tard ! Quand vous élevez le ton, cela doit être justifié.

Discipline/Correction

Les enfants seront en bonne relation avec leurs parents lorsqu'ils se rendront compte que les parents les corrigent, avec amour.

Sur le coup, l'enfant peut ne pas comprendre, mais plus tard, il réfléchira et réalisera que son parent l'aime à tel point qu'il ne veut pas qu'il prenne une mauvaise voie. Tout enfant a une notion de folie et c'est avec la verge que la mère ou le père le redresse.

Le fait de discipliner son enfant montre à l'enfant que le parent veille sur lui et cela contribue à une bonne relation entre les deux. Soyez gentil mais lorsque votre enfant ne se conduit pas comme il le devrait, n'hésitez pas à le discipliner dans l'amour.

Instruction

Nous devons être les premiers conseillers de nos enfants. Nous ne sommes pas censés être là seulement pour crier, réprimander, corriger. Nous devons écouter l'enfant et prendre le temps de le conseiller selon le Seigneur en lui montrant pourquoi certaines décisions seraient néfastes pour sa vie.

En se positionnant en tant que conseiller, nous créons un lien d'attache avec notre enfant. L'enfant saura qu'en cas de problèmes au travail, dans le couple, etc.…il pourra compter sur les conseils de ses parents et qu'ils ne vont pas lui imposer leur point de vue mais l'aider à analyser les choses pour prendre les meilleures décisions possibles.

Parents, les enfants nous observent. Ils nous regardent par rapport à la Bible si nous aussi nous respectons nos devoirs.

Nous devons instruire nos enfants avant qu'ils vivent certaines situations. Souvent nous sommes en mode réaction. Nous réagissons à ce qu'ils font, mais est-ce que nous lui avons appris que cela était mauvais ou quelle la bonne manière de faire ?

Pères, n'irritez pas vos enfants, de peur qu'ils ne se découragent. »

Colossiens 3 : 21

Dieu lui-même avant de punir, a instruit. Il a donné les dix commandements à Israël et les a punis par la suite. Nous devons prendre le temps de discuter avec les enfants, leur montrer les pours et les contre de certaines choses; en tant que croyants, expliquons-leur pourquoi nous ne faisons pas ou n'acceptons pas certaines choses… Prenons le temps de décortiquer la Parole de Dieu, de nous mettre à leur niveau. Autrement, ils finiront par croire que Dieu est un dictateur.

Prenons du temps de qualité entre parents et enfants.

À ce sujet, mon fils Samuel m'a raconté ce qui suit : « Ce que j'aime avec mes parents est qu'ils font toujours de leur mieux pour subvenir à mes besoins et pour m'éduquer. Particulièrement, j'aime beaucoup quand mon père et moi allons prendre une marche ensemble, ou encore lorsqu'on va au terrain de soccer. Cela me montre qu'il sacrifie son temps très précieux pour que je bouge et m'amuse. Si ça ce n'est pas une preuve d'amour ! »

Passons du temps avec nos enfants pour rire et s'amuser ensemble, car la vie est trop courte. Quelqu'un a dit que nous avons vraiment nos enfants à 100% entre 0-12 ans, puis à 70% entre 13-18 ans. Donnons à nos enfants les moyens pour renforcer cette relation, qu'elle soit enrichie. Prenons le temps d'éduquer les enfants, c'est notre responsabilité, c'est à nous de le faire et non à l'école. Au travers de ce temps, en tant que parent, vous pouvez apprendre à vos enfants le respect des autres, le respect de la différence de race ou de sexe, répondre à certaines questions qui les préoccupent. Le temps passé ensemble permet de se connaître mutuellement.

Communiquons ensemble

Mon fils me demande parfois de regarder un film juste tous les deux. Mes filles demandent parfois à faire du shopping juste avec leur mère. Ils ont envie de passer du temps avec nous, de communiquer. Établissons une communication saine : parlons à nos enfants. Ma fille Marie-Joëlle m'a confié un jour qu'elle appréciait particulièrement passer du temps et faire des blagues avec nous. Le dialogue a aussi une place importante dans le cœur de nos enfants. Ils ont un plaisir fou à échanger avec nous ! Alors appliquons cela de tout cœur.

> « Que votre parole soit toujours accompagnée de grâce, assaisonnée de sel, afin que vous sachiez comment il faut répondre à chacun. »
>
> Colossiens 4 : 6

Que nos enfants puissent se sentir bien en parlant avec nous, que nous ayons des paroles de grâce, de tendresse. Comme j'ai quatre enfants, il arrive souvent que tout le monde parle en même temps. Je les arrête alors pour que chacun puisse parler et que l'on puisse tous s'écouter. Un enfant est réceptif quand il voit que nous avons pris le temps de l'écouter.

Engageons-nous envers nos enfants : discutons ensemble, bavardons, apprenons à savoir les écouter. Malgré nos occupations, prenons le temps d'obtenir leurs points de vue par le biais de discussions et d'échanges avec chacun d'entre eux. Lors de nos communications, il est important de ne pas mettre d'interdits sans en expliquer le pourquoi, car les zones d'ombres briment les relations.

Il faut se pardonner réciproquement

Parfois les enfants peuvent agir maladroitement, il faut prendre le temps d'en discuter. Il est important aussi que l'enfant sache que l'adulte peut s'excuser et que ce n'est pas une histoire de plus fort et plus faible, mais la base de toute relation.

« Supportez-vous les uns les autres, et, si l'un a sujet de se plaindre de l'autre, pardonnez-vous réciproquement. De même que Christ vous a pardonné, pardonnez-vous aussi. »

Colossiens 3 : 13

Il y aura toujours des défis, des situations conflictuelles, mais malgré tout cela, il est possible de rétablir la relation. En tant qu'enfant de Dieu nous devons pardonner toute erreur. La base sur laquelle la confiance peut renaître est le pardon. Il est aussi important de prendre le temps de discuter après une réprimande lorsque les esprits se sont calmés permet de voir clair et s'excuser. Lorsqu'on reconnaît son erreur on doit s'excuser; si un parent se rend compte qu'il a repris à tort son enfant, il doit avoir l'humilité de s'excuser auprès de celui-ci.

Prier avec les enfants

Quand on prie ensemble, on affermit nos relations. La prière contribue à introduire les enfants vers la relation avec le Créateur. En priant ensemble, la relation se trouve affectée dans la sphère spirituelle.

Job était un père responsable. Il aimait ses enfants et passait du temps avec eux, non seulement pour jouer, mais aussi pour prier. Il amenait ses enfants à connaître les éléments que Dieu avait établis dans sa parole pour que leurs cœurs soient sanctifiés. « Et quand les jours de festin étaient passés, Job appelait et sanctifiait ses fils, puis il se levait de bon matin et offrait pour chacun d'eux un holocauste; car Job disait : Peut-être mes fils ont-ils péché et ont-ils offensé Dieu dans leur cœur. C'est ainsi que Job avait coutume d'agir. » (Job 1: 5) Vous pouvez avoir une vie de foi multigénérationnelle lorsque vous prenez le temps de prier avec vos enfants.

> « Instruis l'enfant selon la voie qu'il doit suivre; Et quand il sera vieux, il ne s'en détournera pas. »
>
> Proverbes 22 : 6

J'encourage les parents à avoir des cultes de familles dans leurs maisons. Les avantages qu'on en retire sont tant spirituels que relationnels.

Manifester l'affection

L'amour pour votre enfant doit, entre autres, se manifester par vos gestes, votre regard. Lorsqu'on est capable de verbaliser notre amour, cela renforce assurément les liens. L'amour est une puissance qui peut amener l'enfant à obéir et honorer ses parents, le tout, parce qu'il se sent aimé. Apprenons à dire " je t'aime " à chacun de nos enfants. Tout enfant a besoin de se sentir aimé par ses parents, ce n'est qu'ainsi qu'il y aura, à leur manière, réciprocité de leur part.

Se valoriser et s'encourager

Félicitations ! Courage ! Bravo ! sont des mots qui vont aider les enfants. Il est important de reconnaître les efforts des uns et des autres. Vos enfants ont besoin de sentir qu'ils sont valorisés et encouragés, dans leurs études, dans leur façon de s'habiller etc. Dites-leur que vous êtes fier d'eux, vous verrez qu'ils seront reconnaissants. Les enfants ont besoin de connaître l'opinion que nous avons d'eux.

> « Ses fils se lèvent, et la disent heureuse; Son mari se lève, et lui donne des louanges. »
>
> **Proverbes 31 : 28**

Valoriser les enfants devant les amis, les collègues, en public comme en privé, renforcera votre relation. Que nos vies et nos cœurs soient restaurés de toute blessure et tout ce qui nuit à nos relations. Montrez à votre enfant combien vous l'appréciez, combien il est beau, gentil, le meilleur, que vous avez une bonne et haute opinion de lui.

Ces ingrédients arroseront certainement votre relation avec vos enfants.

Troisième niveau de relation : Entre les enfants

Depuis les premières pages de la Bible, nous pouvons voir apparaître une faille dans les relations entre les enfants. Caïn et Abel sont des frères ennemis. Le différend fut tellement fort jusqu'à conduire Caïn de se jeter sur son frère Abel et le tuer. « L'Éternel dit à Caïn : Où est ton frère Abel ? Il répondit : Je ne sais pas; suis-je le gardien de mon frère ? » (Genèse 4:9)

Quelle est sa relation avec ses frères et sœurs ? Chers parents, êtes-vous sûr de connaître l'état de la relation qui existe entre vos enfants ? Adam et Ève étaient loin de soupçonner que leurs deux fils avaient des relations conflictuelles jusqu'à un tel niveau. Voici quelques astuces pour une relation harmonieuse entre les enfants; astuces tirées de la Parole de Dieu et de mon expérience personnelle.

Se donner du temps de qualité :

Passer du temps avec ses frères et sœurs, rire ensemble, s'amuser ensemble, manger ensemble entre frères, permet de se connaître mutuellement. « Ses fils allaient les uns chez les autres et donnaient tour à tour un festin, et ils <u>invitaient</u> leurs trois sœurs <u>à manger</u> et <u>à boire avec eux.</u> » (Job 1: 4)

Les enfants de Job avaient compris cette révélation et créaient des rencontres à l'occasion de rien, juste dans le but de communier ensemble autour d'un repas. Peu importe les occupations que nous avons, la relation entre frères et sœurs est à privilégier, à entretenir. Il faut souvent se rendre visite, s'inviter, se retrouver ensemble lors des occasions afin de développer des relations harmonieuses entre frères et sœurs.

Ma fille Marie-Joëlle se distingue particulièrement dans ce secteur : elle adore prendre du temps pour jouer avec chacun de ses frères et sœurs. Par exemple, avec son grand frère Samuel, ils jouent aux cartes, se racontent leur journée, éclatent de rire et jouent ensemble au soccer. Avec sa grande sœur Danielle, elle partage les secrets de son cœur. Sans oublier notre cadette, la petite Emmanuelle, avec qui elle a sept ans de différence : elle joue avec elle et lui apprend à faire du vélo. Quelle belle complicité ! Tout cela n'est possible que lorsque l'on se donne du temps en famille.

Manifester de l'affection l'un envers l'autre :

Se dire " je t'aime " mutuellement et se faire des cadeaux, sont des petits gestes qui démontrent entre enfants combien l'on tient l'un à l'autre. La famille doit être le premier environnement où chaque enfant découvre la chaleur de l'amour des autres de façon sincère et sans condition.

> « Ayant purifié vos âmes en obéissant à la vérité pour avoir <u>un amour fraternel sincère</u>, aimez-vous ardemment les uns les autres, de tout votre cœur. »
>
> 1 Pierre 1 : 22

Cher enfant, sache que tes frères et sœurs ont besoin de ton amour, alors dis souvent à ton frère ou ta sœur : « JE T'AIME ». Ils ont besoin de se sentir aimés par leurs frères et sœurs, ce n'est qu'ainsi qu'ils pourront nous le rendre à leur manière. Pour manifester son amour à son frère ou sa sœur, il faut aussi apprendre à APPRÉCIER L'AUTRE, dire à son frère ou sa sœur que JE T'APPRÉCIE.

Se pardonner réciproquement :

La rancune des frères peut mener à la haine et au meurtre. On peut se rappeler comment Absalom a gardé rancune contre son frère Amnon pendant deux ans jusqu'à finir par tuer son frère. (2 Samuel 13:28)

> « Supportez-vous les uns les autres, et, si l'un a sujet de se plaindre de l'autre, <u>pardonnez-vous réciproquement</u>. De même que Christ vous a pardonné, pardonnez-vous aussi. »
>
> Colossiens 3 : 13

Là où il y a des hommes il y aura toujours des incompréhensions, des disputes, ce sont des choses inévitables. Nous devons juste apprendre à mieux gérer les discordes lorsque cela arrive en choisissant la voie du pardon.

Rebecca était une mère attentive à l'état de la relation entre ses enfants, tandis que David ne se doutait même pas que son fils Absalom en voulait à Amnon son frère jusqu'à le tuer. Cher parent, soyons attentifs sur l'état de la relation qui règne parmi nos enfants, et intervenons avant qu'il ne soit tard. « Ésaü conçut de la haine contre Jacob, à cause de la bénédiction dont son père l'avait béni; et Ésaü disait en son cœur : « Les jours du deuil de mon père vont approcher, et je tuerai Jacob, mon frère. » On rapporta à Rebecca les paroles d'Ésaü, son fils aîné. Elle fit alors appeler Jacob, son fils cadet, et elle lui dit : Voici, Ésaü, ton frère, veut tirer vengeance de toi, en te tuant. Maintenant, mon fils, écoute ma voix ! Lève-toi, fuis chez Laban, mon frère, à Charan; et reste auprès de lui quelque temps, jusqu'à ce que la fureur de ton frère s'apaise, jusqu'à ce que la colère de ton frère se détourne de toi, et qu'il oublie ce que tu lui as fait. Alors je te ferai revenir. Pourquoi serais-je privée de vous deux en un même jour ? » (Genèse 27:42)

Quelques années plus tard, Jacob a cherché à renouer sa relation avec son frère par la voie du pardon. Gloire à Dieu puisque Ésaü était également disposé à lui accorder son pardon. (**Genèse 33 : 8**) Telle est la bonne attitude que nous devons avoir envers nos frères car notre relation est toujours plus importante que le conflit qui nous sépare.

Avoir des rapports respectueux :

Le manque de respect est devenu assez courant dans notre société. Cela a des dommages insoupçonnés même au niveau de la famille. Respecter les aînés, respecter les petits frères et petites sœurs dans nos rapports mutuels contribue à élever l'estime de soi dans la vie de celui qui le reçoit. « Il est bien vrai que j'ai droit de rachat, mais il en existe un autre plus proche que moi. Passe ici la nuit. Et demain, s'il veut user envers toi du droit de rachat, à la bonne heure, qu'il le fasse;

mais s'il ne lui plaît pas d'en user envers toi, j'en userai, moi, l'Éternel est vivant! Reste couchée jusqu'au matin. » (Ruth 3:12-13)

Boaz reconnaît et respecte le droit d'aînesse de son aîné. Bien qu'il aime Ruth mais il décide de maîtriser ses sentiments jusqu'à ce que son frère aîné ait usé de son droit d'aînesse. Avoir l'humilité de reconnaître cela, avoir le sens de l'honneur pour ses frères et sœurs sont des bons ingrédients pour une bonne atmosphère dans leur relation. Prenons exemple sur Boaz (**Ruth 4:4**) pour amener notre relation entre enfants à un autre niveau.

Éviter la comparaison entre enfants :

La comparaison est le poison de tout avancement dans la vie.

Je l'ai vu dans plusieurs familles, comment cela a rongé les relations familiales, engendré des sentiments de jalousie, de concurrence ou de compétition malsaine. Nous devons éviter toute forme de comparaison car cela va conduire à la jalousie. La jalousie de l'aîné dans l'histoire de l'enfant prodige nous illustre très bien combien dévastateur cela peut être. Il fut incapable de se réjouir du retour de son frère tout simplement parce qu'on a tué un veau gras pour lui. (Luc 15:25-30) La même chose arriva avec Caïn qui ôta la vie à son frère Abel, parce que l'offrande de ce dernier avait reçu l'approbation de Dieu, contrairement à la sienne.

Soyons contents du progrès de nos frères et sœurs, réjouissons-nous de leurs exploits. Si nécessaire, demandons conseil auprès de ceux qui réussissent afin de réussir à notre tour. En évitant de tomber esclave de ce penchant, nous renforcerons nos relations fraternelles.

Être gardien des autres enfants :

Être le gardien de son frère veut dire faire attention à son frère, prendre soin de son frère, être le défenseur de son frère. Lorsque votre frère est dans les problèmes, tu dois faire tout ce qui est en ton pouvoir pour trouver une solution. Lorsque ton frère ou ta sœur n'est pas encore rentré, cela devrait te préoccuper.

Cher enfant, tu as le devoir de te préoccuper de la santé, du bien-être, de la situation financière de tes frères et sœurs. Car en agissant ainsi tu te crées une place dans leur cœur que ni la vie ni la mort ne peuvent détruire.

La restauration est possible

La Bible dit que votre femme est comme une vigne féconde c'est-à-dire, productive. Elle donne des résultats, c'est-à-dire qu'elle ne sera pas stérile : « Dans ton foyer, ta femme sera comme une vigne chargée de nombreux fruits et, autour de ta table, tes fils ressembleront à des plants d'olivier. Ainsi sera béni tout homme qui révère l'Éternel. » (Psaumes 128 : 3-4)

Le Seigneur parle également de vos fils qui sont des plants d'oliviers autour de votre table. Quelle unité ! C'est-à-dire que les enfants grandissent ensemble, partagent le repas ensemble, vivent ensemble dans l'harmonie. Tel est l'héritage d'un homme béni, un homme qui craint l'Éternel. Ceci nous offre le portrait des relations que Dieu aimerait voir dans la famille chrétienne; c'est-à-dire une famille où tous les membres contribuent à l'avancement, où l'harmonie règne, et dont les relations convergent vers le progrès familial.

Tout au long de la Bible nous voyons que Dieu est un Dieu de relations. Nous venons de démontrer le portrait de Dieu ou sa vision sur les relations familiales. Et peut-être que votre famille est loin de cela mais la bonne nouvelle est que la restauration de vos relations familiales est encore possible. Je vous propose trois clés qui pourront vous aider à restaurer les relations familiales brisées.

<u>1° Clé</u> : Faire les bons choix

« Je prends aujourd'hui le ciel et la terre à témoins : je vous offre le choix entre la vie et la mort, entre la bénédiction et la malédiction. Choisissez donc la vie, afin que vous viviez, vous et vos descendants. »

Deutéronome 30 : 19

Chaque homme en venant sur la terre a le choix de former une famille bénie, épanouie et heureuse. Tout est une question de choix. De plus, la vie est une succession de choix. Nous sommes constamment le produit de nos choix passés et ce que nous faisons aujourd'hui aura des répercussions sur notre avenir. Quand nous lisons attentivement ce texte nous pouvons nous rendre compte que le conseil du Seigneur n'est pas juste pour nous mais il est également pour nos familles.

> **« La vie est une succession de choix. »**

Les choix que nous faisons dans notre carrière, dans notre ministère, par rapport à notre relation avec Dieu, les choix de nos amis, le choix de nos milieux de fréquentation, affectent de près ou de loin la santé de nos familles, l'état des relations que nous avons avec nos enfants, avec notre conjoint. Nous devons faire des bons choix afin de nous assurer que nos familles vont avoir des jours meilleurs, afin de nous assurer que nos enfants prendront le bon chemin, afin de nous assurer que notre couple connaîtra la longévité. Pour la restauration de nos familles, nous voyons dans ce texte le besoin de savoir faire de bons choix. Certes, me direz-vous : "j'ai fait des mauvais choix dans mon passé donc je suis fatalement condamné à avoir une famille désintégrée ou détruite ". Non, ce n'est pas la fin ! La Bible dit : " tant que vous vivez, il y a encore de l'espérance." Jésus peut encore tout restaurer dans votre vie. Dès aujourd'hui, faites le meilleur choix afin que l'avenir soit meilleur pour vous, votre femme ou votre mari, vos enfants ainsi que toute votre famille.

Le choix, le choix, le choix, et encore le choix. En se levant le matin nous avons plusieurs choix à faire : le choix de se laver, le choix d'aller au travail, le choix de manger ou de ne pas manger. Nous avons toujours le choix et c'est à nous de pouvoir prendre les meilleures décisions afin que nos choix puissent nous amener dans un lieu paisible, dans une atmosphère de gloire, dans une destinée heureuse, dans un avenir de rêve, un paradis sur terre.

Une question pour vous avant de continuer : quelle est la qualité de vos choix ? Sur quoi se basent vos choix ? Est-ce que j'honore ma famille par mon choix ? Qu'est-ce qui vous inspire ou vous motive lorsque vous voulez prendre une décision ou faire un choix ? La volonté de Dieu est que nos choix soient des choix qui fassent du bien à tous les membres de la famille.

2° Clé : Investir du temps pour sa famille

On ne peut pas s'attendre à de meilleurs résultats sans rien faire. Toute réussite que nous pouvons avoir dans la vie demande du travail, et le travail demande du temps. Il faut trouver du temps pour sa famille.

> « Il y a un temps pour tout, un temps pour toute chose sous les cieux : un temps pour naître, et un temps pour mourir; un temps pour planter, et un temps pour arracher ce qui a été planté; un temps pour tuer, et un temps pour guérir; un temps pour abattre, et un temps pour bâtir; un temps pour pleurer, et un temps pour rire; un temps pour se lamenter, et un temps pour danser; un temps pour lancer des pierres, et un temps pour ramasser des pierres; un temps pour embrasser, Et un temps pour s'éloigner des embrassements. »
>
> Ecclésiaste 3 : 1-5

Dans le *tout*, il y a aussi la famille, le mari, la femme, les parents, les enfants etc... On ne peut pas avoir de temps pour le business, l'école, l'église, le ministère, le travail et pas pour la famille. Toute relation demande du temps.

Les couples mariés se sont rencontrés un jour et ont dû développer leur relation. Nous avons besoin de temps pour consolider les relations. Manifestons notre amour car nos familles ne peuvent pas lire dans nos pensées. Un temps pour embrasser sa femme, ses enfants, un temps pour faire des câlins, un temps pour les accolades, un temps pour leur manifester de la tendresse, un temps de l'amour.

Il n'est pas possible d'être une famille aux relations harmonieuses SANS investir du temps, cela implique ou demande certains sacrifices. Pour être tous assis autour d'une table, ceci sous-entend que chaque membre a dû faire disposer du temps, prioriser ce moment dans ses multiples occupations, accepter de considérer la présence des autres le temps d'un repas. Combien de personnes ont du temps pour tout et pour tout le monde, mais jamais pour leurs conjoints, pour leurs enfants, pour leurs parents. Cher lecteur, j'aimerais nous rappeler que la famille passe avant toutes choses.

> "Car Dieu a tant aimé le monde qu'il a donné son Fils unique, afin que quiconque croit en lui ne périsse point, mais qu'il ait la vie éternelle."
>
> Jean 3 : 16

> " Mais Dieu prouve son amour envers nous, en ce que, lorsque nous étions encore des pécheurs, Christ est mort pour nous."
>
> Romains 5: 8

Dieu lui-même a décidé de nous manifester son amour en envoyant son fils sur terre, pour passer du temps avec les hommes. Christ est resté trente-trois ans avec les hommes, dormant dans les grottes avec eux, allant dans les montagnes avec eux, mangeant avec eux. Dieu a voulu développer une relation avec l'humain.

Pour réussir à avoir une famille comme le Psaume 128, il faut garder l'ordre divin. Or, il est impossible d'avoir une famille fonctionnelle avec un couple dysfonctionnel. L'homme et la femme doivent respecter leurs places, et la valeur qu'ils y accordent va impacter les enfants et amener de la complicité et de la cohésion. Évitez de vous battre devant les enfants, évitez de montrer aux enfants qu'ils valent mieux que votre conjoint, il faut que les enfants comprennent qu'ils ne peuvent pas se mêler entre papa et maman, cela les conduira à vous respecter et à vous honorer. Reconsidérez votre position, votre manière de vous traiter, de vous parler.

Voilà le portrait des relations que Dieu aimerait voir dans la famille : une famille où tous les membres contribuent à l'avancement, où il y a une harmonie dans la famille, où les relations convergent vers le progrès familial. Il n'est pas possible d'être une famille aux relations harmonieuses sans investir du temps, ce qui implique ou demande certains sacrifices. La famille passe avant toutes choses. Il faut investir du temps pour développer de bonnes relations familiales.

Nous sommes dans une société de réseaux sociaux où les gens peuvent être au même endroit, dans une relation de proximité et non de cœur. Combien de personnes ont du temps pour tout le monde sauf pour leur famille ? Il faut s'organiser, et faire en sorte que la famille soit valorisée. Il ne suffit pas de prier pour avoir de bonnes relations familiales mais il y a un travail à faire, investir du temps, s'amuser ensemble. Souvent nous négligeons le temps pour la famille, même pour s'amuser. Mes enfants ont un certain âge maintenant mais ils se souviennent toujours des jeux que je faisais avec eux étant petits.

Cela me touche tellement ! Ainsi, ne pensons pas que les enfants sont marqués seulement lorsqu'on leur achète des cadeaux ou qu'on les amène au McDonald's. Même les petites choses, les blagues, les marque. Faites aussi rire votre conjoint, cela fortifiera votre relation. Que Dieu vous donne la grâce d'avoir du temps avec votre famille. Ne soyez pas trop sérieux, amusez-vous en famille !

3° Clé : Respecter l'ordre divin

On ne peut pas s'attendre à voir une famille harmonieuse sans reconnaître la position de chaque membre de la famille. Dieu nous a positionnés de façon que l'équipe gagne. Comme dans une équipe de football, chacun a son rôle et pour que l'équipe gagne, chacun doit respecter sa position. Le fait qu'on ait des positions différentes ne signifie pas que certains ont plus d'importance que d'autres.

Dans la famille, l'homme a sa position, la femme a la sienne et les enfants ont aussi la leur. C'est Dieu qui a établi un ordre dans la famille. Si nous voulons que la famille fonctionne, nous devons respecter la position de chacun. « Alors Dieu parla à Noé, en disant : Sors de l'arche, toi et ta femme, tes fils et les femmes de tes fils avec toi. (...) Et Noé sortit, avec ses fils, sa femme, et les femmes de ses fils. » (Genèse 8: 15-16, 18) Dieu a donné un ordre pour que le modèle familial soit béni, pour que les relations familiales soient harmonieuses. Cela dit, au travers de ces passages, nous constatons que Noé a changé l'ordre divin.

« Car le mari est le chef de la femme, comme Christ est le chef de l'Église, qui est son corps, et dont il est le Sauveur. »

Éphésiens 5 : 23

« Je veux cependant que vous sachiez que Christ est le chef de tout homme, que l'homme est le chef de la femme, et que Dieu est le chef de Christ. »

1 Corinthiens 11 : 3

Dans ces deux textes, la Bible dit que l'homme est le chef de la femme, en d'autres termes il est le chef de la famille. Cela ne veut pas dire que l'homme est extraordinaire, mais qu'il a une position de chef, une position d'attaquant, il est celui qui donne la direction, qui a la vision, qui mène l'ordre et qui amène la famille dans la direction que Dieu veut pour elle. Cela ne signifie pas que la femme n'a pas de valeur, bien au contraire. Malheureusement, de nos jours nous avons des hommes démissionnaires, des hommes qui ont oublié qu'ils doivent chercher Dieu pour leur famille et la protéger. Le fait que le chef abandonne son poste déséquilibre la famille. Cependant la femme n'est pas une moins que rien. Dans **Genèse 2 : 18**, Dieu n'a pas dit qu'il ferait à l'homme une esclave, mais une aide semblable, une partenaire. C'est la femme et pas les enfants. Votre femme a de la valeur. Le vœu de Dieu est que chacun puisse reconnaître et respecter la place l'un de l'autre. Votre femme est votre partenaire, elle vous assiste dans la vision. Vous devez collaborer avec elle. Par exemple, quel vice-pasteur ou vice-ministre accepterait de ne jamais être consulté pour une décision ? Est-il un figurant ? Ce ne serait pas normal. Le fait de ne pas reconnaître l'ordre divin crée des relations conflictuelles dans la famille.

Il est important que l'homme sache quelle est la place de la femme, que la femme sache quelle est la place du mari et que les enfants ne prennent pas la place du mari ou de la femme. Noé avait donné la place de sa femme à ses enfants. Malheureusement aujourd'hui c'est le cas de beaucoup de couples.

« L'héritage que l'Éternel donne, ce sont des fils; les enfants sont une récompense. »

Psaumes 127 : 3 (S21)

Certaines personnes ne valorisent pas non plus les enfants mais le passage biblique nous montre que les enfants sont un héritage. Nous devons garder l'ordre divin.

Lorsqu'on a des familles solides dans l'église, l'église devient solide. Lorsque l'église devient solide, la nation devient solide. Dieu veut que l'on devienne une famille de foi. La famille est le lieu où il fait bon vivre, où l'on peut être vrai. C'est le lieu où il faut investir. C'est la cellule de base de toute société. La famille est au centre du projet de Dieu.

14

MARIAGE, DIVORCE & REMARRIAGE

Voici trois termes dont notre société actuelle ne peut se passer. Le mariage a une grande importance dans la pensée de Dieu et pour l'être humain. D'ailleurs, la société demeure divisée dans ce domaine : certaines personnes croient avoir un bon mariage, d'autres vivent le divorce et d'autres encore se remarient, et sont à leur deuxième, voire troisième mariage.

En tant que serviteur et ministre de Dieu, et porte-parole de la restauration des familles et des couples, j'estime que nous ne pouvons pas ignorer ce fait-là, voilà pourquoi nous allons analyser ensemble ce sujet à la lumière de la parole de Dieu et selon la pensée de Dieu, car Dieu désire ardemment restaurer tout homme. Le mariage et les personnes divorcées ont besoin d'être restaurés; ceux qui se remarient connaissent aussi un défi à la suite de ce deuxième engagement. Dans tous les cas, toutes ces catégories de personnes connaissent des défis, elles ont toutes besoin de connaître la restauration, et Dieu les aime toutes.

D'autre part, les enfants sont souvent les plus touchés par le mariage, le divorce et le remariage. Ils sont affectés d'une manière ou d'une autre dans leur être, leur conscience et leurs comportements. Il est donc capital d'aborder ce sujet et de trouver des solutions par la grâce de Dieu; des solutions qui pourront aider ces enfants qui ont été touchés de près ou de loin par le mariage, le divorce ou le remariage de leurs parents, afin qu'eux aussi puissent être rebâtis, prêts à prendre de meilleures décisions pour leur avenir et éviter de tomber dans les mêmes erreurs que leurs parents.

Étant moi-même un enfant de parents divorcés et ayant vu mon père se remarier, je connais personnellement les enjeux liés à ces trois mots. Voilà pourquoi j'aimerais partager avec vous mes expériences, accompagnées de la parole de Dieu, pour vous aider à avoir de nouvelles perspectives, avec la possibilité de rebâtir nos vies.

Le mariage selon la pensée de Dieu

Nous vivons aujourd'hui dans une société où le mariage est simplement l'union de deux êtres, homme et femme et même homme et homme, femme et femme. Néanmoins, je ne viens pas vous parler de ce que les hommes pensent du mariage mais plutôt du mariage selon la perspective divine. Lorsqu'on se convertit et qu'on devient enfant de Dieu, l'important n'est pas notre opinion personnelle ou encore l'idée de la majorité ou ce que nous jugeons bien ou mal, mais ce que Dieu dit. En devenant enfant de Dieu, on s'engage à marcher et à fonctionner selon la volonté de Dieu, sa Parole. Le mariage selon la Bible est tout d'abord l'union de deux personnes de sexe opposé devant Dieu et devant les hommes. Le mariage est une union légale entre deux personnes : cela doit donc se faire devant des témoins et non dans un petit coin en cachette.

La Bible dit clairement que le mariage doit être honoré de tous, à commencer par Dieu lui-même, ensuite les familles et la société. Celui-ci doit être approuvé dans les sphères suivantes : Dieu, l'Église, la famille et même l'État. On peut donc regrouper dans une sphère Dieu et l'Église, dans une autre la famille et dans une autre catégorie encore, l'État ou les instances gouvernementales. Ainsi, rappelons que cela se doit d'être une union **légale**. Par exemple, lorsque deux personnes décident d'habiter ensemble et d'avoir des enfants, cela ne constitue pas le mariage selon la pensée de Dieu. Un couple se doit d'être redevable aux gens, que ce soit leur propre famille dont ils sont issus, la société dans laquelle ils vivent ainsi que le Dieu qui les a créés.

> « En devenant enfant de Dieu, on s'engage à marcher et à fonctionner selon la volonté de Dieu, sa Parole. »

La Bible nous révèle un autre aspect du mariage : c'est une alliance entre Dieu, l'homme et sa femme, c'est-à-dire une alliance entre trois personnes. Dieu doit donc être présent dans ce mariage. Lorsque deux personnes se mettent ensemble par amour, elles sont heureuses et c'est une bonne chose. Tout comme un mariage coutumier, les hommes peuvent être d'accord avec, mais le couple doit s'assurer d'impliquer Dieu dans cette union. Dieu lui-même a parlé et constaté qu'il n'est pas bon que l'homme soit seul. C'est pourquoi l'alliance dans le mariage implique aussi Dieu, c'est-à-dire que Dieu s'y intéresse. Dieu doit être impliqué dans votre couple. Par la suite, Il forme la femme, l'amène auprès de l'homme qui la choisit, et les deux ne forment qu'une seule chair. Nous voyons par-là que le mariage ce n'est pas seulement l'affaire d'un homme et d'une femme, mais que Dieu a sa part à faire, car il en est l'instigateur et l'instituteur; il l'a établi dès le départ. Le mariage n'existe pas sans que Dieu puisse en être l'auteur. Afin que notre mariage soit béni, Il doit être dans l'équation.

Voici quelques considérations par rapport au mariage :

1. Le mariage a un sens unique, c'est à dire que c'est un engagement qu'on est obligé de tenir.

2. Le mariage est une alliance indissoluble et c'est la décision la plus importante que l'homme doit prendre après celle du salut.

Nous devons comprendre que le mariage n'est pas un jeu, c'est une décision très importante, voire capitale, et Dieu tient à ce que nous puissions honorer notre mariage. Il tient à que nous soyons attachés à la personne que nous avons choisi d'aimer. C'est un engagement qui engage deux personnes l'une envers l'autre et les deux vers Dieu. Il est donc important qu'à chaque moment, à chaque instant, un homme et une femme mariés et chrétiens, comprennent qu'ils ont pris un engagement devant Dieu et qu'ils se doivent de l'honorer. Ils ont une redevance envers deux personnes : Dieu et leur conjoint. En effet, beaucoup l'oublient et c'est comme ça qu'ils se retrouvent à faire toutes sortes de choses, parce qu'ils réduisent cela à un engagement envers l'humain. Ils s'octroient donc une certaine largesse. Si vous avez pris cet engagement devant Dieu, Il s'attend à ce que vous l'honoriez.

« Mon bien-aimé est à moi, et je suis à lui; Il fait paître son troupeau parmi les lis. »

Cantique des cantiques 2 : 16

Nous voyons là cet aspect d'engagement réciproque. De nos jours, les couples font face à de nombreux problèmes à cause du manque d'engagement. Mais pour entrer dans la pensée divine pour le mariage nous devons comprendre que l'engagement des mariés est un engagement qui doit être sans faille. C'est une décision que nous devons prendre, encore et encore.

Lorsqu'on parle d'engagement, on sous-entend une décision. On s'engage à aimer l'autre toute la vie, à être avec lui jusqu'à la mort. Ce n'est pas une décision prise à la légère. Nous sommes conscients que sa physionomie changera; que la femme que nous avons aimée à 20 ans ne sera plus la même 40 ans plus tard. Nous nous engageons tout de même à l'aimer malgré toutes les métamorphoses de sa vie ou de notre mariage. Il en va de même pour la femme envers son mari.

« Les grandes eaux ne peuvent éteindre l'amour, Et les fleuves ne le submergeraient pas; Quand un homme offrirait tous les biens de sa maison contre l'amour, Il ne s'attirerait que le mépris. Nous avons une petite sœur, Qui n'a point encore de mamelles; Que ferons-nous de notre sœur, Le jour où on la recherchera ? »

Cantique des cantiques 8 : 7-8

Ce passage démontre combien il est difficile que quoi que ce soit vienne séparer ce couple; lorsqu'il n'y a pas d'engagement, il est très facile de lâcher l'autre, mais lorsqu'on comprend que le mariage est un engagement d'amour, même les fleuves ne peuvent pas submerger celui-ci.

Ceci m'amène à démystifier certaines réflexions de jeunes garçons, de jeunes filles : on ne se marie surtout pas pour avoir des relations sexuelles. Si c'est pour cela, il existe tant de personnes avec qui avoir un rapport sexuel. Lorsqu'on choisit de se marier, cela doit être par amour. On ne veut pas voir cette personne de temps en temps, de façon périodique. On aime cette personne et on aimerait lui donner notre amour, ainsi que recevoir son amour de manière permanente, alors on s'engage avec. Ainsi, n'entrez pas dans le mariage pour satisfaire des besoins sexuels, ou pour tuer la solitude, parce que l'âge avance, ou encore pour une meilleure situation financière. Surtout pas ! Le mariage ce n'est pas un contrat d'affaires, le mariage c'est une alliance d'amour. On se marie parce qu'on a trouvé un homme, une femme qu'on aime.

Pour que cela fonctionne, il faut comprendre que vous devez vous engager à toujours aimer et choisir l'autre peu importe ce qui arrivera, ce qu'il fera, dira ou ce qui changera. Lorsque je dis: "Je l'aimerai toujours", l'autre peut manifester un comportement que je n'aime pas, mais je l'aime toujours. Je lui fais des reproches, je l'aide à changer, je prie pour elle mais je l'aime quand même. Le mariage est un engagement à aimer son partenaire pour la vie; ce n'est pas une prison !

Si Dieu a dit qu'il n'est pas bon que l'homme soit seul, c'est qu'il est bon pour l'homme et la femme de quitter leur état de célibat pour le mariage. J'aimerais vous dire qu'être marié est réellement bon et tellement merveilleux. Il y a des avantages insoupçonnés lorsqu'on s'engage dans les liens sacrés du mariage. Dieu n'a pas institué le mariage pour nous passer la corde au cou mais pour que les mariés se trouvent heureux dans cette aventure dans laquelle ils s'engagent[3].

Il n'est écrit nulle part que l'homme trouvera une prison ou un lieu d'esclavage d'où il ne pourra sortir ! Il est écrit qu'il "trouve une faveur" et même que "c'est une grâce qu'il obtient de l'Éternel", parce qu'il y a des gens de même nature que vous et moi qui ne parviennent pas à se marier. Parfois, c'est un problème de choix : soit ils ne trouvent personne qui entre dans leurs critères, soit ils trouvent de belles personnes qui, de leur côté, ne sont pas du tout intéressées. J'ai vu des hommes aller vers des partenaires potentielles et formuler leur demande, pour finalement essuyer un refus. Lorsque vous trouvez une femme et qu'elle vous dit "oui je le veux", c'est que vous avez obtenu une grâce. Ce n'est pas parce que vous êtes beau car il y a beaucoup d'hommes beaux que les femmes n'acceptent pas d'épouser. Il y a beaucoup de gens riches qui ne se marient pas. Homme, si une femme accepte de vous épouser, c'est une faveur que vous avez obtenue ; femme, si un homme arrête son regard sur vous et vous demande en mariage, sachez que Dieu vous fait grâce. Il y a de belles filles, parfois plus instruites, plus intelligentes que vous, que les hommes passent. En revanche, un homme s'est arrêté sur vous, non pas juste pour votre beauté, non pas seulement pour passer du bon temps avec vous, mais parce qu'il désire s'engager. Quelle grâce !

C'est pourquoi j'aimerais vous dire que le mariage est une bonne chose. C'est quelque chose de bon, de merveilleux, de plaisant, puisque Dieu l'a institué. J'ai vu des personnes dire que le mariage ne servait à rien. Parfois les jeunes méprisent le mariage, à cause de

---

[3] Voir Proverbes 22 : 18

l'environnement dans lequel ils ont grandi, ou à cause de leurs parents, ou tout simplement parce qu'ils n'ont pas un bel exemple de mariage autour d'eux et trouvent que cela n'en vaut pas la peine. Et pourtant, c'est une bénédiction sans pareille ! Dieu ne nous donne jamais rien de mauvais pour nous, alors même si vous avez vu des personnes échouer leur mariage ou des mariages complètement brisés, le mariage est bon.

Je peux en témoigner aujourd'hui car lorsque mes parents ont divorcé, cela m'a laissé un goût très amer dans la bouche. Je n'avais pas envie de me marier, je me disais à quoi bon le faire ? Je pensais que mes parents s'aimaient, qu'ils étaient le meilleur couple au monde mais après dix années de mariage, plus rien. Cela m'avait vraiment blessé et j'avais pris la décision de ne pas me marier. Je ne voulais pas être brisé dans mon cœur, avoir des déceptions quelconques et je me disais : "si mes parents n'ont pas réussi dans le mariage, qu'est ce qui me prouve que je vais faire mieux ?" En fait, si vous me lisez aujourd'hui et que vous avez ces mêmes sentiments par rapport au mariage, j'aimerais vous dire que votre destinée n'est pas la même que ceux qui ont échoué. D'autant plus que nous ne connaissons pas les raisons pour lesquelles ils ont échoués dans leur mariage. Nous ne sommes pas là pour juger ces personnes, mais j'aimerais vous rappeler de ne pas conditionner votre vie à l'échec à cause de l'échec des autres. Ne calquez pas votre vie sur la leur. Vous avez une destinée meilleure, fantastique, vous êtes un être exceptionnel et vous réussirez votre mariage, vous vivrez des moments merveilleux et bénis dans votre couple.

Si vous êtes célibataire, que vous avez perdu goût au mariage à cause de vos parents, vos amis ou vos voisins, reprenez courage car le mariage n'est pas une fabrication de l'homme mais de Dieu. Il a trouvé qu'Il était bon que l'homme et la femme puissent être ensemble. Être célibataire vient avec ses bons côtés mais être marié est vraiment une bonne chose. Ne faites pas le vœu de célibat simplement par peur d'échouer. Que Dieu vous libère de cette crainte d'échouer votre mariage, de la peur du divorce, de la peur de ne pas être un bon parent.

Pourquoi je fais cette prière ? Car je sais qu'être un bon parent, une bonne femme ou un bon mari ne vient pas de nous mais de Dieu. Dieu est disponible, Il est outillé pour nous faire réussir cette aventure. N'ayez pas peur d'y entrer car vous avez les capacités divines à votre disposition pour réussir. Voilà pourquoi je vous encourage, si vous avez déjà décidé de ne pas vous marier, à reconsidérer la question car il y a du bon dans le mariage.

Les bénéfices du mariage

Outre le verset Genèse 2: 18 que nous connaissons tous, j'aimerais m'arrêter sur les deux autres passages suivants :

"Deux valent mieux qu'un, parce qu'ils retirent un bon salaire de leur travail. Car, s'ils tombent, l'un relève son compagnon; mais malheur à celui qui est seul et qui tombe, sans avoir un second pour le relever ! De même, si deux couchent ensemble, ils auront chaud; mais celui qui est seul, comment aura-t-il chaud? Et si quelqu'un est plus fort qu'un seul, les deux peuvent lui résister; et la corde à trois fils ne se rompt pas facilement." (Ecclésiaste 4: 9-12)

"Sur ma couche, pendant les nuits, J'ai cherché celui que mon cœur aime; Je l'ai cherché, et je ne l'ai point trouvé... Je me lèverai, et je ferai le tour de la ville, Dans les rues et sur les places; Je chercherai celui que mon cœur aime... Je l'ai cherché, et je ne l'ai point trouvé. Les gardes qui font la ronde dans la ville m'ont rencontrée: Avez-vous vu celui que mon cœur aime? À peine les avais-je passés, Que j'ai trouvé celui que mon cœur aime; Je l'ai saisi, et je ne l'ai point lâché Jusqu'à ce que je l'aie amené dans la maison de ma mère, Dans la chambre de celle qui m'a conçue."

(Cantique des cantiques 3:1-4)

Le premier bénéfice du mariage est l'amitié. Lorsqu'on se marie, on trouve une personne sur qui compter, un confident, un conseiller, une personne avec qui tout partager. Le mariage nous donne la possibilité d'avoir une bonne compagnie. Un être humain a besoin d'une personne de confiance à ses côtés. Mes enfants me posent souvent la question : "Papa c'est qui ton meilleur ami ?" Au début, je raisonnais, mais plus maintenant. À chaque fois, je réponds que c'est ma femme. Si je raisonnais, c'est parce que je regardais ma jeunesse, les gens que je considérais comme amis intimes, les amis d'enfance... j'ai constaté que ces amitiés-là fanent parfois parce qu'on grandit, qu'on n'a pas la même vision ou parce qu'on a changé de ville, déménagé. Alors l'amitié s'est refroidie. Même à l'âge adulte, entre la RDC, l'Angleterre et le Canada, j'ai connu des personnes que j'ai parfois considéré comme des amis intimes. Ces amitiés finissaient par disparaître ou n'étaient plus aussi intenses qu'avant. Parfois, l'amitié n'était pas réciproque. Je peux considérer un homme ou une femme comme des amis, mais pas eux; ou peut-être qu'eux aussi m'apprécient, mais pas au titre d'ami intime. Or, avec ma femme, j'ai l'assurance d'avoir cette amie bons gré mal gré. Nos *je t'aime* sont aussi réciproques que notre engagement mutuel, et cela permet à ce que cette amitié traverse les âges, les époques, le temps, les milieux. Notre amitié transcende le temps et s'étend sur plusieurs générations. Parfois, on peut essayer de garder contact avec des amis du travail, on appelle de temps à autre mais on sent que ce n'est plus la même chose. Lorsqu'on se marie, on trouve une amitié solide et réciproque.

Le deuxième bénéfice du mariage, c'est l'amour. L'amour est un besoin fondamental pour tout être humain. Dans un mariage chrétien, dans un bon mariage, ce besoin est satisfait. En effet, tout chrétien sait qu'il doit aimer son prochain comme lui-même. D'emblée, un homme et une femme chrétiens s'aiment mutuellement parce que Christ le leur demande, ensuite cet amour s'intensifie parce qu'eux-mêmes ont décidé de s'engager dans cet amour pour la vie. Et la Bible surenchérit en disant: "Maris, aimez vos femmes comme Christ a aimé l'Église". Dieu y met une emphase. Dans un bon mariage, un couple qui respecte les principes du Royaume de Dieu voit son besoin d'aimer et de se sentir aimé comblé. Il est bon d'être marié, parce que lorsque vous vous mariez, l'amour procure la joie, l'épanouissement, le bonheur. Vous sentirez une force et un encouragement juste par le fait de savoir que votre femme ou votre mari vous aime. Il m'arrive parfois d'être fatigué mais lorsque je sens l'amour de ma femme et celui de ma famille, cela m'encourage à continuer. C'est comme si j'étais sur un ring et qu'on me criait : "Champion, avance !" L'amour nous pousse à persévérer lorsque nous voulons tout lâcher.

De la même manière, quand on se sent aimé par son conjoint, on a une force pour avancer dans la vie, accomplir certaines choses, chose que l'on n'a pas forcément quand on est célibataire. Une simple copine ne s'est pas engagée jusqu'au bout, elle est là, elle vous donne un sentiment d'amour mais elle sait que c'est éphémère, elle peut claquer des doigts et l'histoire se termine. Elle ne s'engage pas totalement, pas parce qu'elle n'en a pas envie mais parce qu'elle craint que vous ne la quittiez; elle préfère garder une certaine réserve. C'est pour cela qu'en étant mariés, on vit pleinement cet amour-là, on est parfaitement comblé par ce besoin d'aimer et de se sentir aimé.

Le troisième bénéfice d'être marié, c'est la <u>réalisation de soi</u>. À l'intérieur de chaque être humain, il y a ce besoin ultime de pouvoir atteindre certains sommets dans la vie. Souvent, pour les enfants de Dieu, cette réalisation de soi existe par rapport à la vision qu'on a reçu du Seigneur : on veut accomplir les choses que Dieu nous demande, réaliser nos rêves. Avec un mari ou une femme c'est différent. C'est avoir une personne qui va nous aider à nous réaliser, à accomplir nos rêves, mais aussi à nous encourager dans notre vision. Une personne présente matin, midi et soir, et qui lorsque vous rentrez tout fatigué parce que vous avez rencontré des défis, vous demande si ça va.

"Pourquoi as-tu mauvaise mine ?"

"Aujourd'hui au travail c'était difficile…"

"Ne t'inquiète pas mon champion/ ma championne, ça va aller. Ne regarde pas à ça, focalise-toi sur l'essentiel".

Et ça, ça donne envie de se réaliser.

Souvent, on fait tellement de grandes choses en tant que célibataire et personne n'est là pour nous dire: "Je t'apprécie", mais avec la personne qui partagera votre vie dans le mariage, vous aurez ces encouragements, une personne qui reconnait que vous faites des exploits, et ça, c'est encourageant. En tant que célibataires, on peut recevoir cet encouragement de ses parents ou de ses amis, mais dans le mariage, il y a comme un plus, c'est quelque chose de fort parce que le conjoint connaît nos faiblesses. Les gens de l'extérieur peuvent me voir gagner une coupe sans forcément connaître mes faiblesses. Ils me voient comme un être "parfait", de ce fait, il suffit qu'ils découvrent une de mes faiblesses un jour pour qu'ils balaient tous mes exploits. Ma femme elle, malgré le fait qu'elle connaisse mes fautes, mes erreurs, que je me dénude devant elle et qu'elle voit mes faiblesses les plus cachées, est capable de reconnaître mes exploits, ma valeur, et de continuer à m'aimer inconditionnellement. Avec elle, je sens que je me réalise. Cela me permet de dire : "Merci Seigneur", parce que je sens que son compliment et son encouragement sont vrais. En effet, elle n'est pas obligée de le faire avec toutes les faiblesses que je manifeste à la maison. Les gens de l'extérieur eux, peuvent me louer et m'encourager, mais ils manquent d'informations, ils se basent uniquement sur ce qu'ils connaissent de moi. Cela peut relativiser leur jugement. S'ils connaissaient tous les éléments sur ma personne, peut-être qu'ils n'auraient pas la même conclusion.

Le quatrième bénéfice du mariage, c'est la <u>complémentarité</u>. Dans sa vision, Dieu veut que nous puissions travailler en équipe. Quand nous lisons la Genèse, nous constatons que les animaux ont été créés deux par deux. Mais l'homme, lui, était seul, et Dieu a considéré que ce n'était pas bon. Le Seigneur vient par là nous expliquer l'importance de faire équipe, d'être mariés. Le livre de l'Ecclésiaste, lui, nous rappelle que deux valent mieux qu'un parce que si l'un tombe, l'autre le relève. En étant marié, nous avons cet avantage qu'est la complémentarité. On se complémente dans la vie, ainsi que dans la vision que Dieu a mis sur notre vie, notre ministère et notre appel.

Notre société actuelle met en avant le travail d'équipe car cela comporte un grand avantage. En équipe, on peut accomplir plus et aller beaucoup plus loin. On est plus productif et on fait moins d'erreurs. Lorsqu'on est célibataire, on peut faire des erreurs et continuer à s'enfoncer. Or, le matin avant de sortir, il peut arriver que votre femme vous dise que votre vêtement n'est pas le meilleur, ou qu'il est tâché. Avant que le monde ne découvre cette tâche, votre tendre moitié vous l'a dit et vous avez le temps de vous changer. Seul, c'est plus compliqué. Vous avez le temps de parcourir des kilomètres avant qu'une personne de bonne volonté ne vous le dise, et c'est souvent la honte. Que ce soit dans la maladie, au chômage ou quand vous faiblissez spirituellement, votre conjoint est là pour vous aider. Je connais des personnes qui ont perdu leur emploi, mais qui ont pu s'en sortir grâce au travail de leur conjoint. Imaginez-vous un célibataire perdre son emploi ! En conclusion, ce sentiment de complémentarité, c'est ce que Dieu appelle "une aide semblable". On se sent aidé et épaulé dans ce qu'on fait.

Le cinquième bénéfice du mariage, c'est de pouvoir <u>procréer avec sécurité</u>. La famille demeure le cadre idéal pour la croissance de tout enfant. La procréation n'arrive pas seulement dans le mariage, mais la procréation avec sécurité n'est que dans le mariage. Qu'est-ce que j'entends par sécurité ? Cela commence par soi-même.

Premièrement, vous limitez le plus possible les contaminations infectieuses. De plus, la crainte de faire un enfant et d'être abandonné n'est pas présente. Dans le mariage, vous vivrez les moments difficiles, les défis, les moments faciles et les moments de joie ensemble, à la venue d'un enfant.

Troisièmement, cela affecte l'enfant lui-même, car lorsqu'on parle d'enfant illégitime, l'enfant ne se sent pas bienvenu dans la société. Cela peut également l'affecter spirituellement et émotionnellement. C'est pourquoi procréer dans le cadre du mariage c'est faire un enfant qui se trouve être en sécurité, car la famille est l'endroit idéal de croissance et d'épanouissement pour tout enfant.

De ce fait, être marié est d'un grand bénéfice. Quelqu'un peut me dire : "moi j'habite avec mon copain et nous faisons des bébés, quand cet enfant naîtra nous allons assumer nos responsabilités". Oui c'est vrai, mais cet enfant se demandera toujours : *"pourquoi ils ne se sont pas mariés ?"*, *"pourquoi mes parents ne veulent pas s'engager ?"*, *"Est-ce qu'ils vont se séparer demain ?"* Cela crée un sentiment d'insécurité même lorsque tout va bien, d'abord pour les conjoints eux-mêmes mais aussi pour l'enfant. Quel message lui renvoie-t-on lorsqu'il voit ses voisins mariés et non ses parents ? Cela lui renvoie l'idée que le mariage n'est pas important.

Le sixième bénéfice du mariage, c'est la <u>victoire dans le combat spirituel</u>. Lorsqu'on se marie, on se lie à un homme ou une femme et l'on partage tout, ce qui signifie aussi qu'on va partager les actifs et les passifs de l'un et de l'autre. Chacun vient avec un bagage spirituel. Vous avez dans chacune de vos familles des combats et des bénédictions, et vous devez les partager. Ce n'est pas pour rien que la Bible nous dit que deux valent mieux qu'un, et que si quelqu'un est plus fort qu'un seul, les deux peuvent lui résister. Ainsi, au moment où je me marie, j'ai la grâce d'avoir mon mari ou ma femme qui entre dans ce combat spirituel avec moi.

Nous devenons un et sur le plan spirituel, nous devenons plus forts pour repousser les limites de l'ennemi contre nous. On peut intercéder l'un pour l'autre, se soutenir en prière… et ce qui prenait le dessus sur moi en prière hier, aujourd'hui je le gagne car je suis aux côtés de ma conjointe et cela m'accorde la victoire. Jésus dit : "là où deux ou trois sont réunis en mon nom, je suis au milieu d'eux" (Matthieu 18: 20). Il y a donc une promesse liée à l'accord de plusieurs personnes, et le mariage est le cadre idéal où deux personnes peuvent s'accorder. Lorsqu'on s'accorde, il y a des batailles qu'on sera en mesure de gagner sur le plan spirituel. Regardons le cas de Séphora dans **Exode 4: 24-26**. Dieu est sur le point de tuer son mari et Moïse est impuissant face à cette attaque. La Bible nous dit que Séphora coupe le prépuce de son enfant, cela apaise la colère de Dieu qui lui laisse la vie sauve. Si Moïse avait été célibataire, je ne sais pas si on parlerait encore de lui aujourd'hui. Voyons aussi le cas d'Abigaelle dans **1 Samuel 25 : 4-31**. Celle-ci sauve son mari de la colère de David. Encore une fois, nous constatons que la femme a aidé l'homme à ne pas perdre la vie, d'où l'importance du combat spirituel. Lorsqu'on prie en accord, ou quand on n'a pas la capacité de faire quoi que ce soit, notre conjoint peut être d'un secours important dans le danger qui guette nos vies ou qui guette notre famille.

Le septième bénéfice du mariage, c'est <u>d'avoir des rapports sexuels sans crainte ni culpabilité</u>. Un chrétien sait qu'avoir des rapports sexuels sans être marié est un péché. La Bible nous parle d'impudicité, ce qui offense Dieu. Le même acte est péché pour un célibataire et honorable pour une personne mariée. Un célibataire et chrétien de surcroit, ressent une culpabilité à le faire. Même certains non croyants peuvent ressentir une culpabilité en se disant que c'est trop tôt, ou que les parents n'aimeraient pas entendre ça. Il y a toujours cette remise en question après les relations sexuelles hors mariage. Sans compter la peur de tomber enceinte, d'attraper des maladies sexuellement transmissibles ou d'être abandonné. Dans le mariage, cette crainte n'est pas là car la fidélité des conjoints et l'accord de Dieu envers cet acte nous protègent.

Voici donc les nombreux bénéfices du mariage. J'aimerais vous rappeler que se marier est une bénédiction. Ne vous découragez pas et ne vous empêchez pas de vous marier, vous pouvez réussir votre mariage.

Les facilitateurs du mariage

Quels sont les éléments qui peuvent vous aider à réussir votre mariage ? Laissez-moi vous parler des personnes qui peuvent vous aider dans ce domaine.

Premièrement, **Dieu** lui-même est disposé à nous aider, et s'engage à nous soutenir car il est l'instituteur du mariage. Chaque fois que nous rencontrons une difficulté dans ce parcours, Dieu est disposé et disponible à nous venir en aide. Voilà pourquoi si vous vous sentez mal dans une situation de couple, allez vers Dieu. Si vous êtes célibataire et avez des problèmes de caractère, Dieu peut changer les choses. Il n'y a aucune situation que Dieu ne peut pas résoudre dans la vie et encore plus dans le couple. Chaque fois que vous connaîtrez des difficultés, je vous encourage à aller vers Dieu : Il vous accordera certainement et assurément, des conseils, des pistes et des solutions qui vont vous aider à réussir.

La deuxième personne qui nous aide à réussir votre mariage, c'est **votre partenaire**. Vous savez, ma femme et moi avions décidé quand nous étions encore fiancés que les mots *divorce*, ou même *séparation* ne seraient pas prononcés dans notre mariage. Même lorsque nous avons des différends, ce n'est pas une option; nous avons banni ces mots de notre vocabulaire. C'est notre façon à nous de réussir notre mariage. La Bible dit que la mort et la vie sont au pouvoir de la langue, donc nous avons décidé de ne pas prononcer certaines choses. Lorsque nous avons des différends, on s'explique, on se pardonne, on peut ne pas être d'accord mais on en discute et la vie continue. Ce genre de langage et de déclarations attire la malédiction sur notre vie et celle du conjoint. Voilà pourquoi nous nous sommes engagés à ne pas les prononcer.

C'est pourquoi il est important d'écouter votre conjoint, car c'est l'un des facilitateurs du mariage. Quand il ou elle vous dit quelque chose, vous fait un reproche, ce n'est pas pour vous faire du mal mais plutôt pour faire réussir votre couple. Si votre femme vous dit qu'elle n'aime pas comment vous vous conduisez avec une tierce personne à l'église, ou avec une collègue au travail, ne mettez pas cela sur une jalousie mal placée. Elle voit par là un élément qui peut nuire à votre couple. Cela ne signifie pas qu'elle a un problème avec la personne ou un souci avec le sexe opposé, mais plutôt parce qu'elle veut que vous réussissiez votre mariage. Le fait d'écouter les conseils de votre partenaire favorise la bonne entente dans votre couple.

Le troisième type de personne qui peut vous aider, sont **les parrains**. Je constate avec dépit que de nos jours, de nombreux couples choisissent des parrains par prestige. Ils prennent un parrain parce qu'il a beaucoup d'argent ou qu'il va aider dans le financement du mariage par exemple. En bref, les gens choisissent des parrains de mariage par dette morale. Que cette personne vous ait beaucoup aidé par le passé ou qu'elle connaisse vos parents, cela n'est pas un prétexte pour la choisir. Rappelez-vous : privilégier la réussite de votre mariage aux émotions. Les personnes que vous choisissez doivent être un modèle pour vous, avoir des valeurs bibliques, et au moment où vous les choisissez, doivent avoir une bonne santé de couple. Elles doivent également être des modèles avec qui vous parlez franchement, librement, sans aucune honte. Ainsi, lorsque vous aurez des problèmes, vous pourrez les exposer sans parti pris. Assurez-vous que toutes ces qualités soient bien présentes, sinon, laissez-moi vous dire qu'elles ne vous seront d'aucune utilité après le jour du mariage.

Le quatrième type de personne est **le ministère des couples**. Certaines églises ont un département de couple, des gens responsables de l'encadrement du couple, des personnes matures et spirituelles qui conseillent, enseignent et encadrent les nouveaux comme les anciens couples. Ils nous rappellent certains principes bibliques pour l'harmonie et la joie dans le mariage. Ce sont des références, des personnes qui peuvent nous aider parce qu'ils ont reçu ce mandat. C'est pourquoi j'encourage les couples à suivre des séminaires, des conférences de couple, même s'ils sont déjà mariés et que tout va bien. Lisez des livres sur le mariage, sur l'éducation des enfants, sur tout ce qui touche à la famille. N'hésitez pas à lire ce livre plusieurs fois, car il peut s'avérer être un manuel de consultation pour bénir votre couple.

La dernière ressource importante est **l'équipe pastorale**. Votre pasteur est aussi un facilitateur de votre mariage. Si vous avez un problème au sein du couple, il a le mandat et l'onction pour pouvoir vous aider. Qu'il soit plus jeune que vous ou pas, il a reçu la sagesse divine et l'onction à travers l'appel. L'apôtre Paul était célibataire mais avait aidé des couples. Il avait une sagesse comme on peut le voir dans **1 Corinthiens 7** ou encore **1 Corinthiens 11**. Il a reçu des choses par révélation, selon le mandat de Dieu. Vous n'avez donc aucune crainte à avoir, si Dieu vous a établis à un endroit, votre pasteur a l'habileté de vous accompagner dans vos difficultés.

Le divorce

Le divorce est la séparation des mariés qui décident de ne plus être et vivre ensemble, et ce pour plusieurs raisons. Voyons voir ce que la Parole nous dit là-dessus : « Et vous dites: Pourquoi?... Parce que l'Éternel a été témoin entre toi et la femme de ta jeunesse, A laquelle tu es infidèle, Bien qu'elle soit ta compagne et la femme de ton alliance. Nul n'a fait cela, avec un reste de bon sens. Un seul l'a fait, et pourquoi? Parce qu'il cherchait la postérité que Dieu lui avait promise. Prenez donc garde en votre esprit, Et qu'aucun ne soit infidèle à la femme de sa jeunesse! Car je hais la répudiation, Dit l'Éternel, le Dieu d'Israël, Et celui qui couvre de violence son vêtement, Dit l'Éternel des armées. Prenez donc garde en votre esprit, Et ne soyez pas infidèles ! » (Malachie 2 : 14-16)

Le Seigneur a été témoin de notre engagement envers notre mari ou notre femme, et nous rappelle que lorsqu'on s'engage, c'est pour la vie. Il nous parle également de l'importance de la fidélité face à cet engagement et réprime le fait que les hommes le brisent. Nous voyons également dans ce texte que la répudiation (ou le divorce) n'est pas souhaitable aux yeux de Dieu. Le Seigneur, depuis l'ancienne alliance, ne voulait pas qu'il y ait divorce après un mariage, puisqu'Il est lui-même fidèle à ses engagements. Il s'attend donc à ce qu'on s'y conforme. C'est pour cela que lors d'un échange de vœux pendant le mariage, nous rajoutons "pour le meilleur et pour le pire".

Imaginez-vous être avec votre tendre moitié qui est tellement belle, et un jour, elle vit un terrible accident de travail. Elle vient peut-être de perdre un œil et finit défigurée. Eh bien malgré cette tragédie, Dieu s'attend à ce que vous lui restiez fidèle. Tout comme la femme qui a un corps de mannequin et qui finit par tomber enceinte. Après l'accouchement, des rondeurs apparaissent. Même si vous n'aimez pas cela, le Seigneur vous demande de lui rester fidèle. Il y a toujours une solution à un problème, à vous de la chercher, mais le divorce n'en est pas une.

Au cours d'une vie, plusieurs choses peuvent nous arriver et nous donner envie de nous séparer de notre conjoint. Certains utilisent parfois la violence ou l'homicide mais tout cela ne fait pas partie de la pensée de Dieu. Dieu aimerait que tout croyant qui se marie demeure marié jusqu'à la fin de ses jours : "Les pharisiens l'abordèrent, et dirent, pour l'éprouver: Est-il permis à un homme de répudier sa femme pour un motif quelconque? Il répondit: N'avez-vous pas lu que le créateur, au commencement, fit l'homme et la femme et qu'il dit: C'est pourquoi l'homme quittera son père et sa mère, et s'attachera à sa femme, et les deux deviendront une seule chair? Ainsi ils ne sont plus deux, mais ils sont une seule chair. Que l'homme donc ne sépare pas ce que Dieu a joint. Pourquoi donc, lui dirent-ils, Moïse a-t-il prescrit de donner à la femme une lettre de divorce et de la répudier? Il leur répondit: C'est à cause de la dureté de votre cœur que Moïse vous a permis de répudier vos femmes; au commencement, il n'en était pas ainsi. Mais je vous dis que celui qui répudie sa femme, sauf pour infidélité, et qui en épouse une autre, commet un adultère." (Matthieu 19 : 3-9)

Dans ce passage, "Pour un motif quelconque" signifie réellement : parce qu'elle n'a pas bien fait la vaisselle, parce qu'il a été en retard, parce qu'elle a été impolie, etc. Christ nous dit clairement qu'il ne faut pas séparer ce que Dieu a joint. Ainsi, nous ne présentons pas le mariage selon la pensée des hommes, de l'Église ou de la société, mais nous présentons les choses selon la perspective de Dieu.

Pourquoi Moïse parlait-t-il de dureté du cœur ? Parce que les hommes avaient beaucoup de mal à pardonner à leur femme et les femmes à pardonner à leur mari et la vie de couple était devenue infernale. Ainsi, au lieu de rester et de faire souffrir son conjoint, Moïse avait permis le divorce. Les défis que vous rencontrez ne doivent cependant pas faciliter le divorce. Vous devez chercher à trouver des solutions et Moïse insiste là-dessus. C'est la pensée que Christ exprime au travers de ce texte. Nous devons chercher des solutions. Il y a toujours des problèmes et des difficultés dans le mariage. Dans ma vie de pasteur, j'ai vu des gens au bord du divorce parce que ça n'allait plus dans leur foyer. Cependant, parce qu'ils nous ont permis d'intervenir, parce qu'ils voulaient trouver des solutions à leur problème, nous avons aidé un grand nombre de personnes à se reconstruire et aujourd'hui, ces couples sont heureux, ils sont ensemble et nous bénissons le Seigneur pour ce qu'il a fait.

> « **Peu importe la situation que vous traversez dans votre mariage, il est possible de pouvoir vous en sortir et de réussir.** »

Nous croyons que peu importe la situation que vous traversez dans votre mariage, il est possible de pouvoir vous en sortir et de réussir. Donc le divorce ne doit pas être la solution à chaque fois que vous avez un différend. Le Saint-Esprit a la capacité de changer votre conjoint pour que vous soyez heureux dans votre couple.

Qu'est-ce qui fait que nous en arrivons au divorce ? Voici quatre obstacles principaux :

1 Nous sommes différents

Souvent nous oublions que nous sommes différents. Lorsque vous rencontrez une personne, vous vous en apercevez immédiatement, ne serait-ce que par la différence de genres. Cela affecte donc votre manière d'agir et de réagir. Si vous ne pouvez utiliser vos différences pour le bien de votre couple, celles-ci vont devenir les objets de vos conflits. Aujourd'hui, si tant de personnes veulent divorcer, c'est parce qu'elles veulent que leur conjoint réfléchisse comme elles. La femme veut que l'homme réalise les choses comme elle et le mari veut que la femme fasse des choses comme lui. C'est pourquoi nous devons considérer ces différences-là et les apprécier. À nous d'unir nos efforts au lieu de prendre des munitions pour s'entretuer, car la différence doit nous servir pour l'avancement et la réussite du couple.

La différence d'âge importe également. L'homme ou la femme aura des intérêts liés à son âge et l'autre n'est pas forcément attiré par cela. La différence de caractère joue aussi. Cela peut créer des étincelles lorsqu'on ne sait pas bien le gérer.

Le plus important est de trouver la force que nous pouvons tirer de nos différences : y a-t-il quelque chose en moi qui n'est pas bon et que je dois mettre de côté pour embrasser le caractère de ma femme (et inversement), et qui va bonifier notre couple ? Y a-t-il des choses, que nous devrions joindre afin de former un nouveau caractère qui nous permettra d'avancer ensemble?

2- Nous sommes des personnes blessées

La vie vient avec son lot de blessures. Chacun peut être blessé dans sa famille ou son environnement pour des raisons diverses.

Lorsqu'on se marie, nous sommes souvent (pour ne pas dire toujours) blessés. La majorité des couples ont des cicatrices, une blessure non guérie qui provient de leur famille. Lorsqu'ils sont ensemble, chacun cherche un réconfort auprès de son conjoint. Il peut arriver que le manque d'un parent pousse l'homme à rechercher ce type d'amour chez sa femme, et vice-versa. Nous ne devons pas ignorer les blessures de notre conjoint. Certes, nous ne sommes pas son père ou sa mère, mais nous pouvons l'aider à guérir, afin qu'il soit capable de donner le meilleur de lui-même.

Une personne blessée ne peut pas donner quelque chose de bon à l'autre. Il faut donc aider l'autre en le soutenant, en priant pour lui, en lui donnant de l'amour, en faisant tout ce que la Parole de Dieu nous dit pour aider l'autre à sortir de ses blessures intérieures. Tout cela peut avoir des conséquences dans votre vie, même si cela n'a pas de lien direct avec vous, tout simplement parce que dans son comportement, l'autre est certainement influencé par ses blessures du passé.

3- Nous sommes charnels, nous sommes des pécheurs

Nous commettons donc des erreurs. Un homme peut être beau et gentil, mais il commettra une erreur tôt ou tard, parce qu'il est humain. Malgré sa bonne volonté, il peut toujours y avoir des manquements, alors si vous pensez avoir épousé un ange, vous aurez des problèmes. Ainsi, au lieu de lui pardonner, vous chercherez à amplifier ses erreurs, ce qui peut conduire à des échanges de paroles et parfois même au divorce.

4- Le diable

Nous avons un ennemi spirituel qui travaille pour notre malheur et l'échec de notre mariage. Le combat est réel, et certains couples et familles sont directement oppressés par le diable. Lorsque vous constatez que vous avez des difficultés dans votre couple, parfois il suffit de faire la guerre spirituelle et de mettre dehors les démons, les puissances des ténèbres et les esprits impurs qui se lèvent contre votre mariage.

J'ai vu, durant mes années de ministère, des personnes être sévèrement combattues par le diable. Cela pouvait venir d'un pacte familial par exemple. Il arrive donc que cela n'ait rien à voir avec vous, c'est un problème spirituel. Il faut obtenir votre victoire dans le spirituel avant de la voir se manifester dans la vie matérielle, la vie de famille ou la vie de couple.

Le mariage est une très bonne chose, ne prenons pas le divorce à la légère. Travaillons pour que cela n'arrive pas, et prenons en considération les obstacles et les ennemis qui existent pour nous conduire au divorce. Si nous prenons en compte ces quatre obstacles à la réussite du mariage, nous pouvons nous assurer que le divorce restera loin de nous.

Je suis un enfant de parents divorcés, dont le père s'est remarié quelques années plus tard. Je sais donc quel impact le divorce peut avoir dans la vie d'une personne.

Quel est l'impact du divorce dans une vie ?

Les personnes mariées qui divorcent finissent brisées. La famille en elle-même est complètement brisée, et certaines personnes ont parfois besoin d'un soutien psychologique pour s'en sortir. Certaines personnes se suicident lorsqu'elles sont abandonnées par leur conjoint. Cela crée un désastre familial, qui a également un réel impact financier. Un divorce n'a pas seulement un impact dans notre petit cercle fermé, mais sur la société. La plupart des enfants qui finissent meurtriers, trafiquants ou qui perpétuent ce cycle sont issus d'un foyer monoparental, sont sans parents, ou ont vécu le divorce de leurs parents.

Parfois, un sentiment de culpabilité peut prendre place chez la personne divorcée, qui se pose constamment des questions des questions telles que : *est-ce que je suis fautif, est-ce que je me suis assez battu pour que ma femme reste, est-ce que j'ai assez passé de temps à la maison, est-ce que je me suis assez occupé de ma famille ?* La méfiance peut aussi pointer le bout de son nez. À chaque fois qu'une personne divorcée voit des personnes sur le point de se marier, elle se méfie : *Est-ce que vous êtes vraiment sûr de vous ? Êtes-vous sûr que c'est une bonne personne?* Elle a tendance à projeter son échec sur la personne qui va se marier. Du moins, elle en émet fortement la possibilité. Tout cela, simplement parce que son divorce a laissé des traces, des marques qui l'ont amené à être méfiante.

Il y a également la honte d'avoir échoué. La personne n'a plus de valeur au sein de sa famille, dans l'église ou dans la société, on la voit seulement comme divorcée. On retrouve d'autres conséquences, comme la perte de la garde des enfants. Peu importe le type d'arrangement qui a été pris, l'un des parents souffre forcément de ne pas pouvoir voir ses enfants comme il le voudrait. Pour l'enfant c'est aussi un déchirement. Par exemple, lorsqu'il doit choisir chez qui il va vivre, la vente de la maison dans laquelle il a grandi, le changement de son milieu quotidien, la violence conjugale, l'échange de paroles violentes, parfois même de violences physiques. L'enfant peut être témoin et ça ne fera que le blesser. Lorsque le divorce est mal géré, il se sent obligé de prendre parti pour l'un ou l'autre de ses parents. Sans compter le fait que la haine peut s'installer chez l'enfant, et il peut développer une aversion pour le sexe masculin ou féminin. À ce sujet, j'ai d'ailleurs partagé mon témoignage personnel dans l'introduction.

L'enfant peut aussi perdre l'estime de ses parents, avoir un sentiment d'échec précoce, et penser qu'il échouera lui aussi dans son mariage. Très souvent, il considère ses parents comme des héros, des personnes parfaites… Alors si eux ont échoués, comment, lui, pourrait-il réussir ?!

Si vous êtes divorcé et que vous avez la possibilité de recommencer avec votre ex-mari ou votre ex-femme, je vous encourage à le faire. Cependant, si votre histoire d'amour est complètement terminée, et que vous souhaitez recommencer votre vie de la meilleure manière, je prie que Dieu vous guérisse de vos blessures intérieures avant de vous retrouver avec quelqu'un d'autre. Prenez en compte que vos enfants peuvent aussi être blessés. Parlez avec eux, priez pour eux, aidez-les et avancez tous ensemble sur le chemin de la guérison. Cherchez la restauration de vos enfants, de votre ex et de votre propre personne, et n'hésitez pas à aller chercher de l'aide si besoin est.

Conseils pour éviter le divorce et vivre heureux longtemps

On ne réussit pas un mariage facilement. Il faut se décider à le réussir et y travailler ! Voici quelques conseils que je peux vous partager pour réussir votre vie conjugale.

1- Engagez-vous pour la vie !

La qualité de votre engagement envers votre conjoint va déterminer la qualité de votre mariage. L'engagement conjugal est un engagement jusqu'à la mort. Il faut donc se poser cette question. Le fait de s'engager juste pour essayer constitue un engagement à temps partiel qui aura un impact sur la qualité de vie de votre couple. Il faut s'impliquer dans le mariage pour ne pas le fragiliser. Certains efforts sont donc nécessaires, dont l'intimité avec Dieu. Sans intimité avec Dieu, il sera difficile de réussir dans notre vie de couple. Cette intimité va nous aider à rester fidèle dans notre engagement.

2- N'oubliez pas la raison pour laquelle vous vous êtes engagés dans cette relation.

Il y a une raison particulière qui explique pourquoi vous avez choisi cette personne et pas une autre. En vous rappelant constamment de cette raison, vous verrez votre engagement tenir et augmenter.

3- Maintenez la flamme de l'amour.

L'amour est comme un feu qui vient de s'allumer : il faut l'entretenir. N'hésitez pas à ajouter du bois en multipliant les actes de tendresse, les mots doux, les jeux ensemble, le respect... Isaac s'amusait avec sa femme. Nous devons réellement arroser cet amour pour que celui-ci continue à germer. Dites souvent "je t'aime" à votre conjoint. Tous ces éléments sont comme du bois que vous mettez sur la flamme de votre amour pour que l'amour ne s'éteigne jamais.

4- Ayez une conversation de qualité.

La communication est la respiration du couple. C'est la force d'un mariage qui dure. L'amour et les disputes naissent par les paroles, alors nous devons avoir des discussions de qualité. Parlez, ayez des réponses positives, qui ne sont pas là pour nuire. Ayez des dialogues, mais pas seulement lorsque vous êtes épuisés. Parlez souvent, cœur à cœur. Tout ceci est capital : ça amène le couple vers l'épanouissement au lieu du divorce. Ce que chaque partenaire désire, c'est avoir des moments pendant lesquels il peut échanger avec l'autre, avec amour, douceur et tendresse, et se sentir écouté.

5- Développez l'entraide mutuelle et faites preuve de réciprocité.

L'homme doit aider la femme dans les tâches ménagères et la femme doit aider son mari dans son travail. Beaucoup de divorces arrivent lorsque la femme se sent submergée de travail et qu'elle se sent seule, parce que l'homme est devant sa télé ou devant son ordi et ne l'aide pas. Abraham demande à sa femme de faire des gâteaux mais il ne reste pas sans rien faire. Il est parti prendre le lait, le veau et il a servi ses invités[4]. Un couple fonctionne, non pas par la domination mais par l'entraide. Nous devons développer dans le couple ce sentiment d'entraide mutuelle pour éviter que l'autre ne s'essouffle.

6- Regardez dans la même direction

Quand on veut que le couple avance, nous devons aller dans la même direction. Toujours dans l'histoire d'Abraham, nous voyons que Sarah a cru en la vision de son mari et qu'elle lui a fait confiance. Ce couple n'aurait pas tenu si les deux n'avaient pas été en accord. C'est un couple qui est resté uni malgré le fait qu'ils ne savaient pas où ils allaient. Il y avait de la complicité dans cet accord et Sarah est restée fidèle à son mari.

7- S'aimer pour la vie : développez l'amour.

Rappelez-vous de la raison pour laquelle vous vous êtes retrouvés et mis ensemble. Vous devez entretenir cet amour et le manifester.

---

[4] *Voir Genèse 18 : 6-8*

Votre partenaire a besoin de se sentir aimé. C'est en restant dans cette optique que vous pourrez vaincre le divorce. Travaillez à rester amoureux malgré les années, les défis, les circonstances ou les évé-nements. Pour y parvenir, vous devez associer Dieu à votre mariage car il est le seul à pouvoir vous communiquer cet amour. C'est avec la parole que tout explose : amour ou dispute. Reconnaissez vos torts, cela vous aidera à rester attachés et à vous pardonner mutuel-lement.

8- Faites les choses ensemble.

Décidez ensemble, prenez des rendez-vous ensemble, prenez des va-cances ensemble, faites des sorties ensemble, faites tout d'un com-mun accord. Par exemple, lorsque quelqu'un veut prendre un ren-dez-vous avec moi, je dois d'abord m'assurer avec mon mari ou ma femme que le jour proposé lui convienne. Fonctionnez en équipe !

9- Prenez la décision de ne pas lâcher.

Vous devez travailler à réussir votre couple. Soyez déterminé à ne pas lâcher votre partenaire peu importe ce qui arrive.

10- Soyez en mesure d'emmener votre conjoint auprès de votre famille.

Votre partenaire ne devrait pas être étranger à votre famille. Par exemple, travaillez à ce qu'il devienne le fils de vos parents. Cela est une question d'acceptation. Cela peut passer par une complicité, une façon de faire, de parler, une valorisation du conjoint devant la famille.

11- Souvenez-vous que le mariage est une alliance d'amour.

Quand on parle d'alliance, on parle d'engagement à manifester de l'amour l'un envers l'autre. Pour cela, l'alliance inclut la dimension du sacré. Ce n'est pas une histoire de béguin. C'est un amour éternel, désintéressé et infaillible, comme nous le démontre **Éphésiens 5 : 25**.

On compare l'amour du couple à l'amour de Christ envers l'Église. C'est ce que Dieu attend que nous fassions pour notre conjoint. L'aimer de façon inconditionnelle. Quand l'un est dans les problèmes, l'autre est présent, il l'aide et le soutient. Chaque partie travaille dans l'amour pour aider l'autre à aller de l'avant, à progresser et évoluer. Nous nous aimons parce que nous sommes liés par une alliance.

12- Acquérez la connaissance sur le mariage.

> « C'est par la science que les chambres se remplissent de tous les biens précieux et agréables. »
>
> Proverbes 24 : 4

La connaissance amène le succès dans votre mariage. Il est important d'être des meilleurs amis, de respecter l'ordre familial, mais aussi de comprendre que le mariage prend de l'investissement. Lorsqu'on ne sait pas toutes ces choses, on risque, par notre ignorance, de détruire notre couple.

13- Acquérez de l'intelligence.

> « C'est par la sagesse qu'une maison s'élève, Et par l'intelligence qu'elle s'affermit. »
>
> Proverbes 24 : 3

L'intelligence, c'est la capacité de comprendre les choses. Elle affermit tout ce que nous bâtissons. Nous devons réussir à développer l'intelligence pour ne pas échouer dans notre mariage. Il faut comprendre comment un homme, une femme ou encore le mariage fonctionnent… S'attacher à sa femme, qu'est-ce que cela veut dire ? C'est un processus de changement continuel, auquel il faut s'attendre.

14- Acquérez de la sagesse.

On ne peut rien construire sans la sagesse. On peut avoir raison, mais si l'on s'y prend mal, il n'y aura aucun impact. Pour réussir à avoir la force de mener à bien son mariage, il faut acquérir de la sagesse. Demandons-la à Dieu.

Et le remariage dans tout ça ?

Les remariages sont très fréquents dans la société actuelle. Si nous voulons réussir le remariage, nous devons avant tout considérer la guérison de nos cœurs et de nos vies, et permettre à Dieu de nous restaurer pour réussir à passer à la prochaine étape. Il faut traiter cela pour éviter l'échec. Parfois notre caractère doit changer pour ne pas reproduire le même schéma dans la nouvelle relation. Nous devons également prier pour faire le bon choix : est-ce que cette personne aimera et acceptera vos enfants, va t'elle supporter votre divorce, votre passé, etc. ? Cherchez la volonté de Dieu et Il vous conduira.

Peut-on se remarier après un divorce ?

Voici quelques versets que je vous invite à lire et méditer, afin de répondre à la question du remariage.

∞ 1 Corinthiens 7 : 10-11

On peut voir que l'apôtre Paul ne conseille pas le divorce et le remariage.

∞ 1 Corinthiens 7 : 12-16

Si l'incroyant décide de se séparer, il est libre. Pour de vraies raisons, le divorce est accepté. Pour des raisons non valables, ce n'est pas bon.

∞ Matthieu 18 : 15-17

Le partenaire doit confronter son conjoint lorsqu'il y a un problème dans le couple. Si le problème ne se résout pas, le Seigneur conseille d'en parler à une tierce personne. Si le problème est toujours là, la démarche est d'en parler à l'église afin de recevoir de l'aide. Si le problème ne se résout toujours pas, il convient de revenir sur **1 Corinthiens 7:15**. Le partenaire devient tel un non croyant et il est possible de divorcer de lui et de se remarier.

Dans tous les cas, mariage, divorce et remariage entraînent des conséquences, ainsi qu'un impact sur nos enfants et la société. En tant que chrétiens, Dieu nous appelle à l'honorer à tous les niveaux, dans la façon dont nous nous marions, ainsi que dans la façon de traiter les difficultés et les problèmes rencontrés dans le mariage. Ainsi, le monde saura que même s'il y a des difficultés, les chrétiens ont Dieu et ont les ressources nécessaires pour pouvoir s'en sortir. C'est un très bon moyen d'évangélisation lorsqu'on est capable de rester ferme là-dessus. Si jamais l'autre conjoint part et qu'on doit se remarier, nous devons le faire dans les meilleures conditions et réussir.

> « Dieu nous appelle à l'honorer à tous les niveaux, dans la façon dont nous nous marions, ainsi que dans la façon de traiter les difficultés et les problèmes rencontrés dans le mariage. »

Ces conseils avaient pour but de nous aider à guérir, prier pour les nouveaux choix à faire et éviter de reproduire les mêmes erreurs afin que les autres voient que Dieu est capable de restaurer et de rebâtir un mariage. Je prie pour qu'ils vous orientent et vous éclairent. Dieu est capable d'assurer le succès de la personne la plus détruite.

15

LES BÉNÉDICTIONS DE VIVRE EN FAMILLE

De nos jours, plusieurs personnes fuient leur foyer, abandonnent leurs enfants, leurs femmes, leurs maris, pour n'importe quelle raison. Il suffit d'un petit problème ou d'un défi, ils quittent rapidement le toit parental pour vivre tout seul. Parfois, les enfants quittent le toit familial très tôt, alors que ce n'est pas le moment. Ils n'ont pas l'âge pour le faire et encore moins la maturité requise ; la majorité de ces personnes ne comprennent pas la valeur et l'importance de la vie en famille.

Il est vrai que dans certains foyers, nous voyons des parents maltraiter leur conjoint ou leur progéniture, et cela les pousse à fuir. Cependant, ce chapitre n'est pas là pour énumérer les fuites *justifiées* mais plutôt pour aborder la problématique de ces personnes qui, bien qu'elles soient présentes physiquement à la maison, sont tout le temps dehors, et passent plus de temps avec leurs amis, leurs collègues, leurs connaissances. Lorsque certains se lèvent le matin, ils prennent leur douche, leur déjeuner et par la suite, chacun vaque à ses occupations. Lorsqu'ils rentrent à la maison le soir, chacun va dans sa chambre, sur les réseaux sociaux, devant la télévision, sur l'ordinateur, et en définitive, on se rend compte qu'on est sous le même toit mais qu'on ne vit pas en famille.

À travers ce chapitre, le Seigneur m'a convaincu de montrer pourquoi Dieu a voulu que nous vivions en famille. Dieu n'a pas voulu qu'on vive simplement dans un même local, mais il a voulu qu'on vive en famille. Il y a des avantages à avoir une famille, il y a des avantages à vivre en famille.

Il existe dans ce monde des personnes qui auraient aimé être en famille, mais qui ont perdu un père, une mère ou des frères et sœurs trop tôt. Leur père est mort à la naissance, leur mère est morte à la naissance ou les parents sont partis trop tôt. Elles ressentent ce manque, ce vide, que ceux qui ont leur famille ont tendance à tenir pour acquis. Une femme stérile peut pleurer, jeûner et chercher Dieu pour enfanter, tandis que certaines mères méprisent ou négligent leurs enfants, ne les écoutent pas et ne leur accordent pas de temps. Tout est question de perspective. C'est lorsque nous perdons parfois quelqu'un que nous en découvrons la valeur. Il n'est pas nécessaire d'en arriver là. Les amis, connaissances et autres relations que nous pouvons avoir au dehors sont importants, mais la famille l'est tout autant, sinon plus.

Les nutritionnistes recommandent de manger une variété de fruits et légumes au quotidien, de la viande, du lait, etc. Nous ne pouvons pas manger au MacDo tous les jours. La diversité des vitamines dont votre corps a besoin se cache derrière votre alimentation. De la même manière, nous avons différentes relations dans ce monde, des relations d'amitié, d'affaires, familiales, professionnelles, à l'école, à l'église; toutes ces relations sont des vitamines qui apportent quelque chose de précieux à notre équilibre personnel, émotionnel, à notre avancée et à notre destinée. C'est pour cela que nous ne devons en négliger aucun.

Il y a une importance, un bénéfice capital, dans le fait de vivre en famille. Toutes les familles ne se ressemblent pas, mais le plus important est de tirer bénéfice de tout ce que la famille peut donner. Celle où nous grandissons a une grande influence sur notre vie, notre comportement et notre société. Dieu est sage, intelligent, puissant et glorieux, et s'il a voulu créer une famille[5], c'est que cela est bénéfique pour notre croissance émotionnelle.

Si vous êtes né dans une famille donnée, ce n'est pas un hasard, mais bien la volonté divine. Lorsqu'on fonde une famille, sachant que cela vient du Seigneur, il y a toujours un plan en arrière. C'est une grâce, et lorsque Dieu vous accorde une grâce, c'est qu'il y a un bénéfice à en tirer.

Les bénéfices de vivre en famille

Lorsque Dieu vous fait grâce, il y a sûrement quelque chose à gagner. C'est pour cela que la Bible dit que personne ne peut fouler la grâce de Dieu au pied. Le fait d'être marié n'est pas juste un fait banal. Apprenez à apprécier votre conjoint, même lorsque celui-ci a des comportements qui peuvent remettre votre amour en question. Regardez-le donc comme on regarde un verre à moitié plein. En prenant le temps de l'observer, en décidant d'oublier ses erreurs, vous découvrirez une mine d'or, cachée dans sa vie, et vous commencerez à trouver ce bonheur dont la Bible parle dans **Proverbes 18: 22**.

Si vous ne parvenez pas à voir le bonheur au chevet de votre femme, c'est parce que vous regardez le verre à moitié vide. Si vous l'avez

---

[5] Voir Éphésiens 3 : 14-15.

épousé, c'est que votre inconscient a détecté quelque chose de particulier dans sa vie, et qu'il y a un bonheur à en tirer. Prenez le temps de le savourer.

Cela dit, lorsque je parle de "vivre en famille", je ne parle pas seulement des enfants qui doivent rester sous le toit de leurs parents, mais aussi des conjoints qui doivent voir le bénéfice de rester ensemble, non pas juste pour la forme mais pour passer du temps ensemble, se chérir et communier.

> « Comme les flèches dans les mains d'un guerrier, ainsi sont les fils de la jeunesse. »
>
> Psaumes 127 : 4

Les flèches sont des munitions pour pouvoir se défendre, une aide pour faire face au danger. Un guerrier se sent plus en sécurité quand son carquois est plein de flèches. De la même manière, un père se sent plus en sécurité, bien entouré, lorsqu'il a des enfants.

Même si vous êtes le chef de famille, les enfants apportent un certain sentiment de confiance, d'assurance, de protection, c'est un sentiment de bonheur de savoir qu'on vieillira bien entouré. Certaines personnes meurent d'angoisse parce qu'elles sont seules. Elles ont eu beaucoup d'argent mais pas d'enfants. Chaque relation a sa valeur. Les relations familiales ont une valeur particulière, et même lorsqu'on est entourés d'amis, avec une immense fortune, rien ne remplace la famille. Pour cette raison, si vous avez une famille et des enfants, prenez le temps de les chérir, car ils sont précieux.

15 bénédictions que nous pouvons avoir en vivant en famille

La liste n'est pas exhaustive; cependant, je souhaite vous partager une révélation que j'ai reçu de la part de Dieu. Je suis père de quatre enfants et cela m'a énormément apporté; ils m'ont fait part de leurs pensées quant aux avantages d'une famille selon l'idéal de Dieu. Je suis aussi le fier mari d'une femme merveilleuse et ma relation avec ma femme, ainsi que nos expériences, m'ont poussé à développer sur le sujet.

Je sais ce que cela fait de vivre séparé de ses parents. Ma mère est partie dans une ville lointaine et j'ai vécu séparé d'elle pendant vingt-deux ans, sans possibilité de la voir. Ainsi, qu'est-ce que cela fait à l'enfant de vivre avec un seul parent ? Qu'est-ce que cela fait de voir son père se remarier avec une autre femme ?

Le chapitre 15 de l'évangile de Luc nous parle du fils prodigue. À travers cette parabole ainsi que mes expériences de vie, nous allons ressortir certains éléments qui vont constituer les 15 bénédictions que nous expérimentons lorsque nous vivons en famille.

La parabole du fils prodigue est un texte merveilleux qui nous parle de ce qu'on peut retrouver dans une famille, de l'importance d'avoir des moments en famille, bien que l'on puisse avoir des horaires chargés. Aujourd'hui, beaucoup de familles sont très occupées, ce qui n'est pas une mauvaise chose en soi mais les membres négligent souvent de passer du temps ensemble avec les enfants, le mari ou la femme, et les parents, parce que tout le monde est toujours occupé.

Je vous encourage à créer du temps, à prendre le temps d'apprécier et de savourer la vie de famille parce qu'il y a des avantages qu'on peut en tirer. On peut faire des activités ensemble, passer du temps de qualité, regarder des films, sortir en famille. Oui, à cause du temps et du travail, nous ne sommes pas toujours en mesure de faire beaucoup mais l'important n'est pas la quantité d'activités mais la qualité. Quand vous dites : "Je vais donner du temps à ma famille", faites-le vraiment. Rendez-vous disponible, laissez le téléphone et la télévision de côté ; manifestez de l'écoute, générez de l'attention, jouez avec vos enfants et votre conjoint ! Manifestez un intérêt dans ce que les autres font, soyez passionné. Cela crée des souvenirs incroyables dans notre vie, et chacun constate que lorsqu'il est dehors, sa famille lui manque, alors il a hâte de rentrer chez lui.

Voici les quinze bénédictions à vivre en famille

1. L'amour familial

Cet amour, on ne peut le trouver ailleurs. Par exemple, l'amour maternel est un amour inconditionnel. Au sein d'une famille, on retrouve un amour pur, qui ne regarde pas à nos faiblesses, à nos erreurs et nos manquements, mais qui va au-delà. Une dispute avec un ami peut altérer l'amour, mais dans la famille, surtout dans une famille chrétienne, on retrouve un amour qui couvre une multitude de fautes.

Dans la parabole du fils prodigue, le père embrasse encore son fils bien que ce dernier l'ait déçu, malgré qu'il ait pris et dissipé les biens de son père. L'amour du père n'a jamais été effacé par les actes de son fils.

En famille, on se sent aimé, chouchouté, apprécié. Cet amour est réciproque, contagieux. Nos parents n'ont peut-être pas les moyens, ils n'ont peut-être pas des millions, mais ils nous aiment. Lorsque je regarde mes enfants et l'amour qu'ils ont pour moi, cela me fait chaud au cœur, surtout ma petite dernière, toute innocente ; je découvre encore des choses avec elle. Du haut de ses deux ans et demi, elle ne sait rien mais elle est capable de manifester cet amour. Avec ses sœurs, elle joue la jalouse en disant : « C'est mon papa, c'est mon papa ! » Parce qu'elle a reçu de l'amour, elle peut en donner. Et cela l'aidera demain lorsqu'elle voudra à son tour fonder sa propre famille.

Je prie que le Seigneur vous restaure, si vous n'avez pas eu la grâce d'avoir une famille unie et aimante, ou même des enfants. Qu'il vous rétablisse spirituellement et vous fasse goûter à ce bonheur-là.

2. Le sentiment d'appartenance

Tant de personnes se sentent seules dans ce monde, et veulent profondément appartenir à un groupe, un foyer, une personne. Elles se sentent comme un poisson hors de l'eau. Pourtant, lorsque nous vivons en famille, nous ne sommes pas seuls, nous sommes attachés à des hommes et des femmes qui tiennent à nous.

Ce sentiment d'appartenance donne un équilibre ainsi que la paix ; même si l'enfant voyage pour aller faire des études à l'autre bout du monde, malgré la distance, il sait qu'il n'est pas seul. Ce sentiment d'appartenance est également une bénédiction pour avoir une vie épanouie, pour réussir dans sa carrière et dans la vie. Si même des personnes d'un certain âge qui ont réussi dans la vie recherchent leurs parents biologiques, c'est qu'au fond, tout le monde recherche une attache quelque part.

Dans le passage de Luc 15, l'enfant prodigue est parti faire sa vie loin de la maison, mais lorsque les moments difficiles sont arrivés, il avait conscience qu'il appartenait à une famille. Le sentiment d'appartenance doit être entretenu et renforcé, et c'est pourquoi je vous encourage à passer du temps avec les membres de votre famille. En effet, ce sentiment existe déjà à la naissance mais c'est à nous de l'enrichir, le développer en faisant des activités en communauté.

3.   Le renforcement des liens de famille

La troisième bénédiction, qui est étroitement liée à la deuxième, est le renforcement des liens de famille, ou liens d'ensemble. La vie est faite pour être vécue en communauté, et cela commence par le bassin familial. Lorsque tout le monde dans la maison vit comme un singleton, l'enfant qui va à l'école garde un sentiment de solitude, reste dans son coin, et ne se lie pas d'amitié avec les autres car cela l'affecte. Notre manière de vivre dans le cercle familial influence notre façon d'être dans la société. Nous avons tous besoin d'être liés à quelqu'un. Lorsqu'on entretient de bonnes relations familiales cela nous aide aussi à réussir dans toute autre type de relations. Le cas contraire, nous devenons des personnes renfermées qui aiment fonctionner seules, et nous ne pouvons être une bénédiction pour les autres.

4.   La communication

Plus nous passons de temps ensemble, plus nous développons une communication. Bien communiquer s'apprend : dans certaines familles, tout le monde communique en criant, et dans d'autres, on sait se parler calmement. Dans tous les cas, cela conditionne l'enfant. De manière générale, l'art de bien communiquer commence au sein du foyer. Que ce soient ses émotions, ses aspirations, ses sentiments ou ses rêves, on apprend à parler aux autres.

La communication se travaille, s'adapte, s'améliore au sein de la famille. Par exemple, vous avez peut-être vu votre père parler à votre mère avec amour et douceur, et cela a conditionné votre manière de vous adresser à votre épouse. Vous avez peut-être aussi vu comment votre père vous parlait lorsque vous commettiez une erreur, ou lorsqu'il vous envoyait chercher quelque chose ; le fait de ressentir de la considération et du respect à votre égard influence votre communication.

De plus, la famille sert aussi à vous faire voir les choses en face. Elle vous dira les choses sans filtre, des choses que les gens du dehors n'oseraient pas vous dire. Cela vous aide à grandir et à développer votre caractère.

5. L'éducation

Aucun parent ne souhaite que ses enfants reproduisent les mêmes erreurs que lui et de ce fait, il leur transmet du savoir-vivre, une éducation spirituelle, et bien plus. C'est un bagage, un héritage important dont un orphelin ou un enfant de la rue par exemple, pourrait manquer.

Le jeune Timothée avait reçu un héritage spirituel de sa mère qui l'avait elle aussi reçu de sa propre mère. La famille nous donne l'opportunité de recevoir une éducation. On parle aussi d'instruction, du fait de pouvoir aller à l'école, d'avoir des parents qui paient nos études, de s'instruire à tous les niveaux : intellectuel, savoir-vivre, savoir-être, moral, spirituel, émotionnel et bien plus encore. Dans ma jeunesse, j'ai entendu des personnes nous dire : « Vous êtes chanceux, vous avez vos deux parents qui peuvent payer vos études, moi, j'ai l'intention d'étudier mais je n'ai pas les moyens ». Quelle grâce d'avoir une telle opportunité ! Peut-être que vous auriez aimé avoir de meilleures conditions de vie ou d'études, mais ce qui importe aujourd'hui c'est l'effort que vos parents ont déployé pour vous permettre de vous instruire.

« Écoutez, mes fils, l'instruction d'un père, Et soyez attentifs, pour connaître la sagesse; Car je vous donne de bons conseils : Ne rejetez pas mon enseignement. »

Proverbes 4 : 1-2

Les parents (chrétiens, la plupart du temps) offrent des enseignements à leurs enfants et cela a comme conséquence de prolonger leurs années de vie. Cela leur donne la paix pour l'avenir, bien que la part de l'enfant soit de recevoir ces enseignements et de les garder précieusement. Apprenons donc à apprécier les instructions données par nos parents, car cela nous permettra de devenir de meilleures personnes. L'éducation de nos parents nous donne sagesse, maturité, instruction et considération.

6. La disponibilité des conseillers

Lorsqu'on grandit et qu'on avance en famille, nous avons des conseillers disponibles en permanence. Que ce soient les époux entre eux, les parents envers les enfants ou même les enfants envers leurs parents. Si vous dérapez, même votre fils ou votre fille peut vous conseiller et vous mettre en garde. Là où certaines personnes payent cher pour trouver des conseillers, les parents peuvent conseiller leurs enfants niveau relationnel, carrière, finances, achats ou investissements immobiliers, etc.

> « Écoute, mon fils, et reçois mes paroles;
>
> Et les années de ta vie se multiplieront. »
>
> **Proverbes 4 : 10**

Vous pouvez tout aussi bien consulter vos enfants. Par exemple, je demande souvent à ma fille son avis sur certaines choses à l'église, et elle me donne une expertise plus jeune, objective, sur des points que je n'aurais jamais considérés. Nous ne sommes pas parfaits, nous ne connaissons pas tout, nous avons tous besoin de conseils, et dans la famille, nous recevons des conseils sans hypocrisie, ni mauvaises intentions.

Nous avons également la liberté de nous confier aux autres membres de notre famille lorsque nous avons des difficultés. Vous savez, certaines personnes vivent des problèmes et partent avec. C'est tellement difficile qu'ils préfèrent mourir sans pouvoir se confier ni à leurs parents, ni à leur conjoint ou à des amis; La pensée et le conseil de Dieu à travers ce livre est que nous puissions transcender la dimension de colocataires au sein d'une maison et réellement vivre comme les membres d'une seule et même famille. Cela renforce nos relations et nous aide à nous confier sur tout type de situation et de frustration. Au lieu de stresser, de déprimer ou d'en arriver au point de me pendre, je peux partager mes difficultés, mes joies et mes peines avec une personne qui ne me jugera pas. Cela devient comme une thérapie familiale. Ainsi, nous développons de la compassion et de la compréhension les uns envers les autres.

Votre famille c'est votre famille, c'est la meilleure famille au monde, c'est le lieu où Dieu vous a placé pour un but. Je me rappelle un cousin qui un jour a mis deux filles enceintes. Un jour, les deux filles sont venues se présenter chez nous avec leurs grossesses et je n'ai rien dit. Puis ce même cousin est venu me reprocher de n'avoir rien dit, car il avait fait une erreur et il aurait aimé que je me prononce sur la situation. Comme il vivait chez nous et qu'il faisait partie de la famille, et il s'attendait donc à ce que je compatisse face à sa situation. Certes il avait fait une erreur et mon père n'était pas content, mais il s'attendait à une réaction de notre part car ne rien dire était une souffrance pour lui. Vous devez trouver cela bizarre ! Eh bien en fait, mon silence lui renvoyait le message que je n'en avais rien à faire de sa vie, qu'il pouvait la gâcher comme il voulait. Le fait que son oncle, mon père, le réprimande et lui propose des solutions pour s'occuper de ces enfants, était la preuve que son oncle veillait sur lui et qu'il était prêt à l'aider à s'en sortir. Voici l'un des bénéfices de vivre en famille.

7. La stabilité émotionnelle

Vivre avec nos deux parents nous assure un équilibre. Ayant vécu le divorce de mes parents, je comprends mieux aujourd'hui pourquoi j'étais tout le temps stressé. L'amour maternel me manquait. L'être humain est fait pour recevoir l'amour d'une mère et d'un père en même temps. Certaines personnes ont grandi avec leur mère et lorsqu'elles tombent sur un homme, s'attachent énormément car elles viennent de trouver l'amour qu'un homme peut donner. Vivre avec deux parents développe une stabilité, un équilibre émotionnel, et nous aide à être comblé. Une femme se sent aimée quand elle a à ses côtés son mari et ses enfants.

Si nous regardons l'histoire de Samuel, plus précisément celle de sa mère Anne, nous pouvons constater que son mari l'aimait beaucoup. Malgré cela, Anne avait besoin d'un enfant. C'est dans un certain environnement familial que nous recevons un équilibre émotionnel. Il est important de vivre en famille ; même nous, parents, avons besoin de l'amour de nos enfants.

Je pars parfois en vacances avec ma femme, sans les enfants. Le premier jour, nous sommes toujours super contents mais quelques jours après, le discours change : « Les enfants me manquent », dit-on. Il y a un type d'amour qui ne peut venir du conjoint mais uniquement de nos enfants. Chaque membre de la famille nous accorde ce sentiment et cet équilibre.

8. La loyauté les uns envers les autres

Vivre dans un environnement où l'on se sait loyal est une bénédiction. En tant que famille unique, la trahison ne fait pas partie de notre cercle, car nous avons le même sang qui coule dans nos veines.

Dans la parabole du fils prodigue[6] nous voyons combien le père est demeuré loyal envers son fils; lorsque ce dernier a accepté de rentrer à la maison, son père s'est dit : *« Je ne peux pas trahir sa confiance. »* Il convient d'amener notre famille dans une dimension où nous n'habitons pas juste sous le même toit, mais où nous faisons preuve de loyauté les uns envers les autres. Lorsque le fils prodigue est revenu à la maison, le père a voulu montrer au grand frère qu'il était important pour eux de le soutenir, et non pas de l'abandonner. On se soutient, même lorsqu'on fait des erreurs. Se réjouir du retour de l'enfant prodigue était une marque de soutien.

Certains membres de votre famille ont besoin de votre soutien, et ce malgré leurs erreurs. Vous ne le faites pas pour qu'ils continuent ces erreurs mais afin qu'ils se relèvent, qu'ils retrouvent le bon chemin, qu'ils s'en sortent. C'est une grande richesse que d'avoir sa famille avec soi. Je prie Dieu que les familles qui n'ont pas pu connaître cela, puissent avoir la grâce de le connaître autrement.

9. La prise en charge de nos besoins

Dans une famille, les parents travaillent fort pour que les enfants ne manquent de rien : ils s'occupent des cadeaux d'anniversaires, de répondre à tous les besoins de l'enfant et de le prendre en charge, selon leurs moyens. Combien d'enfants aimeraient avoir un abri, et qui

---

[6] Voir Luc 15: 11-32.

disent: *« j'aimerais avoir telle chose, si mon père était là… il aurait peut-être fait quelque chose pour moi… »*

Vivre dans une famille, nous fait vivre à l'abri du manque. Comme nous pouvons le voir dans le passage suivant : "Lorsqu'il eut tout dépensé, une grande famine survint dans ce pays, et il commença à se trouver dans le besoin. Il alla se mettre au service d'un des habitants du pays, qui l'envoya dans ses champs garder les pourceaux. Il aurait bien voulu se rassasier des carouges que mangeaient les pourceaux, mais personne ne lui en donnait. Étant rentré en lui-même, il se dit : "Combien de mercenaires chez mon père ont du pain en abondance, et moi, ici, je meurs de faim!" (Luc 15 : 14-17)

Loin du cercle familial, le fils prodigue vivait des moments difficiles jusqu'à manquer même du nécessaire alors que dans sa famille, il pouvait être comblé. Il vivait désormais dans la misère. Au point de vouloir même la nourriture des animaux ! Ses patrons ne s'inquiétaient pas du fait qu'il avait faim, alors que dans une famille, lorsqu'il y a un besoin, toute la famille s'inquiète et se mobilise. Tout le monde essaye de s'entraider selon la grâce et les moyens que Dieu met à leur disposition.

10. La correction teintée d'amour

Lorsqu'une personne agit mal, elle reçoit une correction, on la ramène sur le droit chemin avec amour. Un père corrige son enfant. La Bible dit que Dieu corrige ceux qu'il aime. Dans sa tendresse, Il nous corrige, afin de nous ramener sur la voie droite. On ne parle pas ici de prison, d'incarcération ou de vengeance, mais bien d'une correction teintée d'amour. "Je t'aime, je te corrige, parce que je t'aime!"

« Instruis l'enfant selon la voie qu'il doit suivre;

Et quand il sera vieux, il ne s'en détournera pas. »

Proverbes 22 : 6

Il est important de comprendre que nous avons tout à gagner lorsque nous recevons une correction motivée par l'amour, alors qu'à l'extérieur de la famille ce n'est pas toujours le cas. Les gens ont beaucoup de filtres et ne se permettent pas de dire ou de faire certaines choses. À nous d'accepter cette correction, qui peut nous garder de beaucoup de travers.

14. La protection des parents

Lorsque nous vivons en famille, nous sommes protégés par nos proches, nos parents, qui veillent sur notre sécurité, notre bien-être. Quand les enfants sont encore jeunes, ce sont les parents qui jouent ce rôle de protecteurs. Ils tiennent la main des enfants pour traverser la rue, ils veillent sur eux. Il en va de même pour les enfants ; quand les parents deviennent vieux, ce sont les enfants qui prennent soin d'eux, qui s'assurent que leur santé est au beau fixe et que tout se passe bien à la maison.

Toutes ces choses nous montrent que nous recevons un certain type de protection de la part de notre famille, pour nous arracher du danger, pour éviter que le mal nous arrive, pour prendre toutes précautions pour qu'aucun malheur ne soit notre partage.

15. Le droit à l'héritage

Le fils cadet de la parabole du fils prodigue commença à bâtir sa vie avec l'héritage que son père lui avait donné. Il n'avait pas travaillé auparavant. Même le frère aîné, qui était resté auprès de son père, avait droit à cet héritage. Lorsqu'il s'était plaint, son père lui avait dit "tout ce qui est à moi est à toi". Un enfant reçoit un héritage de la part de ses parents. C'est une bénédiction, car beaucoup de personnes commencent leur vie toutes seules, se cherchent, se battent seules pour y arriver, ou à cause du manque d'un de leurs parents.

> « On peut hériter de ses pères une maison et des richesses,
>
> Mais une femme intelligente est un don de l'Éternel. »
>
> Proverbes 19 : 14

Ainsi, en naissant dans une famille, on a droit à l'héritage familial, que ce soient des biens ou des richesses, voire des entreprises. Au lieu de commencer à partir de zéro, on a un avantage, celui de commencer avec quelque chose. Ce fut le cas d'Abraham qui, avant de mourir, a appelé son fils Isaac et lui a légué un héritage. Un héritage ne peut s'obtenir par vos propres efforts ou votre travail, vous le recevez gratuitement, parce que vous faites partie d'une famille.

« L'homme de bien a pour héritiers les enfants de ses enfants,

Mais les richesses du pécheur sont réservées pour le juste. »

Proverbes 13 : 22

Il y a une grande bénédiction dans le fait de vivre en famille : Dieu nous bénit, et nous accorde sa faveur insoupçonnée.

Bien-aimé, puisque vous avez une famille, un père, une mère et des frères et sœurs, jouissez pleinement de l'héritage que Dieu vous a donné, et de ce qu'Il a mis à votre disposition, car c'est une bénédiction de vivre en famille.

CONCLUSION

Il est vrai que les révélations partagées dans ce livre ne sont pas exhaustives. Bien d'autres éléments contribuant à une vie de famille comblée pourront encore être traités à l'avenir, à la lumière de la Parole de Dieu.

Cependant, le livre *Comblée, l'idéal de Dieu pour votre famille* vous offre des principes qui vous permettront d'atteindre le modèle de Dieu pour votre famille. Ces principes tirés de la Parole de l'Auteur de chaque famille ont été exposés pour répondre à vos questions relatives au mariage, au bonheur conjugal ainsi qu'à tout autre relation au sein de la cellule familiale. Vous avez aussi découvert des armes qui vous permettront désormais de combattre et protéger votre famille de toute attaque de l'ennemi. Que vous soyez célibataire, marié(e) ou encore divorcé(e), atteindre et demeurer dans cet idéal divin est encore possible.

Je crois que ce livre vous a profondément béni. De ce fait, je vous encourage à partager ses bienfaits autour de vous. Ma prière auprès du Père de qui toute famille sur cette terre tire son nom, est que l'esprit de chaque lecteur s'ouvre aux vérités contenues dans ce livre. Que vous puissiez mettre en pratique la Parole révélée et que vous jouissiez pleinement du bonheur avec votre famille. Que les échecs du passé ne vous arrêtent pas, mais que vous soyez plus forts afin de vivre de nouvelles victoires chaque jour ! Soyez heureux.

Thierry Lumbu

PRIÈRE POUR LES FAMILLES

Père, je prie dans le nom de Jésus que tu bénisses chaque lecteur qui est en train de lire ce livre, que ta grâce soit son partage. Amène chacune des familles à devenir semblable à la Famille que tu avais destinée pour nous.

Je prie que tu restaures les relations familiales, que tu les libère des attaques de l'ennemi. Que ta puissance intervienne là où il y a des problèmes relationnels, financiers et spirituels. Je demande que le Dieu de la famille intervienne par la puissance du nom de Jésus afin d'apporter la restauration. Que le Saint-Esprit puisse amener le salut dans les familles car tu as dit dans ta parole « Crois au Seigneur Jésus et tu seras sauvé toi et toute ta famille ».

Je chasse le divorce et l'incompréhension, je refuse la négligence dans les relations, je détruis tout ce que le diable a semé ou désire semer afin de créer des relations familiales conflictuelles, au nom puissant de Jésus de Nazareth. Je prie que tu ouvres les yeux de l'esprit de chaque lecteur afin qu'il soit en mesure de saisir quel est l'idéal de Dieu pour la famille et quelles sont les bénédictions rattachées à ceux qui vivent en famille. Que le Saint-Esprit consolide chaque famille. Amène tout célibataire qui a lu ce livre à rencontrer son partenaire de vie, et que cette rencontre puisse aboutir à fonder une famille harmonieuse, comblée, épanouie et qui sera un instrument entre tes mains pour piller l'enfer et peupler le ciel.

Je prie que le Saint-Esprit fasse un travail au-delà des mots que nous avons partagés avec chacun. Merci Seigneur parce que tu l'as fait, au nom de Jésus Christ, Amen.

PRIÈRE POUR LE SALUT

Êtes-vous prêt à donner votre vie au Seigneur Jésus aujourd'hui ? En prenant cette décision, Dieu fera de vous un homme nouveau ou une femme nouvelle, capable de vivre des relations harmonieuses avec sa famille.

Prions ensemble :

Seigneur Jésus, je viens devant Toi aujourd'hui, reconnaissant que je suis pécheur, et que j'ai besoin de Toi. Tu as dit dans ta Parole que Tu ne mettras pas dehors celui qui vient à Toi. Voilà pourquoi je m'abandonne à Toi aujourd'hui, je crois que Tu as payé le prix de mon péché.

Je crois que Toi seul est le chemin qui me conduit au Père. Aujourd'hui, je confesse de ma bouche que Tu es venu et que Tu es mort à la croix pour moi, je crois dans mon cœur que Tu es ressuscité d'entre les morts et je T'accepte comme mon Seigneur et Sauveur personnel.

Pardonne-moi mon péché et sanctifie-moi. Je déclare que désormais, je suis un enfant de Dieu. Je m'engage à marcher en nouveauté de vie. Accorde-moi ton Esprit-Saint pour que je sois en mesure de faire Ta volonté. Merci pour mon salut au nom de Jésus-Christ, Amen!

Si vous avez fait cette prière avec foi, vous êtes maintenant enfant de Dieu, je vous souhaite la bienvenue dans la famille de Dieu !

Écrivez-nous à thierrylumbu@maisondelarestauration.com pour nous faire part de votre décision et de vos requêtes de prière.

Nous vous aimons !

Achevé d'imprimer en juin 2021.
Imprimé au Canada.